「核の時代」と憲法9条

大久保賢一 著

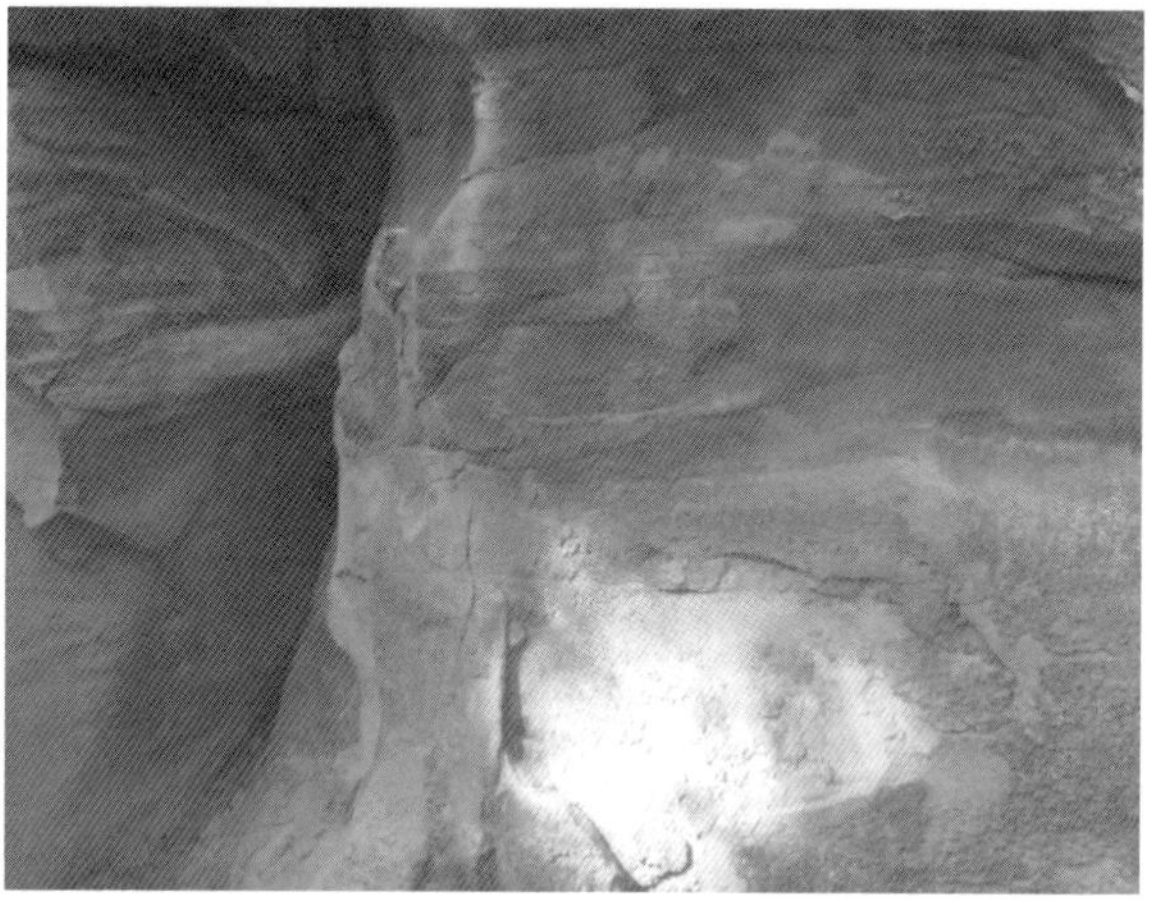

日本評論社

はしがき

本書は、憲法九条の改悪阻止と世界化・普遍化、核兵器のない世界、原発の廃止などを希求している人たちへの、ささやかなメッセージである。

現在、地球上には一万四四五〇発の核弾頭があるとされている（長崎大学核兵器廃絶研究センター）。ピーク時の七万発と比較すれば減少しているとはいえ、人類を滅亡させるには十分な数である。例えば、一九四五年八月の広島と長崎への原爆投下で、その年一二月までに死亡した人の数は二一万人とされている。単純計算で一発当たり一〇万五〇〇〇人が殺されたことになる。現在の核兵器の破壊力はそれどころではない。一九五四年三月、ビキニ環礁で実験された水爆の威力はその一〇〇〇倍とされている。一〇万五〇〇〇×一〇〇〇×一万四四五〇＝一兆五一七二億五〇〇〇万である。世界の人口は七三億人とされているから一人二〇〇回以上殺されることになる。こんな計算だけではなく、私たちは広島や長崎の被爆の実相を知っているし、二〇一七年七月に採択された「核兵器禁止条約」は、意図的であれ事故であれ核兵器が使用されれば「壊滅的な人道上の結末」が起きるとしているのである。壊滅的な人道上の結末とは「みんな死んでしまう」という意味である。「終末」という人もいる。

加えて、世界には四四三基の原発があるという（日本原子力産業委員会、二〇一八年一月現在）。この原発に事故が起きると人々に何がもたらされるか、私たちは現在、目の当たりにしているところである。家族との死別や離散、子どもたちや自分の健康の心配、有形無形の差別や妬み、故郷の喪失など様々な不幸と悲劇が展開されている。いまだに一〇万人からの避難者がいるとされている（伊東達也「法と民主主義」二〇一九年二月・三月号）。避難者だけではなく、帰還した人も、避難しなかった人も、その人生の土台を脅かされているのである。福島原発事故は収束していない。

人類は核エネルギーを爆発させることはできるが、それを完全に制御する知恵と技術は持ち合わせていない。そもそも人間にとって完全な知恵とか技術とかいうものはありえない。核エネルギーは「神の火」などではない。「地獄の業火」なのだ。私たちは現在、核兵器や原発という制御不能なものとの共存を強いられているのである。核地雷原の上で生息しているようなものといえよう。そう、私たちは「核の時代」に生きているのである。

にもかかわらず、その核兵器や原発をなくそうとするどころか、脅しの道具や金儲けの手段にしている連中がのさばっている。米国の「核の傘」は国家安全保障の中核とされ、原発の輸出や再稼働は産業界の期待を担っているのである。究極の暴力と野放図な利潤追求が、恥ずかしげもなく、むしろ正しいことであるかのように、権力者によって展開されている。私には正気の沙汰とは思えないのである。異常が日常になってしまっているかのようである。だから何とかしたいと考えている。そんな連中の都合で理不尽な死や不幸に襲われたくないからである。

けれども、その課題は大きく、かつ重い。いくら高額の着手金を積まれてもその処理を引き受けることなどできない。「蟷螂の斧」、「ごまめの歯ぎしり」などという言葉がちらちらしてしまう。誰か力のある人に丸投げしたいと思わないでもない。そんなことは忘れて、もっと楽しいことをやればいいじゃないかという誘惑もある。それでも、黙っていることはできないのだ。「非力だけれど無力ではない」などと考えてしまうからだ。

そんな思いで書いたのが本書である。決して、大上段に振りかぶってのものではない。そもそも、この課題を全面的に展開する能力は私にはない。だから、「ささやかなメッセージ」とさせてもらっている。

ただし、一つ自負できるとすれば、この本に書かれていることは、私自身が、一人の市民として行動してきた記録だということである。私は、この四〇年間「くらしに憲法を生かそう」をスローガンとして弁護士活動をしてきた。憲法が掲げる人権や平和を日常生活の中にどうすれば生かせるか、それが「くらしに憲法を生かそう」の意味である。逆にいえば、憲法を蔑《ないがし》ろにする勢力とはたたかうという決意である。その決意はブレていないつもりでいる。

この間、安倍政治が続いている。その特徴は、憲法無視、国会愚弄、行政の私物化である。日本社会では、ヘイトスピーチや不寛容、「今だけ、金だけ、自分だけ」の風潮が蔓延《はびこ》っている。なんとも情けない情景である。

けれども、決して悲観的要素だけではない。核兵器禁止条約は採択されているし、「安倍流改憲」の日程も大きく狂っている。南北首脳会談や米朝首脳会談も行われたし、板門店の自由な往来も行われようとしている。原発の廃止や原発事故被害者のたたかいも、行政や司法の冷たい姿勢に抗いながら展開されている。とりわけ、沖縄の人たちの不屈のたたかいは、私たちを励ましている。決して、希望を捨てる必要はない。人々は豊かな明日と平和を求めて、今を生きているのである。

憲法は、全世界の国民に、恐怖と欠乏から免れ平和のうちに生存する権利を認め（前文）、生命、自由、幸福追求権を国政の上で最大限尊重せよとしている（一三条）。核兵器や原発が恐怖の元凶であり、生命、自由、幸福を根底から脅かしていることは、明白な事実である。くらしに憲法を生かそうとすれば、この事態を放置することはできない。

本書に収録されている文章は、機会あるごとに、国内外の「同志」たちに訴えてきた記録である。通底するのは、核兵器が発明され、使用され、いつ使用されるかわからない時代にある私たちは、どのような価値と規範をベースとして生活していけばいいのかという問題意識である。「核も戦争もない世界を求めて」と整理しておきたい。

本書は二部構成になっている。

第1部は「提言」と言っていいだろう。第1章「核の時代」と憲法九条、第2章「核兵器のない世界」を求めて、第3章 原発からの脱却、から成り立っている。第1章では、憲法九条が戦争の放棄だけではなく、一切の戦力と交戦権を放棄している理由の一つに、広島・長崎のホロコーストがあったという歴史的事実をベースにしている。国民投票によっても、非軍事平和主義の到達点を後退させることはできないという議論もしている。第2章では、二〇一七年七月七日に採択され、発効を目指している核兵器禁止条約への道のりと今後の展望がテーマである。核兵器という「悪魔の兵器」に依存し続ける勢力とのたたかいのための議論である。第3章では、核兵器も原発も核エネルギーの利用であるが、原発は核エネルギーの「平和利用」として特別の扱いを受けている。「地獄の業火による火遊び」をやめようという提案である。

第2部は、私が折々に書いてきた「随想」である。核や平和をテーマとするもの、民主主義や人権にかかわるもの、朝鮮半島のこと、私を励ましてくれた出来事や人々に対する想いなどを収録している。第1部が、「核の時代」にある私たちが、憲法、とりわけ九条に依拠しながら、誰と対抗し、何を求めなければならないのかについての提案だとすれば、第2部は、「核の時代」に生きる一人の古希を過ぎた「老人」のつぶやきである。「老人」としたのは単なる自虐である。本当は「これまでは助走だった」と思っている。

収録されている論稿は、この一〇年程度の間に、私が所属する日本反核法律家協会の「反核法律家」、自由法曹団の「団通信」、日本民主法律家協会の「法と民主主義」、日本国際法律家協会の「インタージュリスト」などの機関誌等に掲載されたものである。原稿を作成した年月日はそれぞれの論稿の末尾に記載してある。多くの論稿を書いてきたけれど、特に今伝えておきたいというものを選択している。私に発表の場を提供してくれた各団体に感謝している。

これらの論稿は学術論文でもなければフィクションでもない。多分に情緒的な雑文の類いである。その分、読みやすくなっていると自負している。なお、巻末にいくつかの資料を収録している。参考にしていただければと思う。

これらの論稿がどの程度読者の興味・関心に応えることになるのかはわからない。けれども、これらは、私が多くの人に伝えたいことなのである。

私は、今の社会でいいと思っていない。全世界の人々が、圧迫と隷従、恐怖と欠乏から免れ、平和のうちに生活できるためには、まだまだ多くの課題を乗り越えなければならないと考えている。そして、私は、私と同じように考え行動している人々がいることを知っている。この本がそういう「同志」たちに、少しでも知恵と勇気を提供できれば、それにまさる喜びはない。

本書の中で、何回か核兵器の数について触れている。そのつど別の数字になっているのは、執筆時期の違い、出典の違いなどによるものである。現在の数についても違いがあるのは、数を発表している機関が違うからである。核兵器国がその保有数を公表しているわけではないので、そのような違いがあるのはやむを得ないとご理解いただきたい。

論稿の内容に重複する部分があるのは、そのことを強調したいのだと受け止めて欲しい。また、「団員」という呼称があるのは、「自由法曹団員」という意味である。私が強い帰属意識を持っている団体なのだ。

本書の出版にあたり、日本反核法律家協会の事務局員である田中恭子さんに大変お世話になった。私の法律事務所の村山志穂弁護士には「あとがきに代えて」の一部を執筆してもらっている。井上八香さん、逸見有紀さんにも有形無形の負担をかけた。妻恵子は、私の日常を支えながら、冷静かつ沈着に原稿の感想を述べてくれた。

日本評論社の串崎浩さんと武田彩さんには特別の配慮をしていただいた。

これらの人たちの協力があればこそ、この本を世に問うことができた。記して感謝したい。

二〇一九年　早春

「核の時代」と憲法9条　目次

はしがき　i

第1部　核も戦争もない世界を求めて

第1章「核の時代」と憲法九条　2

1. 「九条は核武装を禁止していない」との閣議決定　2
2. 戦争放棄の根本思想は何か――「人間の尊厳」と「個人の尊厳」　6
3. 加憲論が奪うものともたらすもの　9
4. 憲法九条と原爆投下　12
5. 「核の時代」における憲法九条の意義――反核・平和を貫いた池田眞規弁護士がのこしたもの　16
6. 核のホロコーストと憲法九条　26
7. 核兵器禁止条約の早期発効と安倍改憲阻止のために――南北・米朝首脳会談の評価もふまえて　29

8. 「憲法九条は、核時代の世界に呼びかける誇るべき規範です」 38
9. 朝鮮半島の非核化のために――日本反核法律家協会の二〇一八年意見交換会への問題提起 41
10. 憲法九条二項の改定は「憲法改正の限界」を超える!! 47
11. 「軍隊のない国家」は本当にあるのだ!! 55
12. 安倍首相の憲法観――憲法は国の理想を語るもの 59
13. 一九四六年一月二四日の二人の会話――原爆について語られたこと 63
14. 「世界の各国が日本国憲法にならえ、とときどき叫びたくなっている!!!」 67

第2章 「核兵器のない世界」を求めて 71

1. 核兵器の人道的影響に関するオスロ会議 71
2. 「原爆投下は国際法に違反する」との判決を想起しよう 82
3. マーシャル諸島の核兵器国に対するＩＣＪ提訴を支持する行動についての覚書 86
4. ウィーンで考えたこと 89
5. 「核兵器禁止条約」交渉を成功させよう 97

6. 核兵器禁止条約の採択と今後の課題　100
7. 核兵器禁止条約は核軍縮にとって意味がないか？　103
8. 「核兵器保有国を巻き込む必要性」という議論の意味すること　108
9. 核兵器の特性の再確認　111
10. 日本政府は核兵器の使用を排除していない――大国間の核兵器応酬の悪夢　115
11. 「効果的な核軍縮への橋渡し」提言に対する評価と注文　118
12. 中国にとっての原爆投下　124
13. 「非核化の手本見せてと米国に」　128
14. 「世界滅亡」まで残り二分!!　どう解消するか　132
15. 「ダモクレスの剣」の下の私たち　136

第3章　原発からの脱却　140

1. 「原発事故対策」ＰＴの発足にあたって　140
2. 「国策」と「前科」との対決――福島原発事故に立ち向かうために　その1　145

3. 核兵器と原発の「遠くて近い関係」——福島原発事故に立ち向かうために　その2　149
4. 法律家として期待されること——福島原発事故に立ち向かうために　その3　154
5. 世論は割れている——福島原発事故に立ち向かうために　その4　159
6. 原爆被爆者のたたかいに学ぶ——福島原発事故に立ち向かうために　その5　165
7. ビキニ環礁水爆実験ヒバクシャを忘れない——福島原発事故に立ち向かうために　その6　169
8. 被爆者のたたかいがフクシマに伝えること　原爆症認定集団訴訟の教訓
——福島原発事故に立ち向かうために　その7　173
9. 第一回「原発と人権」全国研究・交流集会第五分科会「原水爆被爆者の運動に学ぶ——広島・長崎から福島へ」の報告——福島原発事故に立ち向かうために　その8　176
10. ドイツ反核法律家との交流——福島原発事故に立ち向かうために　その9　181
11. 第二回「原発と人権」全国研究・交流集会第五分科会　開会あいさつと問題提起　186
12. 核兵器も原発もない世界を目指して　190
13. 第四回「原発と人権」全国研究・市民交流集会第四分科会「核兵器と原発」への問題提起　197

■小休止　第1部から第2部への踊り場　202

第2部　随　想

パート1　核と平和のテーマ　206
1. 法然上人の教えから非核法の制定へ　206
2. オバマ大統領の広島訪問に想う　213
3. 「『兵士の視点』も理解を」が意味すること　216
4. マーシャル諸島・マジュロでのビキニデー　219
5. 被爆者は、核時代の預言者である　223

パート2　民主主義の在り方　226
1. 比例定数削減と「一票の価値の平等」の関連について　226
2. 「政治改革」がもたらしたもの　231
3. 「九条があって輝く自衛隊」　235

4. 権力は腐敗する。絶対的権力は絶対的に腐敗する。 237
5. 質問時間の制限と少数者の権利 239
6. ゲッペルスのプロパガンダを表現の自由で擁護してはならない
——国民投票CM規制との関連で 243

パート3 朝鮮半島のこと 248

1. 地図の上 朝鮮国に黒々と 墨を塗りつつ 秋風を聴く（石川啄木） 248
2. 朝鮮半島での武力行使は絶対に避けなければならない 250
3. 米朝首脳会談に寄せて 253
4. 「半島が平和になると困る人」 257
5. トランプ大統領と金委員長は、なぜ会談し共同声明を出したのか 260
6. 「少女像」の影はハルモニだった 265

パート4 折々のこと 折々の人 269

1. 世界社会フォーラムに参加して 269

2. パレスチナ断想 273
3. 追悼　肥田舜太郎先生 276
4. 大学生たちとの対話 281
5. 白南風や午前にちょっとキスをして 284
6. 相良倫子の名を心に刻む 286
7. 吉永小百合さんの決意 289
8. 日本国際法律家協会と私 292

あとがきに代えて――一度だけの七〇歳を迎えて 301

大久保賢一先生のご紹介／村山志穂 311

資　料

1. 原爆投下と日本国憲法九条　抜書き 318
2. 「核兵器のない世界」の実現のために――NPT再検討会議に向けての日本の法律家の提言 326
3. 核兵器廃絶のために、私たちに求められていること――COLAPⅥへの問題提起 329

第1部

核も戦争もない世界を求めて

第1章 「核の時代」と憲法九条

1.「九条は核武装を禁止していない」との閣議決定

はじめに

二〇一六年四月一日、政府は「憲法九条は、一切の核兵器の保有および使用を禁止しているものではない」との閣議決定を行った。これまで、政府は、憲法は核兵器の保有を禁止していないとの見解をとってきたが、使用についてまで踏み込んだ閣議決定は初めてである。背景にあるのは、憲法九条は、自衛のための実力の保有や武力の行使を禁止していないので、防衛目的のための核兵器の保有や使用は違憲ではないという論理である。今般、政府は、わが国の核兵器保有だけではなく、核兵器の使用についても憲法違反ではないと内外に宣言したのである。なぜ、今、このタイミングで「使用」にまで踏み込んだのかについての説明はないが、看過できない閣議決定である。

国際社会への挑戦

現在、国際社会では、核兵器の非人道性に着目して、核兵器の廃絶を目指す機運が高まっている。日本政府も、核兵器使用の非人道的結末に関する国連決議に賛同しているところである。にもかかわらず、あえて、このような閣議決定をすることは、核兵器被害国の政府のとるべき態度ではないであろう。政府は、唯一の核兵器被害国として核兵器廃絶に取り組むとか、G７外相会議で核軍縮に向けた「広島宣言」を発表したいなどとしているけれど、憲法上、自衛のための核武装は禁止されていないとの態度は牢固としているのである。

核兵器の特性

そもそも、核兵器は無差別かつ大量殺傷を目的とする残虐兵器である。これらの核兵器の特性は、被爆者の証言はもとより、一九六三年の東京地裁判決や、一九九六年の国際司法裁判所の勧告的意見からしても明らかである。武力の行使も一切の戦力も放棄している日本国憲法九条が、核兵器を保有したり、行使したりすることを容認していると解釈することは、「専守防衛」の考え方をとったとしても、解釈の域を超えているといわざるをえない。核兵器保有や使用容認の閣議決定は、憲法解釈から導くことのできない違憲の決定である。

「集団的自衛権」行使容認に続き、政府は「核兵器使用容認」閣議決定を行ったのである。その好戦的姿勢はあまりにも露骨といえよう。

非核三原則などは縛りたりえない

政府は核保有や核兵器の使用も違憲でない場合があるとしつつも、政策的に非核三原則をとっているので、核保有などは考えていないとしている。けれども、この非核三原則というのは、「国是」とされているが、あくまでも政治宣言であって、規範として確立されたものではない。安全保障環境の変化を理由として政策転換は可能なのである。このことは、安全保障環境の変化を理由として、集団的自衛権の行使に舵を切った政府の態度を見れば容易に肯けよう。そして、非核三原則を非核法としないのは法規範としての縛りを避けるためである。

また、日本は核拡散防止条約（ＮＰＴ）に加盟する非核兵器国としての条約上の義務があるので、憲法九八条二項からして核兵器の保有は禁止されている。けれども、この条約からの脱退は、北朝鮮がそうしたように、選択肢としてありうるのである。核兵器を国家安全保障の切り札としているという意味では、日本政府も北朝鮮政府も同類であることを忘れてはならない。

さらに、原子力基本法二条一項は、原子力の利用は平和目的に限るとしているけれど、その二項に「我が国の安全保障に資することを目的として」との文言が付加されたことも忘れてはならない。

こうして、憲法改正手続を経ることなく、日本は核武装国家となり、自衛のためを口実として核兵器を使用することがありうることになるのである。

九条と核兵器は相容れない

核兵器の使用が何をもたらすかは、広島・長崎の経験から明らかであるし、地球環境に対する悪影響について研究成果も公表されている。国家の安全保障を「悪魔の兵器」に委ねる核抑止論の愚昧についても多々指摘されている。核兵器の保有や使用は、全世界の国民の平和的生存権を基礎に置き、諸国民の公正と信義に信頼して、国家の安全を希求する日本国憲法とは相いれないのである。

安保法制下での核武装

ところで、安全保障法制は、わが国が攻撃されていなくとも、存立危機事態となれば、自衛権を行使する場合があるとしている。政府や与党は、この法制は憲法違反ではないとしている。多くの憲法学者や元最高裁判事や元内閣法制局長官などの違憲とする意見を無視したのである。

集団的自衛権の行使も、核武装や核兵器の使用も憲法上の制約がないというのであれば、わが国が攻撃されていない状況下での核兵器の使用も憲法違反ではないことになる。

政府と与党は、武力行使の禁止と戦力の放棄を規定している日本国憲法の徹底した平和主義も、核兵器使用がもたらす非人道的結末にも無頓着なのである。私は、最終兵器によって担保される平和は、真の平和とは思わない。そこに、諸国民の公正と信義などはないからである。私は殺傷力と破壊力を背景とする恐怖によってもたらされる平和や安全を望まない。それは幻想でしかないからである。

公正と信義をあざ笑うかのように展開される政府の行為は、再び戦争の惨禍を国民にもたらすであろう。私たちは、このような政府を転換しなければならない。

（二〇一六年四月七日記）

2. 戦争放棄の根本思想は何か――「人間の尊厳」と「個人の尊厳」

二〇一六年七月一六日、日本民主法律家協会で、広渡清吾東京大学名誉教授の「安倍政権へのオルタナティブ」と題する講演があった。サブタイトルは「個人の尊厳を擁護する政治の実現を目指す」である。

広渡氏は、「安全保障法に反対する学者の会」のメンバーとして、「安保法制の廃止と立憲主義の回復を求める市民連合」(市民連合）の結成を呼び掛け、その「市民連合」のイニシアチブで、野党共闘を実現させた方である。

広渡氏は、このプロセスの中で、平和主義、民主主義、立憲主義の相互の関係を考えたという。改憲手続を踏めば九条の改正はできるのだから、平和主義は民主主義や立憲主義という制度的原理では守れないのではないか。だから、平和主義そのものを擁護する国民多数派の形成が核心ではないのか。民主主義や立憲主義なしに平和主義を守れるのか。民主主義や立憲主義は平和主義の前提ではないのか。歴史的経験からすれば、民主主義や立憲主義は平和主義を存立の要件としているのではないか、などと考えたのだという。多分、多くの人々も似たような悩みを抱えているのではないだろうか。

そして、広渡氏はこれらを「三位一体」として理解する必要があるとしたうえで、鍵になるのは立憲主義の理解である、という。

広渡氏は「国家設立の目的は、ピープル（people）・人民の個人の尊厳と幸福追求権の保障である。これは憲法内容を限界づける。国家創設の社会契約である憲法は、個人の尊厳と幸福追求権と本質的に両立しえない権力を国家に与えることはできない。ピープルの殺傷を必然にする戦争をする権力、そのための軍隊を設置する権力は国家に与えられない」、「憲法九条は、このような立憲主義の帰結と個人の尊厳の保障を原理とする。憲法改正権力（民主主義）もまた、このような意味の立憲主義に限界づけられる」というのである。氏はこれを原理的立憲主義としている。なるほど、このように理解すれば、九条の改正は、平和主義にも立憲主義にも民主主義にも反することになる。私は、いいね！をクリックしたいし、原理主義万歳といいたい。

広渡氏は、さらに「個人の尊厳」について論を進める。「個人の尊重」を規定する憲法一三条と「人間の尊厳は不可侵である。その尊重と擁護はすべての国家権力の責務である」（ドイツ基本法一条一項）とを対比して、峻厳さにおいて差異はあるが、論理は相似している、という。日本国憲法には「個人の尊重」（一三条）と「個人の尊厳」（二四条）はあるけれど「人間の尊厳」という言葉はない。他方、「人間の尊厳」という言葉は、国連憲章や世界人権宣言やいくつかの重要な条約の中で、「人類社会のすべての構成員の固有の尊厳と平等で譲ることのできない権利とを承認することは、世界における自由、正義及び平和の基礎である」などという形で用いられている。ここでは、人間（人類社会の構成員）の尊厳と平和とが原理的に関連付けられているのである。

ところで、私は「人間の尊厳」と「個人の尊厳」とは違うと思っている。なぜなら、次のような見解に同意しているからである。「戦争は互いに敵側の人間を殺すことを当然とする国家の作用である。それは、『人間の尊厳』に対する明白な侵害である。そのような非人間的な仕事に耐えられない者がありうるとの考慮から良心的兵役拒否という制度が設けられている。良心的兵役拒否者は『個人の尊厳』が保障されるかもしれないが、自分の同胞が敵側の人間を殺すという事態を漫然と眺めていることになる。それも奇妙な話だろう。彼が真に自己の『個人の尊厳』を確保したいなら兵役拒否にとどまらず、反戦活動をすべきであろう」という見解である。これは、故広中俊雄東北大学名誉教授（二〇一四年二月二四日逝去）の「宮城・研究者九条の会」発足集会（二〇〇五年一二月一一日）での「戦争放棄の根本思想は何か」と題する講演の一節である（みやぎ憲法ブックレットNo.3　二〇〇七年）。

広渡氏は広中氏の「人格秩序の二段階的発展――商品交換主体の普遍化による人格から人格的諸利益の帰属主体としての人格へ」を引用していた。これは、私の理解を超えていたけれど、広中氏の講演録の存在は知っていたので、改めて紐解いたのである。

広中氏は、広島の原爆を体験している。あの閃光と爆風を体験しているし、父親の屍を探して、無残な死者たちの顔を覗き込んだ経験もある。彼は喝破する。「戦争は『人間の尊厳』に対する明白な侵害だから放棄するのだ」、「国際社会に根を下ろしたスローガンである『人間の尊厳』を論拠の中心に据えて九条改正反対論を展開すべきだ」と。

広渡氏は、講演を「『市民連合』は引き続き安保法制廃止、立憲主義の実現、個人の尊厳を擁護する政治の実現のために、次期衆議院選における野党共闘を推進し、目標を実現する活動をする」と締めくくった。

九条の思想的、歴史的背景を再確認しながら、その改悪阻止だけではなく、世界化や普遍化のために努力したいと思う。

（二〇一六年七月七日記）

3. 加憲論が奪うものともたらすもの

私は、九条一項・二項をそのままにして自衛隊の存在を書き込むこと（加憲論）は、禁止規範と授権規範を併存させるという矛盾であり、規範としての体裁をなさないので、そんなことはやるべきではないと考えている。ただし、この論点は、論理的に整合しない改憲などは止めろというものであって、憲法の平和主義とは直接の関連性はない。だから、自民党の改憲草案のように、九条二項を廃止したうえで、「国防軍」を設置するという改憲案に対する批判とはならない。そのような改憲案は、論理的には矛盾しないし、規範としての体裁も整えられるからである。

けれども、私は、自民党改憲草案についても反対である。その理由は「武力を行使する組織」＝軍隊を憲法に書き込むことに反対だからである。

軍事力で物事を解決すれば、どのような非人道的な結末が発生するのかについて、私たちは多くの実例を目の当たりにしている。それは、七二年前の日本の敗戦にまで遡らなくとも、現在、世界で起きている事態を直視すれば明らかであろう。武力行使の結果、多くの死傷者が出るだけではなく、難民やテロリストが生み出されている。加えて、現在の朝鮮半島の情勢は、意図的であるか偶発的であるかはともかくとして、核兵器の応酬が発生する怖れすらある。

七月七日、国連で採択された「核兵器禁止条約」は、核兵器の使用がもたらす壊滅的人道上の結末を回避する確かな方法は、核兵器を廃絶することであるとしている（ただし、日本政府はこの条約に反対している。結局のところ、核兵器の使用を容認しているのである）。

同様に、国際紛争を武力で解決しないということを徹底するならば、一切の戦力の廃絶が望ましいことは当然である。自民党は、そのような発想はユートピア的で非現実的であると批判しているけれど、軍隊のない国家が二六か国ほど存在している事実もある。

そもそも、殺傷力と破壊力で欲しいものを手に入れるという行動（戦争）を、繰り返された悲劇を踏まえて否定してきたのが「戦争違法化」の歴史であり、国連憲章の到達点である。

そして、人類が核兵器を保有し、それが使用された「核の時代」における武力の行使は、文明の消失をもたらすことになるので、戦力を放棄しようというのが、日本国憲法の非軍事平和規範誕生の歴史的背景である。であるがゆえに、日本国憲法には「軍隊」についての規定が存在しないのである。「核の時代」において、憲法九条の先駆性と普遍性は承認されなければならない。

ところで、政府は、「自衛隊は、……自衛権行使の要件が満たされる場合には、武力を行使する組織であるから、ジュネーブ諸条約上の軍隊に該当する」（政府答弁書・内閣参質第一五五第二号、平成一四年）として、自衛隊は国際法上「軍隊」であると認めている。

加憲論は、その自衛隊についての規定を書き込もうというのである。非軍事の立場を徹底している憲法に、自衛隊という「武力を行使する組織」＝軍隊を書き込むことは、現行憲法の基本原理の一つである「平和主義」を大きく変容させることになる。軍隊が憲法上の国家機構として公認されるからである。例えば、自衛隊のための強制収用が可能になり、百里基地のような曲がった滑走路などという事態は起きなくなるであろう。そして、兵隊が足りなくなれば「徴兵制」が検討されることになるであろう。「軍事法廷」も必要になるであろうし、軍の暴走防止のためのシステム（文民統制）の構築も求められるであろう。他方、「防衛産業」と「防衛族」はわが世の春を謳歌するであろう。

自民党が、この政府見解をどのように理解しているのかは知らないが、現行憲法に全く存在しない「軍隊」に係わる条文が書き加えられても、何も変わらないなどというのは明らかな嘘である。そもそも何も変わらないのであれば、こんな改憲など不要であろう。

加憲という提案は、核兵器も含む武力で国際紛争を解決できる国家になるための準備行為であることを見抜かなければならない。

提案者は正面からそのことを説明するべきであろう。例えば、次のように。

わが国は、米国の「核の傘」に依存して自国の安全を確保する。そのためには、米国との軍事同盟を維持し強化する必要がある。戦地に日の丸や旭日旗を掲げなければならない。そのためには憲法九条二項が邪魔だ。国家の独立と安全があってこそ、国民の生命も自由も幸福も保全できるのだ。

非軍事平和主義などナンセンスであり、国家として採るべき政策ではない。無法者の北朝鮮や膨張を続ける中国と対抗するためにも、国防軍が求められるのだ。力のない正義など意味がない。力によってこそ平和は実現できるのだ。さあ、憲法九条を変えよう。

彼らは、このようなことを主張しているのである。

分岐点は、核兵器使用も含む武力の行使を可能とする国家になるための憲法改正を容認するのかどうかである。加憲論は、憲法の非軍事平和主義に風穴を開け、政府の行為による戦争と軍隊をこの国にもたらすことになるのである。

私は、ヒロシマ・ナガサキ体験の上にできた憲法九条を一ミリでも後退させたくないと考えている。核兵器も戦争もない世界を希求するからである。

（二〇一七年九月一六日記）

4. 憲法九条と原爆投下

日本国憲法九条は、国際紛争を武力の行使で解決しないだけではなく、陸海空その他の戦力を保持しないし、交戦権も否定するとしている。非武装平和主義、非軍事平和主義、無軍備平和主義、徹底平和主義などといわれるように、武力の行使による紛争解決を否定するので、武力（戦力）は持たないという絶対的平和主義である。なぜこのような憲法が誕生したのかということについてあれこれの説明が行われているが、ここでは、広島・長崎への原爆投下との関係に着目する見解をいくつか紹介しておく。

(1) 憲法は、国連憲章の目的と原則にしたがいつつ、国連加盟国一般より先んじた平和の原則を採用した。徹底した不戦体制にふみ切ったのは、原爆戦争の惨禍が決定的であった(深瀬忠一)。

(2) 第九条は、広島・長崎以降においては、軍隊と戦争が伝統的意義を失っていることを確認するものであった(杉原泰雄)。

(3) 国連憲章が一九四五年六月二六日、サンフランシスコで作成されたとき、人類はまだ核兵器が何を意味するのか知らなかった。その国連憲章が最終的には武力による平和という考え方に立脚していたのに対し、八月六日(広島)と八月九日(長崎)という日付を挟んだ後の一九四六年日本国憲法にとっては、「正しい戦争」を遂行する武力によって確保される平和、という考え方をもはや受け入れることはできなくなった(樋口陽一)。

(4) 日本国憲法は、徹底した平和主義を採用しました。あえて不器用なまでに平和にこだわった背景には、人類初の「核兵器を使った殲滅戦」の経験、ヒロシマ・ナガサキの経験がありました。いったん戦争や武力の行使、戦力といった「手段」の有効性を認めれば、軍の論理の自己増殖は最終的に核武装へと逢着する。日本はその体験と認識に立って、徹底した平和主義を採用したわけです(水島朝穂)。

(5) 国連憲章と日本国憲法は多くの共通点があります。第二次世界大戦を踏まえ、戦争をなくそう、武力行使をなくそうとしていることです。一方で、平和実現の方法に違いがあります。国連憲章は最後の手段として武力の行使を認めています。重要な違いの理由として、核兵器の存在、使用の経験の問題があります。大部分の連合国が原子爆弾を知らない段階で憲章の原案は作成され、採択したのも広島・長崎への投下前です。核戦争は想定していないということです。原爆の存在は人類の存続を脅かすという認識は武力を徹底的に否定する論理の基礎になったと思います（松井芳郎）。

(6) 戦後日本の国の形を作り上げていたものに平和主義があったが、この平和主義は一五年戦争の悲惨に対する深刻な反省並びに広島、長崎の被爆体験から生まれた「体験的平和主義」であった（千葉眞）。

(7) 原子爆弾の出現によってもはや文明と戦争は両立できなくなった。文明が戦争を抹殺しなければ、やがては戦争が文明を抹殺してしまう。それならば文明の力で戦争を抹殺しよう。戦争を放棄し、陸海空一切の戦力を放棄しよう。それを世界に先駆けて実行しよう。ここから私たちが誇る、世界に誇る日本国憲法九条が生まれたのです（志位和夫）。

(8) 憲法九条の規範は、戦争による惨禍を経てきた人類が、武力によらざる国際紛争の解決への道を模索するなかで到達した最良の規範である。特にそれは、核兵器の登場した時代における人類が生き残るため唯一の道を示す規範であり、普遍的価値を有する（池田眞規）。

ランダムに紹介してきたが、何人かの憲法学者(1)ないし(4)、国際法学者(5)、西洋政治思想史学者

(6)、日本共産党委員長(7)、反核平和弁護士(8)などが、原爆投下が憲法九条の誕生に大きく影響していると指摘している。

ちなみに、一九四六年一一月に政府が発行した『新憲法の解説』(山浦豊、内閣)には次のような記述がある。

一度び戦争が起これば人道は無視され、個人の尊厳と基本的人権は蹂躙され、文明は抹殺されてしまう。原子爆弾の出現は、戦争の可能性を拡大するか、または逆に戦争の原因を収束せしめるかの重大な段階に達したのであるが、識者は、まず文明が戦争を抹殺しなければ、やがて戦争が文明を抹殺してしまうことを真剣に憂へているのである。ここに、九条の有する重大な積極的意義を知るのである。

当時の政府はこのような解説本を作成し配布していたのである。

現在の政府は核兵器の保有や使用について、防衛目的であれば、憲法上許容されるとしている。そして、「核兵器禁止条約」への署名を頑なに拒否している。自民党はその改憲草案で、九条二項の廃止と国防軍の創設を提案している。彼らは、核兵器の使用も含む、武力の行使による国際紛争の解決へと回帰しようとしているのである。

そういう状況であるからこそ、九条二項と原爆投下・核兵器を関連付けている識者の言説を再確認しておきたい。加憲論を含む九条改憲論を検討する上で、不可欠な論点だからである。

（二〇一七年九月一七日記）

なお、巻末資料1（三一八〜三二六頁）に原爆投下と九条の関係についての抜書きを集めてあるので参照してください。

5.「核の時代」における憲法九条の意義
——反核・平和を貫いた池田眞規弁護士がのこしたもの

はじめに

故池田眞規《まさのり》弁護士の著作集（日本評論社、二〇一七年）のタイトルは『核兵器のない世界を求めて』、サブタイトルは「反核・平和を貫いた弁護士 池田眞規」である。私は、この著作集の編集に携わりながら、改めて、池田先生の反核と平和に対する熱い想いに触れることができた。先生は、「核の時代」における憲法九条の意義を力説していたことを確認できたからである。

これまで、私は、先生の「被爆者は預言者である」、「被爆者の声を聴け」という「決め台詞」について、「そりゃそうだよね」という共感は覚えていたけれど、政治思想として受け止めてはいなかった。どんなケースでも、被害の実態や被害者の要求を基礎に置くことは当然だと思っていただけであって、憲法九条との関連については深く考えていなかったのである。

一九四五年六月の国連憲章と一九四六年一一月の日本国憲法との間に、広島と長崎があったことや、原爆投下と九条との関係を指摘する言説があることなどは知っていたけれど、そのことと、「被爆者は預言者である」との池田語録が重なっていなかったのである。

私にとって、核兵器廃絶と九条擁護は両方とも関心事ではあったけれど、相互の関連性について、主体的・体系的に探究しようとする意識は不十分だったのである。

ところで、「反核・平和を貫く」ということは、核兵器廃絶を求めることと、憲法九条の非軍事平和主義の擁護、更には、その世界化・普遍化を求めるという二つの意味を持っている。けれども、核兵器廃絶と戦力不保持とが、論理必然の関係にあるわけではない。核保有もしていなければ軍隊もないという国家（二六か国）もあれば、核兵器は持たないけれど軍隊はある国家（多くの国）もあるし、核武装している国（九か国）もあるし、戦力は持たないとしながら核に依存する国家（わが日本）もあるからである。

また、核兵器が廃絶されても通常戦力は残るから、核兵器廃絶＝軍隊の廃絶とはならない。このように、核兵器廃絶と「軍隊のない国」の実現は、別々の課題なのである。だから、核兵器廃絶運動と護憲運動は、それぞれテーマも違うし、運動形態も異なることは当然なのである。

もちろん、この二つのテーマを同時に追求することも可能である。別々にしかできないということでもない。だから、先生のように、反核と護憲平和とを同時に追求する人もいれば、相対的にどちらかに力を込めている人も存在するのである。

かくいう私も、先生を見ていたこともあり、反核と平和とを二つながらに追い続けていたように思うのである。反核法律家協会での活動を続けながら、九条擁護と世界化の運動にかかわってきたからである。

平和憲法訴訟の軌跡

池田先生は、「平和憲法訴訟の軌跡」(法律時報一九九六年二月号)で、「私の体験した百里基地訴訟、長沼ナイキ訴訟、湾岸戦争戦費支出違憲訴訟(市民平和訴訟)、PKO法による自衛隊カンボジア派遣違憲訴訟などの訴訟活動を通じて、法廷の現場から見た憲法九条訴訟における本質的問題点を探ってみたい」としている。体験した事実を踏まえながら、本質的問題を探ろうとしているのである。こういうアプローチのできる人は決して多くないであろう。

この論稿の特徴は、憲法九条の規範としての普遍性と九条を取り巻く政治的背景の特殊性とを、自ら体験している憲法訴訟との関連で論述していることである。先生は、「憲法九条は、戦争による惨禍を経てきた人類が、武力によらざる国際紛争の解決への道を模索するなかで到達した最良の規範である。特にそれは、核兵器が登場した時代における人類が生き残るための唯一の規範であり、普遍的価値を有する」としている。

ここでは、核兵器の登場と非軍事平和主義が連結され、九条の普遍的価値が語られているのである。「核の時代」における日本国憲法の存在意義を政治思想としているといえよう。

このような政治思想はどのようにして形成されたのであろうか。池田先生の足跡の中に探ってみたい。

百里基地訴訟

池田先生が弁護士登録するのは一九六五年四月である。翌年には百里基地訴訟弁護団に参加している。百里基地裁判の提訴は一九五八年七月であるから、途中からの参加である。百里基地裁判というのは、先生の定義によれば「軍事基地のために国が土地を取得することが、憲法上許されるかどうかを争点とする裁判。農民が土地を取り上げられるのを阻止し、軍事基地のために土地は渡さないという裁判」である。

一九七七年二月、水戸地方裁判所は原告敗訴の判決を出す。「水戸地裁は、自衛隊合憲を唱える政府の立場を一〇〇パーセント以上公認するという政治的選択をした。将来、国民の手によって厳しい審判を受けるであろう」というのが先生の判決評価である。

この敗訴判決を乗り越えるための工夫がなされた。憲法九条解釈はいかにあるべきか、憲法制定の原点に立って解釈すべきこと、日本の平和と安全は九条の示した道しかないことを裏付けるための証人調べに精力的に取り組むことなどである。その証人の一人に広島で原爆を体験した肥田舜太郎医師（二〇一七年に一〇〇歳で逝去）がいた。肥田証人は、一九八〇年三月六日、原爆の惨禍と平和憲法の意義を自らの体験によって証言した（この間の経緯については、同著作集の「百里基地訴訟」参照）。

先生は、一九七七年二月の百里基地裁判第一審敗訴後から、日本原水爆被害者団体協議会（日本

被団協）との関係を構築し始めるのである。憲法解釈の基礎に戦争体験、とりわけ被爆体験を置かなければならない、という問題意識からである。

池田先生の被爆理解

池田先生の原爆被害の理解や被爆者観を見ておきたい。結論的にいうと、原爆被害の特質は想像を超えた過酷さにある。非被爆者が、映画や写真を見たり、被爆証言を聴いたりして、被爆被害の実態を理解できたと考えるのはとんでもない思い上がりだ、ということである。その理由は、①原爆地獄の中心地にいた被爆者は死亡していてその被害を伝えられないこと。②爆心地近くにいた被爆者は正常な心理状態ではいられなかったこと。③遠距離あるいは入市被爆者は地獄を直接味わっていないこと。④生き残った被爆者の伝達能力に限界があること。⑤非被爆者の想像力に限界があること、などである（被団協新聞六一号、一九八四年）。

私の体験からしても、被爆者と話をしていて「あの時のことは体験した人にしかわからない」という趣旨のことを言われることがある。「俺だって一所懸命考えてやっているのに、そんなこと言わないでよ」という気持ちになったこともある。まさにそれが「思い上がり」なのであろう。

先生の行動の原点に、このような被爆実態についての認識や被爆者観があったのである。想像を絶した被爆被害は、核兵器禁止条約の前文では「容認しがたい苦痛と被害」という言葉で表現されている。

一九八九年九月のハーグ

池田先生は、一九八九年九月、国際反核法律家協会（ＩＡＬＡＮＡ）第一回世界大会に参加するためにオランダのハーグに行っている。「私にとって、法律家として核のない世界を求めるための責任ある活動をはじめる旅の第一歩であった。その歴史的な旅に奇しくも大好きな山口仙二と一緒に行くことになったのである」と述懐している（「世界法廷物語」同著作集、七頁）。山口さんは、一九八二年六月、国連軍縮特別総会で、自分の被爆の姿をさらしながら「ノー・モア・ヒロシマ、ノー・モア・ナガサキ、ノー・モア・ヒバクシャ」と演説をした人である。先生にとって、核のない世界を求めるための法律家としての責任ある活動のスタートラインは、この山口さんとのハーグ行きだったのである。

日本反核法律家協会の設立と世界法廷運動

この世界大会の後、一九九一年一二月には関東反核法律家協会が設立され、一九九四年八月には日本反核法律家協会（ＪＡＬＡＮＡ）が発足する。この動きと並行して、「世界法廷運動」が組織され、一九九六年七月には国際司法裁判所の「勧告的意見」が出されている。国際司法裁判所は核兵器の使用や威嚇は国際法に違反するとした。ただし、自衛の極端な状況での核兵器の使用や威嚇についての違法性判断は留保している。この留保部分についての不満はあるものの、この勧告的意見は、核兵器禁止条約につながる重要な一歩であった。

一九九七年四月、国際反核法律家協会は、モデル核兵器条約案を作成する。このモデル条約案は、コスタリカやマレーシア政府の手によって国連の正式文書とされ、核兵器禁止条約の魁《さきがけ》としての役割を果たすことになる。二〇一七年七月七日に採択される核兵器禁止条約に先立つこと二〇年である。

一九九九年五月のハーグ

一九九九年五月一一日から一五日まで、ハーグで「ハーグ平和アピール市民会議」が開催された。一〇年前のハーグは、「核兵器のない世界」を求めての旅だった。今回は、「戦争のない世界」を求めての市民会議である。その会議に、池田先生は「アジアの核兵器廃絶と日本の責任」という論稿を提出している。最終章の見出しは「核兵器も戦争もない世界へ」である。そこでは「世界の人々はこの悲惨な殺りくの世界から戦争のない世界を創ろうと考えている。現在の人類の最大の悲願は核兵器と戦争の廃止である。人類共通のこの悲願の実現は、戦争と核による世界の犠牲者の訴えに基づいて闘われてきた。今世紀の戦争の犠牲者とその家族・友人はまだ全世界にいる」とされている（日本反核法律家協会編「非軍事平和思想を国際規範に」同著作集、一六四頁）。

ここでは、核兵器と戦争の廃止が同時に語られている。その理由とされているのは、犠牲者の存在とその闘いである。

一九七七年二月の百里基地裁判第一審の敗訴判決を受けてから二一年の歳月が流れている。一九九六年に表明された「日本国憲法は、『核の時代』において、人類が生き残る唯一の規範である」

という言明は、ハーグでも展開されていたのである。

このハーグ市民会議は「公正な世界秩序のための一〇の基本原則」を採択している。第一項は「各国議会は、日本国憲法九条のような、政府が戦争することを禁止する決議を採択すべきである」、第六項は「核兵器廃絶条約の締結をめざす交渉がただちに開始されるべきである」としている。別々の項目ではあるが、池田論稿の意図は結実しているのである。

ノーモア・ヒバクシャ九条の会

二〇〇七年三月。池田先生は、被団協代表委員の山口仙二、同坪井直、肥田舜太郎医師、中沢正夫医師らを共同呼びかけ人として「ノーモア・ヒバクシャ九条の会」を結成している。その呼びかけ文の一節に「戦争の放棄、戦力の不保持、交戦権の否認を定めた九条は、『ヒロシマ・ナガサキを繰りかえすな』の願いから生まれました。被爆者にとって生きる希望になりました」とある。

憲法の公布は一九四六年一一月である。当時「被爆者運動」は存在していないし、憲法制定過程で、被爆者の声が直接反映されたという記録はない。けれども、原爆投下が、日本国憲法九条の徹底した平和主義を生み出したという言説は説得力を持って語られている。例えば、水島朝穂さんは「日本国憲法は、徹底した平和主義を採用しました。あえて不器用なまでに平和にこだわった背景には、人類初の『核兵器を使った殲滅戦』の経験、ヒロシマ・ナガサキの経験がありました」としている（憲法再生フォーラム編『改憲は必要か』岩波新書、二〇〇四年）。

そして、池田先生は、この会に「憲法九条は被爆者の希望であり、宝である」との一文を寄せている。そこでは「原爆体験は、憲法前文と第九条の非軍事平和思想に被爆者の魂を吹き込んだ」、「被爆者の絶対的非軍事平和思想で人類と日本の安全を守る道を探求する」、「被爆者は核時代の預言者であり、人類の宝である」と語られている。

ここでは、被爆者の魂と憲法九条の非軍事の思想が見事に統一されている。憲法九条は被爆者の希望であり、被爆者は核時代の預言者とされているのである。

ノーモア・ヒバクシャ記憶遺産を継承する会

池田先生の最後の仕事は、ヒバクシャの記憶を継承する組織を作ることだった。二〇一一年一二月「ノーモア・ヒバクシャ記憶遺産を継承する会」が発足する。会の「核の支配からにんげんの尊厳を取り戻す闘いに勝つための宣言」は、「広島・長崎への原爆投下は、人間の尊厳を抹殺する神も仏もない核時代の幕開けとなりました。……核兵器の存在と使用が容認される非人間社会の到来であります。……果たして人間は生き残れるのでしょうか」と問題提起し、「にんげんを返せ」、「核兵器と人類は共存できない」、「二度と被爆者を作らない」として、核兵器廃絶の先頭に立って闘ってきた被爆者について、「被爆者は核時代の人々に、生き残る道を身をもって示した人類の預言者である」としている。この宣言の起案は池田先生だという。

核兵器禁止条約の採択

二〇一七年七月七日、国連で、核兵器禁止条約が採択された。核兵器の開発、実験、保有、使用、使用の威嚇などが包括的に禁止されただけではなく、核兵器保有国の参加の道も開かれている。「核兵器のない世界」に向けて、法的枠組みが用意されたのである。この条約が発効し、核兵器国が参加し、核兵器が廃棄されるまでにはもうしばらくの時間が必要であろう。核兵器保有国やそれに依存する日本政府などの抵抗が極めて強いからである。

けれども、「核兵器のない世界」に向けて大きな一歩が踏み出されたことは間違いない。池田先生の努力も一助になっていたであろう。被爆者と寄り添いながら、核兵器も戦争もない世界を求めてきた先生の足跡に改めて敬意を表したい。

おわりに

そして、再確認しておきたいことは、池田先生は「核兵器のない世界」だけではなく「軍隊のない世界」も展望していたことである。「軍隊のない国」コスタリカへの三度にわたる渡航や、元大統領夫人カレン・オルセンさんやカルロス・バルガス弁護士との友情は、「軍隊のない世界」を希求した先生の自然の行動であろう（この辺りの事情は前記著作集参照のこと）。

池田先生の「反核・平和を貫く」という人生の背景には、当初は、直感的な心情であったかもしれないけれど、晩年には、被爆体験が憲法九条、とりわけ二項を生み出す契機となっていたこと、逆に、九条の擁護と普遍化が、再び被爆者を生み出さない条件になるという連関が、一つの政治思想として確かに存在していたのである。

この池田先生の「反核・平和を貫く」生き方は、私たちに、「核の時代」における日本国憲法九条の普遍的意義を再確認する機会を提供しているといえよう。「反核と平和を貫け」、それが池田先生からの宿題だと受け止めることとしよう。

（二〇一七年一二月一四日記）

6. 核のホロコーストと憲法九条

ホロコーストという言葉は、大惨事という意味だけれど、ナチスによるユダヤ人迫害のイメージで受け止められている。ユダヤ教では丸焼きの供物を意味するという（広辞苑）。ユダヤ人を丸焼きにしたからホロコーストというのだろうか、なんかすごい言葉のようである。

このホロコーストという言葉を次のように使用している人がいる。「ヒロシマっていうのは、まさにホロコーストの場になってしまったわけですが、ホロコーストの犠牲を負ってしまったことの意味を紡いでいかなきゃいけない。犠牲になってしまったけれども、九条ができたというのは非常に大きな物語になっているわけで、このことを抜きにして憲法を作ることはできなかった」というようにである。この発言を要約すれば、「ヒロシマというホロコーストの上に、憲法九条がある」ということになるであろう。これは、二〇一七年七月二二日、広島弁護士会の「憲法施行七〇周年、今、ヒロシマができること――なぜ、今の憲法を守る必要があるのか」と題する集会での石川健治東京大学教授（憲法）の講演の一節である。石川氏は、九条についてこんな問題意識も披歴している。「なぜここに生きているのか、意味のない人生を、我々は生きることはできません。この意味を調達するためには、それぞれがそれぞれの物語を持っていて、その物語によって生きる意味を調達して生きているわけです。こういう構造の中に、実は九条もある。とりわけヒロシマの場合はあるはずだ」というのである。

私は、石川氏が「最終兵器としての核兵器が存在する以上、戦力は中長期的には国際紛争の解決や安全保障のための有効な手段とはならない、……といい続けてきたのが戦後憲法学の歩みであり、戦後の統治力学のもとでは、護憲派の光栄ある使命であった」と書いている（水島朝穂編『立憲的ダイナミズム』岩波書店、二〇一四年、一二九頁）のを読んだことがあったけれど、石川氏自身が、ヒロシマと九条をこのように直結させることに接するのは初めてであった。私には、正直、うれしい驚きであった。護憲派を評価するという間接話法ではなく、自ら護憲を主張する直接話法と受け止めたからである。

私が、原爆投下と九条の関係を、ホロコーストという言葉を使用しながら連結している言説に初めて接したのは、水島朝穂早稲田大学教授（憲法）の次のような論述であった。「日本国憲法は、九条二項において、安全保障における手段の選択に関連して、『やってはならないこと』を明確にしている。……一切の戦争、武力行使、威嚇を否定したうえで、それを手段レベルにまで徹底して、戦力の不保持と、戦力行使を支える交戦権を否認するという選択を行ったのである。そこには、憲法九条と『ヒロシマ・ナガサキのホロコースト』との間の直接的連関を見ることができよう」（前同、四頁）というものである。

もちろん、原爆投下と九条の誕生を関連付ける言説は、ホロコーストという言葉を使用するかどうかを別にして、多くの論者によって語られてきた。そもそも、それは日本国憲法制定議会においても議論されていたところであった。例えば、次のようにである。「破壊的武器の発明が、この勢いをもって進むならば、次回の世界戦争は一挙にして人類を木っ端みじんに粉砕するに至るであろう。……文明と戦争は結局両立しない。文明が速やかに戦争を全滅しなければ、戦争が文明を全滅することになる」（一九四六年八月二七日貴族院本会議、幣原喜重郎答弁）というようにである。幣原は、この答弁の中で、「改正案の第九条は戦争放棄を宣言し、わが国が全世界中最も徹底的な平和運動の先頭に立って指導的地位を占むることを示すものであります」とも言っている。彼は、核兵器と人類は共存できないということを前提に、一切の戦力放棄を語っていたのである。

このように、日本国憲法は、その制定時から、「核のホロコースト」を踏まえたうえで、核兵器のみならず、陸・海・空その他の戦力を放棄しているのである。ここにこそ、日本国憲法の先駆性が認められるのである。国際紛争の解決を殺傷力と破壊力の優劣に依存すれば、核兵器の使用を阻止できず、それが使用されれば、人類社会の滅亡をもたらすことになる。そのような事態を避けるためには、戦力と交戦権を放棄することであるという選択をしていたのである。武力による平和の達成、武力による正義の実現は不可能になったという時代認識である。

ところで、核兵器禁止条約は、いかなる核兵器の使用も、壊滅的人道上の結末をもたらすことになる。それを避けるためには、核兵器をなくすことである。核兵器のない世界こそが、人類社会にとって最高の公共善であるとしている。

日本国憲法の到達点は、戦力一般の否定である。核兵器にとどまらないのである。この地平から後退しようという選択は、私にはできない。核のホロコーストの犠牲者の死を無駄にすることになるからである。核兵器の廃絶と日本国憲法九条の維持は、個々の人々が、その人生の物語を紡ぐ最低条件なのである。一人一人がそれぞれの人生を生きるうえで、核兵器による相互確証破壊や、武力の行使に伴う死傷や難民化は、避けなければならないのである。そこでは、生命と日常が奪われるからである。日本国憲法九条の地平を一ミリたりとも後退させない営みが求められている。

（二〇一八年一月二五日記）

7. 核兵器禁止条約の早期発効と安倍改憲阻止のために

――南北・米朝首脳会談の評価もふまえて

私は、「核兵器のない世界」はもとより、武力による国際紛争解決も一切の戦力もない人類社会を実現したいと考えている。その方が、人々は幸せな人生を送ることができるからである。そして、それは決して夢物語だと思っていない。核兵器も通常兵器も人間が作るものだし、戦争は人間の営みだからである。もちろん、一朝一夕に実現することではないけれど、必ずそういう時は来るだろうと信じている。もしそれが実現しないなら、きっと人類は、核兵器による相互の殺傷と破壊で、滅びの時を迎えているであろう。誰かが「人類は　賢くないな　核兵器」という川柳を詠んでいた。私は、人類はそこまで愚かではないと思いたいのである。だから、今、世界とこの国で何が起きているのかを読み解き、何をすればいいのかを考え、心ある人たちと共同したいのである。ここでは、二〇一七年七月七日から今日までの動きを概観してみたい。

「核兵器のない世界」に向けての前進

「核兵器のない世界」への道程は、二〇一七年七月七日の核兵器禁止条約の採択以降、二〇一八年四月二七日の南北首脳会談、同年六月一二日の米朝首脳会談などによって、間違いなく前進している。

まだ、核兵器禁止条約は発効していないし、板門店はそのままだし、北朝鮮の核兵器が廃棄されたとの検証もなされていない。それがいつ実現するかについての確固とした期限が設定されているわけでもない。そして、核兵器禁止条約を敵視している大国もあれば、朝鮮半島の平和を望まない者たちもいる。しかもそういう連中ほど、政治権力、資金力、社会的影響力などを持ち合わせているのである。これからも、核兵器に依存する勢力からの抵抗は続くであろう。だから、少しの前進があったからといって、この道が平坦ではないことに変わりはない。
けれども、核兵器の製造、実験、保有、移譲、使用、使用するとの威嚇などが、全面的に禁止する条約が誕生したことや、口汚い罵り合いをしていた政治的責任者が、笑顔で握手し、朝鮮半島の平和と非核化を約束したのである。核兵器のいかなる使用も禁止され、朝鮮戦争の終結や、朝鮮半島の非核化が政治日程に上ったのである。これは「画期的な変化」である。

私は、二〇一七年七月四日、ニューヨークで、米国の独立記念日を祝う花火を見ていた。続いて、七月七日には、核兵器禁止条約の採択を目の当たりにしていた。けれども、このような「画期的な変化」など全く予想していなかった。だから、私はこの間の変化に、刮目に値する前進を見るのである。そして、想定される困難を言い立て、獲得された成果を評価しないことは、単に愚かというだけではなく、核兵器に依存し、武力での紛争解決を容認する勢力の一翼を形成することになる、と思うのである。

私たちに求められていることは、北朝鮮の非核化が本当に行われるかどうかについて第三者的に憂慮することではなく、どうすれば実現できるのかを真剣に考え、可能な行動をすることである。なぜなら、朝鮮半島での熱い戦争が再発し、核兵器が使用されれば、私たちは当事者として関係することになるからである。当事者になるとは、朝鮮民族の相互の殺し合いに加担するだけではなく、自らが攻撃され、日本列島での朝鮮人虐殺の加害者となるという意味である。私は、そんな事態は絶対に避けたいと思っている。それらが避けられているだけでも大きな成果であろう。

成果を過小評価する勢力を乗り越えよう

南北首脳会談や米朝首脳会談の成果を限りなく無意味なものとしようとする勢力が存在する。日本政府や日米のマスコミである。ただし、日本政府は、あからさまに非難することはしない。「一〇〇パーセントともにある」トランプ米国大統領がしたことだからである。彼らからすれば、軍事力強化の根拠にしていた北朝鮮の脅威が消えるのは嫌だけれど、トランプ大統領の機嫌を損なうことも避けなければならないのである。だから、右往左往することになる。自らの北朝鮮外交政策を確立してこなかったつけが回っているのである。

そして、日本においては政府寄りのマスコミだけではなく毎日新聞なども、米国においては反トランプのマスコミが、米朝首脳会談の成果を評価せず、両首脳の「属人的要素」(独裁者・不動産屋という資質や経歴)を言い立て、その成果が水泡に帰するのを待っているかのようである。なぜ、彼らが、かくも懐疑的な態度をとるかといえば、日本のマスコミは、北朝鮮を敵視し憎悪を掻き立てる政策をとる政府に対する批判の視点が弱かったし、自らも北朝鮮の体制を嫌っていたからであろう。そして、米国のマスコミの論調には、とにかくトランプ嫌いという姿勢が反映しているのであろう。

私には、これらの態度はいかにも無責任で好戦的な姿勢と映るのである。

日本反核法律家協会は、この会談と声明を評価し、朝鮮半島の非核化から北東アジア非核兵器地帯、「核兵器のない世界」を展望するとの見解を表明している。最近では、原水爆禁止世界大会でも同様の決議が発せられているが、まだ世間の大勢にはなっていないようである。北朝鮮は怖いし信用できないとの刷り込みの影響は依然として残っているのである。

トランプ大統領と金委員長の性格や主観的思惑にかかわらず、朝鮮半島の問題解決策として、武力の行使など論外であり、平和的な対話と合意しか方法がないことを市民社会で共有しなければならない。

安倍改憲の動き

少し話題を変えよう。安倍首相は改憲への執念を放棄していない。自民党は、九条一項と二項はそのままにして、自衛隊の存在を憲法に書き込もうとしている。早ければ、この秋の臨時国会（二〇一八年）で頭出しをし、次期通常国会（二〇一九年）の早い時期に、改憲発議を狙っている。その動機は、米軍とともに、世界の各地で武力の行使ができる自衛隊にしたいということである。安倍首相はその野望を「積極的平和主義」と命名している。彼が狙っているのは、自衛隊の存在の合憲化ではない。自衛隊の海外での全面的活動の容認と軍事力を前提とする国内体制の確立である。何も変わらないというのは嘘である。

ところで、解釈改憲によって、自衛隊が設置され、その活動範囲が拡大されていることは事実である。けれども、自衛隊が、例えば米軍やロシア軍のような軍事行動が海外でできるかといえばそうではない。九条が制約しているからである。もし、九条が空洞化し、死文化しているのであれば、改憲論者たちは、あえて改憲手続などという危険な賭けに出る必要はない。九条が生きているからこそ、改憲論者は「手を替え、品を替え」その抹殺を企むのである。そこを忘れてはならない。

そもそも、軍隊の存在とその任務をめぐる対立は、現憲法が制定されたときから続いている。少し整理しておこう。自衛隊の存在そのものが憲法違反であると考える説（A説）がある。この説を徹底すれば、戦力がないのだから、武力を用いての自衛戦争も不可能になる。憲法の文言はそうなっている。私はこの論者である。次に、自衛隊の存在は合憲であるが、海外で活動は制約されているという説（B説）がある。個別的自衛権の行使としての武力の行使は認めるが、集団的自衛権は認められないとする説である。元々の政府見解である。安保法制に反対する運動は、このラインでのたたかいであった。そして、現在、政府は自衛隊の合憲は当然のこととして、個別的自衛権の行使にとどまらず、日本が攻撃されていない場合でも、例外的に自衛権を行使できるとしている（C説）。安保法制の考え方である。更に、そんな考えは生ぬるいので、憲法を改正して国防軍を編成し、国際の安定と平和のために軍事力行使を認めようというのが、自民党の改憲草案（D説）がある。それぞれの説に亜流がないわけではないが、大きく分ければこのように理解していいだろう。

各意見の共通項と違い

A説とB説は自衛隊の任務の拡大について、すなわち、現憲法下での集団的自衛権は反対ということでは共同してきたけれど、自衛隊が憲法に違反しているかどうかや個別的自衛権としての武力の行使についての共通の理解があるわけではない。この違いは、戦力を持つのかどうか、それを限定的とはいえ使用するかどうかについての違いであるから、本質的違いであろう。むしろ、戦力の保持を認めるということでは、B説とC説やD説は共通しているのである。

そして、B説の中には、現行憲法は集団的自衛権行使を否定しているけれど、憲法を変えればその行使も可能であるとしている人もいる。それは、憲法改正の限界を超えるものではないし、国民投票に委ねられるという考え方である。この論者は、違憲の法律の制定には反対するが、改憲には反対しないのである。その選択が憲法改定権力としての国民の意思であればやむを得ないと考えるからである。それが国民主権であり、民主主義だという理解である。

安保法制反対で共同した勢力が、改憲のための国民投票で共同するうえでの、最大の困難がここにあるといえよう。戦力を保持することに賛成し、その使用の範囲を多数決原理に委ねてしまうことを容認する人たちと、戦力の不保持を選択する人々の共同の論理をどう構築するかという課題である。

そもそも、そんなことができるのだろうか。それができないと、A説の人だけが単独で改憲阻止闘争に挑むことになる。それでは九条が改定されることになる可能性が高くなるであろう。

そこでどうするかである。私は、この自衛隊は合憲だけれども集団的自衛権の行使や海外派遣に反対としている人たちだけではなく、軍事力の保有とその行使を積極的に主張する人たちも含めて、国際紛争を武力で解決することの危険性を説いていくことが必要だと考えている。軍事力の保持を認めるということでは、B・C・D共通だから、B説を特別扱いしないということである。

元々、九条改憲の争点は、軍事力の保持とその行使という根本的問題である。日本国憲法は大日本帝国の所業についての反省と核のホロコーストの下で誕生したことを想起して欲しい。侵略戦争と植民地支配についての反省と「核の時代」における武力の行使という、過去と未来を見据えた上での到達点が日本国憲法九条なのである。だから、日本の改憲問題は、日本だけの問題だけではなく、北東アジアの安定と平和、ひいては人類社会の将来に係る事柄なのである。

私は、その中でも、核のホロコーストに着目しておきたい。二〇一八年は七三回目の原爆忌である。私たちは、原爆が広島と長崎に何をもたらしたのかを知っている。世界の核実験ヒバクシャの実情も核兵器使用についてのシミュレーションも学んでいる。核兵器禁止条約は、核兵器使用がもたらす「壊滅的な人道上の結末」をキーワードの一つにしている。核兵器の使用が、人類の滅亡をもたらすことは荒唐無稽な脅迫ではないのである。

一九四六年八月の制憲議会において、幣原喜重郎は「『核の時代』にあっては、戦争が文明を滅ぼすことになる」ので、武力での問題解決をしてはならないとしていた。そして、武力での紛争解決が禁止されるのであれば、戦力は不要であると喝破し、一切の戦力の放棄を推進したのである。そして、当時の政府はそのことを誇らしげに国民に啓蒙していたのである。

今、世界には一万四四五〇発の核兵器があるとされている。「核の時代」は続いており、「終末時計」は二分前を指しているという。人類は滅亡の淵にいるのかもしれないのである。

武力で物事を解決しようとすれば、核兵器は防御不能であるがゆえに「最終兵器」となる。だから、核兵器国は手放そうとしないし、他国には持たせようとしない。

結局、武力で国際紛争を解決しようとすれば、核兵器に依存することになるのである。そして、仮に、平時において核兵器使用の禁止が約束されていたとしても、戦時になれば、その約束は反故にされるであろう。

こうして、「核の時代」にあって、武力で紛争解決をしようとすれば、核戦争を招来し、人類社会の破滅をもたらすことになるのである。その破滅を避けたいのであれば、核兵器の使用を禁止しなければならないのだけれど、武力での紛争解決が容認される限り、核兵器への依存は続くであろう。そのことは現実の世界が証明している。

その世界を転換するために核兵器禁止条約が採択されたのである。「壊滅的な人道上の結末」を避けるために、いかなる場合でも核兵器の使用を禁止し、そのための抜本的な方策として、核兵器の開発、実験、保有、移譲までも禁止しているのである。

残る問題は、核兵器を使用しなければ、武力の行使で紛争を解決することを認めるのかということである。武力での問題解決が許容される限り、最終兵器である核兵器は有効であるから、核兵器禁止条約があっても、誰かが核兵器を作るであろう。それを避けるためには、武力の行使による紛争解決を不可能にするために一切の戦力を禁止することであろう。

それが、日本国憲法が到達している地平である。私は、武力の行使のみならず、一切の戦力の不保持を規定する日本国憲法こそが、「壊滅的な人道上の結末」を避けるための最も強固な歯止めであることを強調したいのである。核兵器のない世界の実現と憲法九条の世界化・普遍化は密接に連結しているのである。

核兵器の廃絶については、核兵器禁止条約採択や米朝首脳会談で、曙光が見えたといえよう。けれども日本政府は背を向け続けている。そして、安倍晋三と自民党は九条の改悪を目論んでいる。ここに、ヒバクシャ国際署名活動と安倍改憲阻止三〇〇〇万人署名活動の双方が推進されなければならない理由がある。

（二〇一八年八月七日記）

8．「憲法九条は、核時代の世界に呼びかける誇るべき規範です」

二〇一八年八月九日、長崎の平和式典で、被爆者代表の田中熙巳《てるみ》さんが「平和への誓い」を述べている。田中さんは、その中で「紛争解決のための戦力を持たないと定めた日本国憲法第九条の精神は、核時代の世界に呼びかける誇るべき規範です」としている。憲法九条は単なる精神ではないとか、誰が呼びかけるのか主語があいまいだ、などと赤ペンを入れたいところもあるけれど、私は、田中さんが「核時代」という言葉を使い、憲法九条を世界に呼びかける誇るべき規範であるとしていることに最大限の共感を覚えるのである。田上富久長崎市長も「平和宣言」で、「『戦争をしない』という日本国憲法に込められた思いを次世代に引き継がなければならないと思います」と日本国憲法に触れているけれど、田中さんのように、九条を世界に呼びかけようとまではしていない。同じ場所にいた、安倍晋三首相のあいさつには「核兵器のない世界」という言葉はあるけれど、憲法についても、核兵器禁止条約についても言及はない。彼はこの国の首相として不適格である。

一三歳の時に長崎で被爆し、自身は奇跡的に生き残ったけれど、五人の身内の命を奪われた田中さんは、原爆は「人間が人間に加える行為として絶対に許されない」としている。田中さんにとって「核時代」とは、人間が絶対にしてはならないことが行われ、またいつ行われるかわからない時代なのであろう。田中さんは、その時代を転換するために、憲法九条の世界化を呼びかけているのである。

私と田中さんとの付き合いは二〇年ほどになる。一九九九年五月一一日から一五日まで、ハーグで開催された「ハーグ平和アピール市民会議」の準備を一緒に始めたことがきっかけだった。当時、田中さんは日本原水爆被害者団体協議会（日本被団協）の事務局長だった（今は代表委員）。田中さん、そして故池田眞規弁護士と飲む酒は美味かった。池田先生はあまり飲まないけれど、田中さんと私は次の日まで残るほど飲んだものだった。被爆者を原告として米国政府を相手に裁判を起こそうなどと持ち掛けて、「もう一〇年前に言ってもらえたらな……」などと語り合ったものだった（「新原爆裁判」の呼び掛け文は日本反核法律家協会のホームページ参照）。

なぜそんな話をするかというと、池田眞規氏はことあるごとに「被爆者は預言者である」として、被爆体験の悲惨さに怒り、被爆者が再びヒバクシャを作らないと決意していることに賛辞を送り、核兵器廃絶と憲法九条の大切さを説いていたからである。例えば「ハーグ平和アピール市民会議」では、「世界の人々はこの悲惨な殺りくの世界から戦争のない世界を創ろうと考えている。現在の人類の最大の悲願は核兵器と戦争の廃止である。人類共通のこの悲願の実現は、戦争と核による世界の犠牲者の訴えに基づいて闘われてきた。今世紀の戦争の犠牲者とその家族・友人はまだ全世界にいる」などとしていたのである（『核兵器のない世界を求めて――反核・平和を貫いた弁護士 池田眞規』日本評論社、二〇一七年）。

そして、二〇〇七年三月、池田氏が田中さんたちと立ち上げた「ノーモア・ヒバクシャ九条の会」の呼びかけ文には「戦争の放棄、戦力の不保持、交戦権の否認を定めた九条は、『ヒロシマ・ナガサキを繰りかえすな』の願いから生まれました。被爆者にとって生きる希望になりました」と記されているのである（前同）。

私は、田中さんの今回の「平和の誓い」には、池田氏との交流が底流にあったように思うのである。日本国憲法九条の誕生が、核のホロコーストだけに淵源があるとは思わないけれど、それを無視することは絶対にできないであろう。見ず知らずの人々に殺し合いを強いる国家権力を制御する憲法規範を維持することができなければ、人々は「最終兵器」の使用によるカタストロフィー（壊滅的結末）を迎えることになるかもしれない。それを避けるためには、核兵器廃絶と憲法九条の世界化が求められているのである。ヒバクシャ国際署名活動と改憲阻止三〇〇〇万人署名活動の双方を成功させなければならないことを再確認する田中さんの「平和への誓い」であった。

（二〇一八年八月一〇日記）

9. 朝鮮半島の非核化のために
――日本反核法律家協会の二〇一八年意見交換会への問題提起

はじめに

日本反核法律家協会は、一昨年（二〇一六年）も昨年（二〇一七年）も「朝鮮半島の非核化のために」をテーマとして意見交換をしてきた。

私の二〇一六年の意見交換会への問題提起は次のとおりであった。

二〇一七年から「核兵器を禁止し全面廃絶へ導く法的拘束力のある協定」（核兵器禁止条約）につ

いての交渉が開始されようとしている。しかしながら、朝鮮半島では、厳しい緊張関係が続いている。北朝鮮は核実験とミサイル発射実験を継続しているし、米韓の軍事訓練も行われている。朝鮮半島の非核化とは、北朝鮮に核兵器を放棄させればそれで済むということではない。韓国も日本も米国の核の傘に依存しているからである。日本は北朝鮮を敵視しているし、米国は他国の政府を武力で転覆する国家である。

朝鮮半島の非核化のためには、北朝鮮がどのような論理で動いているのかを確認する必要がある。また、韓国側の言い分も知る必要があるだろう。朝鮮半島の平和と安定は、双方の敵対的ではない民衆レベルでの意思が尊重されるべきだと思うからである。そして、何よりも、現在の朝鮮半島の国際法上の状況をどのように理解すればいいのか。また、北東アジアを非核地帯とするためにどのような努力がされてきたのかを概観することが求められるであろう。更に、沖縄における米軍基地拡張に反対するたたかいと朝鮮半島の非核化のたたかいとは通底するであろう（この意見交換会の成果は、「反核法律家」二〇一七年春号（九〇号）参照）。

二〇一七年への問題提起は次のとおりである。

国連で「核兵器禁止条約」が採択され、「核兵器のない世界」に向けて画期的な一歩が踏み出された。他方、朝鮮半島での核兵器使用の現実的危険性が高まっている。トランプ米国大統領と金正恩朝鮮労働党委員長は、相互に核兵器の使用を公言しており、安倍首相はトランプ大統領に何の異議も唱えていない。もちろん、彼らの眼中に核兵器禁止条約などはない。彼らにとって、核兵器は禁止されるべきものではなく依存すべきものなのである。私たちは、「核兵器のない世界」の実現が先か、新たに核兵器が使用されるのが先かという岐路に立たされているかのようである。朝鮮半島、ひいては北東アジアの非核化を確保しなければ、私たちは取り返しのつかない「壊滅的人道上の結末」に直面することになるであろう。私たちは、全力を挙げて、朝鮮半島、そして北東アジアの非核化に挑戦しなければならない（この意見交換会の成果は、「反核法律家」二〇一八年春号〔九四号〕参照）。

その後の進展

「反核法律家」九四号の発行は二〇一八年二月一五日である。その後、刮目すべき進展があった。四月二七日には南北首脳会談が、六月一二日には米朝首脳会談が開催されたのである。

同協会は、これらの会談に先立つ四月一六日、次のような声明を発している。

韓国と北朝鮮の首脳会談（南北首脳会談）が来る四月二七日に、米国と北朝鮮の首脳会談（米朝首脳会談）が五月末までに開催されることが決まった。昨今、北朝鮮の核実験・ミサイル発射、米国・トランプ政権による新核戦略指針「核態勢の見直し」（ＮＰＲ）の公表等、朝鮮半島での核兵器の使用も含む武力衝突が懸念されてきた。今回の南北・米朝首脳会談開催は、朝鮮半島での武力衝突を回避し、対話と交渉による平和的解決を図り、「朝鮮半島の非核化」の実現、ひいては「核兵器のない世界」を実現するための基盤を創設する第一歩である。私たちは、南北・米朝首脳会談の開催を歓迎し、その成功に期待する。

そして、米朝首脳会談の後の六月二九日には、次のような声明を出している。

私たちは、この共同声明を高く評価する。「ちびのロケットマン」、「狂った老いぼれ」と罵りあい、核兵器の応酬までちらつかせていた二人が対話のテーブルにつき「新たな米朝関係の構築」と「朝鮮半島の完全な非核化」を「完全かつ迅速に実行に移すことを約束」したのである。その具体化のために、工夫と時間が必要なことは避けられないとしても、共同声明に盛り込まれた目標は評価されるべきである。新たな米朝関係の構築は、最後の冷戦状態を解消し、世界の平和と繁栄につながるからである。そして、朝鮮半島の非核化は、北東アジアの非核地帯化や「核兵器のない世界」の一歩となりうるからである。

現在の状況

これら一連の首脳会談の成果として朝鮮半島での武力衝突の可能性は低下している。米韓共同軍事演習は中止され、板門店の共同警備区域の監視所や火器類、弾薬はすべて撤収されている。今後、軍事境界線を訪れる人は南北を往来できるようになるという。多くの血が流される危険性が低下したことは、大きな成果である。

また、北朝鮮は核・ミサイル実験を停止し、豊渓里の核実験場を廃棄している。その実験場と東倉里の西海衛星発射場への専門家の立ち入りを認めるとの報道もある。北朝鮮の核兵器への依存は着実に低下しているといえよう。北朝鮮への不信をベースにした報道がなくなっているわけではないけれど、確かな進展を見て取れるであろう。

しかしながら、朝鮮戦争の終結宣言はまだされていないし、平和協定が締結されたわけでもない。北朝鮮が保有する核兵器の廃棄についての査察が行われたわけでもない。そういう意味では、道半ばなのである。

さらに問題なのは、米国は核兵器を低減するどころか、その依存を強めていることである。この二月に公表された核態勢見直し（ＮＰＲ）は、非核兵器攻撃に対する核兵器による反撃や低出力の核兵器の開発などを提起している。昨年末には未臨界核実験を行い、一〇月二〇日にはＩＮＦ全廃条約の破棄も宣言しているところである。北朝鮮の核兵器廃絶には強硬な態度をとりながら、自らは全く逆の態度をとっているのである。

そのトランプ政権と「一〇〇パーセントともにある」安倍政権は、トランプ政権の核政策に一切異議を述べようとしていない。唯一の被爆国として核兵器の廃絶を目指すなどという物言いはリップサービスでしかない。そして、核兵器国と非核兵器国との橋渡しをするなどという政策は「核兵器のない世界」の実現を遅らせる役割しか果たしていないのである。

私たちの課題

私たちが求めている世界は、核兵器も戦争もない世界である。全世界の国民が、恐怖と欠乏から免れ平和のうちに生存できる社会の実現である。直接的には、朝鮮戦争の終結と朝鮮半島を含む北東アジアの非核化であり、核兵器禁止条約の早期発効である。

もちろん、核兵器がなくなったからといって、世界から戦争や兵器一般がなくなるわけではない。究極の国家の暴力としての戦争や陸海空その他の戦力が廃絶されるためには、核兵器廃絶にとどまらないたたかいが求められている。そのたたかいの相手方は、恐怖と欠乏をもたらす勢力である。

今、貿易をめぐる米中の対立や韓国最高裁の「徴用工判決」をめぐる日韓の対立も顕在化している。自分の欲望に忠実で何が悪いと考えている人たちや、自分の考えの幼稚さに気が付かない人たちが、そのプレーヤーになっている。

その傾向は米国と日本だけではない。世界各地に排除と不寛容をベースとする極右勢力が台頭している。その背景には、グローバルで野放図な利潤追求と暴力による問題解決の容認があるといえよう。弱肉強食が人類社会のあるべき姿ではないはずである。

弱肉強食を是とする政治的、経済的、社会的勢力との闘争に勝利しなければ「核兵器のない世界」も「恐怖と欠乏から免れ平和のうちに生存できる社会」も実現しないのである。

私たちには不断の努力が求められているのである。


（二〇一八年一一月一日記）

10. 憲法九条二項の改定は「憲法改正の限界」を超える!!

はじめに——問題の所在

憲法九条の改定が提案されている。九条二項を廃止して国防軍を持つという案（自民党改憲草案）、九条一項・二項はそのままに自衛隊を憲法に書き込む案（安倍改憲案）などが公表されている。その他にも「立憲的改憲」とか「改憲的護憲」とか「新九条」などが言われているが、結局のところ、日本が正式な軍隊を持つことを前提に、それをどのように活用するかというレベルでの見解の相違である。ここでは、あれこれの改憲案を紹介するのではなく、そもそも、憲法九条を改定することはフリーハンドなのかということを考えてみたい。

それはどういうことかというと、そもそも、憲法九条改定に賛成か反対かということは、安全保障や国防に関する政治的意見が違うだけの話であって、各人の完全に自由な選択に委ねられているのだから「法的限界」などないと考えるのか、それとも、九条改定には「法的限界」があり、その限界を超えることは許されないので、完全に自由ではない、と考えるのかという問題である。それはまた、改憲は国民投票という多数決原理だけではなく、裁判所での法的判断が必要となる場合があるかどうかという問題でもある。（ただし、現実に裁判所がそのような判断枠組みを採用するかどうか、判断に踏み込むかどうかは、別の問題である。多分、現在の司法部は、そんな問題意識など持たないだろうし、持っても判断には踏み込まないだろう。）

九条改定の限界についての議論状況

『新版　体系憲法事典』（杉原泰雄編集代表、青林書院、二〇〇八年、以下「事典」）は、憲法改正の限界について、憲法改正限界説が支配的であるが、何をもって限界とするかは、国民主権主義と人権尊重の原理に限定する説と平和主義を加える説（多数説）に分かれ、またその説も九条二項の改正により戦力を保持することができるという説（多数説）と許されないとする説（少数説）がみられる、としている。そして、「事典」は「憲法九条二項は自衛のための戦力の保持を禁止していないと解釈することは、憲法規範の重要な変更として許されないが、憲法改正手続きに従い、主権者たる国民の決定によって行われなければならない」としているので、解釈で戦力を持つことはダメだが、九条二項の改定は可能であるとしているのである。

『註解日本國憲法　上巻』（法学協会編、有斐閣、一九五三年、以下「註解」）は、九条の平和主義の改正について、憲法改正無限界説には賛成しえない。一項を改正して侵略戦争を認めることは法的に不可能である。二項を改正することは不可能とする説（少数説）と可能とする説（多数説）があるが、後者が正当としている。二項を改正することは可能であるという見解である。

これらから見て取れることは、平和主義の改定について限界があるとする人が多いこと、九条一項の改定は限界を超えるけれど、二項の改定は限界を超えないと考える人が多いことなどである。

この見解は憲法学者の中で多数派だとされている。九条二項を改定して国防軍を持つことは、それが憲法改定権者である国民の選択として民主的になされたのであるから、憲法上の問題はないというのである。安保法制は九条違反であり、立憲主義違反とする人たちの中にも、二項を改定するのであれば、違憲状態は解消されると考える人たちはいる。これらの論者は、九条二項の戦力不保持、交戦権否認の非軍事平和規範は、国民投票という多数決原理で改定できると理解しているのである。本当にそれでいいのか。単に戦争の放棄だけではなく、戦力を持たない、交戦権も否定するとした徹底した非軍事平和規範を衆参各院の三分の二、国民投票の過半数で投げ捨ててしまっていいのか。そこに「法的限界」がないのか、という疑問がわいてくる。

そこでここでは、九条二項改定についての「註解」の記述を手掛かりに、この問題について検討してみたい。「註解」の初版は昭和二八年（一九五三年）一一月なので、いささか古い文献ではあるが、改正の限界についての論点を要領よく整理しているからである。

「註解」の見解

「註解」は、「軍備の全廃と戦争の全面的放棄とは、この憲法の特色をなすものであり、世界的に承認された侵略戦争の否定を宣言する第一項よりもこの第二項に憲法の重心があるともいえる。従って、前文とあいまって、これを改正することは憲法の基本原理に反することになって許されない、とする考え方にも、相当の根拠がある。しかし、実質的に見れば、軍備を持つことや、自衛や制裁の戦争を行うことは、国際法上違法な行為ではない。むしろ自衛戦争は正当防衛的な国家の基本権であり、制裁戦争は平和維持のための国際的義務であるということもできる。そして、そのために軍備を持つことも、今日の国際情勢の下では独立国として必要なことだという見解も成り立ちうる。第一項は平和主義の本質をなすのに対して、第二項はそれを実現する予防的措置とみることができよう。従って、二項を改正することは、自然法ともいうべき法の基本的原理に反するものではない」としている。九条二項の改定は「憲法の基本原理」に反するという見解にも相当な根拠があるとしながら、結局は「基本原理」に反するものではないとしているのである。もう少し、「註解」の不可能説に対する批判を見てみよう。

九条二項改定不可能説に対する「註解」の批判

「註解」は、二項改定不可能説をいくつか紹介している。A説：戦争の絶対的放棄と武装の完全な放棄とは憲法の平和的条項の基本的要素であり、その改正は不能だ。B説：現在のような国際的対立（冷戦）のもとでの再軍備は戦争の危機を激化し平和憲法の根本的精神に反する。C説：再軍備を認めることは憲法の改悪であり、改悪を許さないというのはすべての法改正についての唯一至上の法的限界である。D説：恒久平和の原則に逆行する改正は不可であるし、再軍備はその逆行の疑義がある、などである。

その上で、「註解」はA説を正統的と評価している。「註解」も「軍備の全廃と戦争の全面的放棄とは、この憲法の特色」としているのだから当然であろう。そして、C説については、何が「改悪」なのかは各人の主観的判断によるのだから、再軍備を「改悪」としてそのための改正を許さないとするのは一つの独断にすぎないとしている。

「註解」は、戦争の放棄と武装の完全放棄とを「憲法の特色」とし、九条二項を「憲法の重心」

としながら、再軍備を「改悪」とするのは独断であるとして、結局、再軍備につながる二項の改定に法的限界はないとして不可能説を排除しているのである。

「註解」の論理の特徴

ここで確認しておきたいことは、第一に、「註解」は戦争の放棄（九条一項）と武装の完全放棄（九条二項）とを「憲法の基本原理」とすることに相当な根拠があるとしていることである。そして第二には、「改悪を許さないということは唯一至上の法的限界」という原則を否定していないことである。要するに、「註解」は憲法改正の限界の存在は認めつつ、再軍備は改悪ではないので限界の範囲内であるとしているのである。この結論は、二項を改廃して再軍備しても憲法の平和主義は維持されているという主張である。こうして、「註解」は「軍備の全廃と戦争の全面的放棄とは憲法の特色」という自らの見解を投げ捨て、「憲法の重心」である軍備の全廃を否定するのである。

戦争の全面的放棄のために、軍備の全廃が最も効果的かつ最終的な手段であることは明らかである。「註解」も二項は「平和主義の本質を実現する予防手段」という言い方でそれを認めている。一項と二項はそのような不可分な構造となっているのである。だから、二項を改廃して軍備の全廃を放棄することは、その構造の解体を意味している。「註解」が、「憲法の特色」や「憲法の重心」をいうのであれば、二項の改定は不可能としたほうが、よほど論理的なのである。

けれども、「註解」は二項の改定は「自然法ともいうべき法の基本的原理に反する」ものではないとして、その論理を採用しなかったのである。ここに「註解」の特徴がある。

「註解」の混乱

「註解」は九条二項について「自然法ともいうべき法の基本原則ではない」としている。確かに、二項が規定する軍備の全廃は自然法ではない。そもそも二項は自然法とは関係のない規範であって「註解」が自然法を引き合いに出すことが間違いなのである。

他方、戦争の全面的廃棄のためには、軍備の廃棄が最善策であることはほとんど自明である。武器もなく兵隊もいない戦争などありえないからである。「註解」も軍備の廃絶は平和主義の本質を実現するための予防手段であるとしているところである。二項を「憲法の重心」としている「註解」の立場からして、二項を憲法の基本的原理と解して何ら不思議はないのである。けれども「註解」は自然法を持ち出して基本原理であることを希釈しているのである。このような論法は、自然法にとっても二項にとっても不本意であろう。

このようにして、「註解」は二項が定める軍備の全廃は平和主義を実現する予防手段であるとしながら、再軍備しても平和主義を実現できるかのような主張をしているのである。これは支離滅裂な混乱である。

「註解」の混乱の原因と誤り

「註解」がそのような事態に陥ったのは、九条一項が放棄したのは侵略戦争だけで、自衛戦争は国家の基本権であり、制裁戦争は国際的義務だとしてしまったからである。自衛戦争や制裁戦争を認めれば、そのための武力＝戦力の保持は不可欠となる。武力を用いない戦争などというのはありえないからである。結局、「註解」は権利や義務の実現のための武力を承認しているのである。「註解」は、戦争が殺傷力と破壊力の行使であり、とりわけ「核の時代」における戦争が未曽有の無差別・大量かつ残虐な結末をもたらすことや、米国から見れば対日戦争は自衛戦争であり、制裁戦争であったことを忘却しているのである。さらに、大日本帝国の仕掛けた戦争が「自存自衛のため」とされていたことまで無視しているのである。

原爆投下を命令したトルーマン米国大統領は「パールハーバーにおいて空から戦争を開始した日本」、「極東に戦争をもたらした日本」に対して原爆を投下したとしている（原爆投下についてのトルーマン大統領声明『日本被団協五〇年史別巻』）。トルーマンは対日戦争を自衛戦争や制裁戦争と位置付けながら、広島と長崎にカタストロフィーをもたらしたのである。このことは、自衛戦争であれ制裁戦争であれ、戦争は「壊滅的な人道上の結末」（核兵器禁止条約）をもたらすことを示している。「八月六日（広島）と八月九日（長崎）という日付を挟んだ後の一九四六年日本国憲法にとっては、「正しい戦争」を遂行する武力によって確保される平和、という考え方をもはや受け入れることはできなくなった」（樋口陽一）という意見を想起しておきたい。

「註解」は「世界的に承認された侵略戦争の否定」は視野に置いたけれど、ヒロシマ・ナガサキは無視しているのである。それは、「国家の基本権」としての自衛戦争あるいは「国際的義務の履行」としての制裁戦争による「人道上の壊滅的結末」の容認を意味しているといえよう。それらの戦争に勝利するためには、防御手段のない「最終兵器」である核兵器に依存することになるからである。九条二項は「人道上の壊滅的結末」、換言すれば「戦争が文明を滅ぼす事態」（幣原喜重郎）を避けるための知恵である。「註解」は、二項を「憲法の重心」などといいながら、それを投げ捨ててしまうという誤りを犯し、九条の平和主義を中途半端な似非平和主義に貶めているのである。私たちは「註解」の限界を乗り越えなければならない。

小括

「註解」も戦争放棄を定める九条一項の改定は不可能としている。だとすれば、二項を切り離すことは不徹底であろう。一項の実現のために、陸海空その他の戦力を放棄し、交戦権を否認する以上の方法・手段はないからである。「註解」は、九条の構造を無視して、九条の平和主義に片肺飛行を強いようというのである。再軍備は、平和主義の明らかな「逆行」である。これを「改悪」ではないというのは詭弁である。

こうして見てくると、九条二項の改定は法的限界があるので不可能だという説に対する「註解」の批判にはまったく説得力がないことがよく判る。逆に、二項改定不可能説の論理性と正当性が浮かび上がってくるのである。

私は、この九条二項改定不可能論を支持するし、もっと深く学びたいと考えている。

なぜなら、九条の戦争放棄、戦力放棄、交戦権否認の平和主義が改変されてしまうことは、「核を発明してしまった人類社会」にとって危険で大きな後退だと思うからである。もし、核戦争によって文明が消滅するようなことになれば、国民主権や立憲主義も無意味になるであろう。「核の時代」においては、九条二項の非軍事平和主義が、最も優先されるべき憲法思想であり、かつ、最も現実的な安全装置なのである。

（二〇一八年一一月二八日記）

11．「軍隊のない国家」は本当にあるのだ!!

はじめに

自民党の改憲草案は憲法九条二項を廃止して、国防軍を持とうと提案している。その理由は、軍隊を持たないなどというのは、ユートピア思想だからだという。ユートピアとは、どこにもない場所、想像上の理想郷などとされている（広辞苑）。要するに、自民党は、軍隊を持たないなどというのは、空想的だ、非現実的だというのである。だから、戦力放棄などは放棄しようと提案しているのである。

けれども、世界には、軍隊を持たない国が現実に存在している。軍隊を持たない国家というのは、決して、空想的ではないのである。現実に存在するものをないこととするのは、明らかに虚偽（フェイク）である。

「軍隊のない国家」の日本における研究の第一人者は、東京造形大学教授の前田朗さんである。その前田さんが依拠している先行研究者の一人は、クリストフ・バーベイというスイスの弁護士である。以下の記述は、前田さんの『軍隊のない国家――二七の国々と人びと』(日本評論社、二〇〇八年)と「軍隊のない国家研究の最前線」(インタージュリスト一八九号〔二〇一六年八月〕~一九二号〔二〇一七年五月〕)に依拠してのものである。

軍隊のない国家

もともと、前田さんもバーベイイも軍隊のない国は二七か国としていたが、現在は二六か国としている。まず前田説で列挙すると次のとおりである。アンドラ、クック諸島、コスタリカ、ドミニカ、グレナダ、アイスランド、キリバス、リヒテンシュタイン、マーシャル諸島、モーリシャス、ミクロネシア、モナコ、ナウル、ニウエ、パラオ、パナマ、サモア、サンマリノ、ソロモン諸島、セントキッツ・ネービス、セントルシア、セントヴィンセント・グレナディス、トゥバル、ヴァヌアツ、ヴァチカン、ルクセンブルクである。バーベイイはハイチを入れ、ルクセンブルクを入れていない。ハイチには国連軍が駐留し、ルクセンブルクはNATOに人を派遣しているので、それをどう評価するかによる違いである。また、モルディブは再軍備したので外されている。私にはどこにあるのかを示せと言われてもわからない国もある。けれども、オリンピックの入場行進の時に聞いたことがある国も多い。

国家の数

外務省のホームページによると、現在世界の国は一九六とされている。これは日本が国家承認した国の数に日本を加えた数字である。また、国連加盟国は一九三か国である。北朝鮮は国家承認していないので、国連加盟国ではあるが、日本政府にとっては国家ではないようである。それはともかくとして、私たちは、世界一九六か国のうち二六か国（約一三パーセント）に軍隊がないということを確認しなければならない。

なお、二人は、軍隊とは他国の武力行使を防止し、軍事行動を行うために、政府によって設置された武力と理解しているようである。日本政府は軍隊を「武力を行使する組織」としているので、ほぼ共通しているといえよう。警察は、公共の安全と犯罪捜査を任務とする組織であり、小規模の保安部隊が設置されることもあるが軍隊ではない。小規模の保安部隊があっても軍隊のない国に数えられるのである。

これらの軍隊を持たない国のうち、一九か国は軍隊を持たずに建国され、国家ができてから非軍事化したのは七か国であるという。日本の自衛隊が解散するとき、二人はどちらと数えるのであろうか。再軍備したモルディブのような国もあるけれど、また、それぞれの国の歴史的背景や地理的条件、政治情勢などの違いはあるとしても、軍隊を持たないままに国家運営をしている国家は存在しているのである。

ちなみに、一九四六年制定の日本国憲法は、九条二項で戦力と交戦権を放棄しているけれど、これは、世界史の上では決して初めてのことではないようである。例えば、スイスとオーストリアの間にある小国リヒテンシュタインは一八六八年に軍隊を廃止し、一九二一年に憲法で非武装を明示しているという。そして、ナチスドイツと国境を接した時にも武装しなかったという。日本国憲法の非武装平和主義には先例があったのだ。

ところで、バーベイは日本について「憲法九条において軍隊を明示的に禁止する基準を有するが、実際には世界で最も強力な軍隊を保有している」と評価し、前田さんは、「憲法に軍隊を持たないと書いてあるのに、実際には軍隊を持っている世界で唯一の国」と皮肉交じりに書いている。このような事態を解消するためには、憲法という最高規範に現実を合わせることであろう。変えるべきは、憲法ではなく、違憲の状態である。そしてそれは決して夢物語でないことは、世界の現実が証明しているのである。

私たちは、世界には二六か国も軍隊のない国があることを確認し、憲法九条はユートピア思想などと言いたてるのは情報操作であることを見抜き、併せて、日本のような「大国」が軍隊のない国になれば、人類史を大きく転換することになるであろうことに確信を持ちたいと思う。

（二〇一九年一月一一日記）

12．安倍首相の憲法観――憲法は国の理想を語るもの

はじめに

安倍首相が、通常国会の施政方針演説の「おわりに」の部分で、「憲法は、国の理想を語るもの、次世代への道しるべであります。私たちの子や孫の世代のために、日本をどのような国にしていくのか。大きな歴史の転換点にあってこの国の未来をしっかりと示していく。国会の憲法審査会において、各党の議論が深められることを期待しています」としている。

私は、この部分を読みながら、いくつかの感想を持った。

まず、施政方針演説の最後の部分で「改憲問題」に触れていることについてである。彼の野望は二〇二〇年に「新憲法」を施行することだから、この時期の演説の「おわりに」でとってつけたような言い方をしているのは、いささかトーンダウンではないかという感想である。改憲について強い執念を持っている首相としては、このような触れ方は不本意なのではないだろうか。もちろん、その著書『美しい国へ』（文春新書、二〇〇六年）で「闘う政治家」を自認する安倍首相のことだから何をしでかすかわからないけれど、彼が描いていたスケジュール通りには事が進んでいないことは間違いない。これは、「安倍流改憲」を許さないたたかいの成果である。最後まで油断せずに奮闘しなければならない。

立憲主義の無理解

それはそれとして、この安倍首相の憲法観は看過できない問題を含んでいる。憲法の存在理由は、国の理想を語るものでも、次世代への道しるべでもなく、権力者にその権限行使の正統性を付与し、他方では、その権限の限界を画することにあるからである。安倍晋三を首相という権力者にし、その権限を付与しているのは憲法である。安倍晋三は憲法によって首相となっているのだから、その憲法に従うのは当然なのである。それをあれこれと難癖をつけて変えてしまうなどということは身の程知らずの所業なのである。憲法についての基本的な理解を欠く人間が政治権力を握っていることは、この国の最大の不幸である。

一五年前、私は、小泉純一郎首相（当時）が、自衛隊のイラク派遣について「世界の平和と苦しんでいる人々のための行動であり、憲法の理想を実現する道だ」として、憲法前文の意味を正反対に引用している施政方針演説を批判した際に「その国の宰相を見ればその国の民度がわかる」と書いたけれど（自由法曹団通信二〇〇四年二月一日号）、それに勝るとも劣らない事態が再現されているのである。

なぜ安倍首相はそのように考えるのか

安倍首相は「私たちの国日本は、美しい自然に恵まれた長い歴史と独自の文化を持つ国だ。そしてまだ大いなる可能性を秘めている。……日本の欠点を語ることに生きがいを求めるのではなく、日本の明日のために何をなすべきかを語り合おうではないか」としている（『美しい国へ』一二八頁）。安倍首相にとっての国とは、自然や歴史や文化で特徴づけられているが、政治的、経済的、社会的諸矛盾は完全に捨象されている。むしろ、それらは「欠点」として語ってはいけないこととされているようである。

このことと関連して、愛敬浩二名古屋大学教授（憲法）は「安倍晋三も国家を語る際、『統治機構としての国』ではなく、『悠久の歴史を持った日本という土地柄』という言い方をする。そして、『土地としての国』への帰属意識が、『愛国心』の基礎になると論じる」としている（「社会契約は立憲主義にとってなお生ける理念か」『岩波講座憲法Ⅰ』岩波書店、二〇〇七年、三五頁）。憲法学にとっての国家とは「民族という自然の所与を前提としてのものではなく、逆に自然の帰属主体からいったん解放された諸個人が取り結ぶ社会契約というフィクションによって説明される」（樋口陽一）とされているので、安倍首相のいう国家は、憲法学の到達点を理解していない国家論だという指摘である。それは、安倍首相の立憲主義に対する無知と無理解の指摘でもある。安倍首相からすれば、こんなことを言いたてる憲法学者などは不倶戴天の敵であろうが、私からすれば、せめてその程度の理解はしていて欲しいと思うのである。

天賦人権説は全面的に見直す

安倍首相の国家観によれば「愛国心」は導き出せるけれど、「社会契約」は無視されることになる。このことは安倍首相個人の見解ではなく、自民党改憲草案の基調でもある。自民党の日本国憲法改正草案Q＆Aによれば、改正草案は「天賦人権に基づく規定を全面的に見直した」としている。国家は個人の人権を保障するためという観念は「我が国の歴史、文化、伝統を踏まえない西欧の思想」として排除されているのである。天賦人権思想が否定されれば社会契約などはお呼びでないことになる。

愛敬さんは、「社会契約は立憲主義にとって、そして立憲主義を奉ずる憲法学にとって、今なお『生ける理念』である」としている（同前四七頁）。この見識と安倍首相や自民党の憲法観は対極にある。安倍首相が憲法学者を敵視し、憲法学者が安倍改憲を容認できない根本的理由はここにあるように思われる。安倍首相や自民党は近代の啓蒙思想を根底から覆そうとしているのである。

小括

私は、国家は私の生命、自由、幸福追求権を保障するための機関だと理解している。だから、法律には従うし、納税もしている。一人で生きられる自信もないので社会の形成は不可欠だし、無政府状態による混乱も避けたいと思っている。けれども、国家によって生命や自由を奪われることなど絶対に避けたいところである。そのために立憲主義を深いところで理解したいと考えている。憲法改正をめぐる闘争は深い論点を抱えているようである。

（二〇一九年一月三一日記）

13. 一九四六年一月二四日の二人の会話──原爆について語られたこと

はじめに

一九四六年一月二四日。幣原喜重郎首相とマッカーサー連合国最高司令官が、二人だけで話をしている。その内容についての公式の記録はない。非公式の会談だったからである。けれども、この日の会談は、日本国憲法九条の誕生に大きな影響を与えたとされている。戦争の放棄だけではなく、戦力を放棄し、交戦権も否認する無軍備・非軍事の平和憲法が制定されたのは、この時の二人の会談に原点があるというのである。

憲法九条の発案者はだれかというテーマは、多くの識者によって取り組まれてきた。幣原説、マッカーサー説、合作説などがある。いずれの説も、この日に二人が会談したことと憲法九条が制定されたことについては争いがない。誰が言い出したかよりも憲法の内容が大事だという考えももちろんあるだろうけれど、「全力を尽くして御意を奉じましょう」(幣原喜重郎『外交五〇年』中公文庫、二〇一五年改版、二二六頁)と大日本帝国の敗戦処理を決意していた幣原と占領軍の最高司令官という全能の支配者であったマッカーサーが、どのような話をしたかということは興味深いのではないだろうか。私には、その時の会話の内容やその後の展開について詳細に語る能力はない。そこで、ここでは、二人が原爆についてどのような話をしたかということと、それが、九条、とりわけ二項の戦力の放棄にどのように反映したかということについて、少しだけ考えてみたい。

マッカーサーが語ったこと

マッカーサーは、広島への原爆投下の直前まで核兵器が開発されていることを知らされていなかったという。その彼は、広島原爆について「かつて見たこともない恐るべき爆発力を発揮した。広島市はほとんどあますところなくことなく、一面の廃墟と化した」とし、長崎原爆について「長崎の十万の市民は、一瞬のうちに地獄絵図のうちに死んでいった」としている（『マッカーサー大戦回顧録』津島一夫訳、中公文庫、二〇一四年改版、三七一頁、三七三頁）。

この回顧録によれば、一月二四日、マッカーサーは幣原に、「戦争を時代遅れの手段として廃止することは私の夢だった」ということと、「原子爆弾の完成で私の戦争を嫌悪する気持ちは当然のことながら最高度に高まった」と語りかけている。これに対する幣原の反応は、感極まるという風情で、顔を涙でくしゃくしゃにしながら、私の方を向いて「世界は私たちを非現実的な夢想家と笑いあざけるかもしれない。しかし、百年後には私たちは予言者と呼ばれます」と言ったとされている（同書四五七頁）。この回顧録に書かれていることは、一九五五年一月二六日のスピーチでも語られている（河上暁弘『日本国憲法第九条成立の思想的淵源の研究』専修大学出版局、二〇〇六年、三五九頁）。マッカーサーにとっては忘れられない出来事だったのであろう。

そして、彼は、一九五一年五月五日の上院軍事外交合同委員会で、「日本人は、世界中のどこの誰にもまして原子戦争がどんなものだか了解しています。……彼らは自分の意見でその憲法の中に戦争放棄条項を書き込みました。……（幣原）首相が私のところに来て長い間考えた末、この問題に対する唯一の解決策は戦争をなくすことだと信じますと言ったのです」と証言している（半藤一

利『日本国憲法の二〇〇〇日』文春文庫、二〇〇八年、二九〇頁)。

マッカーサーが、原子爆弾を念頭に、戦争の廃棄を語ったことは間違いないであろう。

幣原の原爆観

幣原は、一月二四日のマッカーサーとの会談後の三月二〇日、枢密院で「第九条はどこの憲法にも類例はないと思う。……戦争放棄は正義に基づく正しい道であって、日本はその大旗を掲げて国際社会の原野を単独に進んでいくのである。……従ってくる国があってもなくても顧慮するに及ばない。事実において、原子爆弾の発明は世の主戦論者に反省を促したのであるが、今後はさらに幾十倍する破壊的武器も発明されるかもしれない」と説明している(古関彰一『「平和国家」日本の再検討』岩波書店、二〇〇二年、五頁)。

さらに、三月二七日の「戦争調査会」(敗戦の原因と実相を調査する会)で、原爆よりも強力な破壊的新兵器が出現すれば、何百万の軍隊も威力を失う。世界は、早晩戦争の惨禍に目を覚まし、戦争の放棄へと進むであろう、と挨拶している(しんぶん赤旗二〇一六年八月一九日付)。

一月二四日のマッカーサーとの会談があったからこそ、彼は、このように語ったのであろう。

そして、幣原は、制憲議会において、担当大臣として次のように答弁している。

八月二七日の貴族院での答弁は、「破壊的武器の発明、発見がこの勢いを持って進むならば、次回の世界大戦は一挙にして人類を木っ端みじんに粉砕する」、「文明と戦争とは結局両立しえない。文明が速やかに戦争を全滅しなければ、戦争がまず文明を全滅することになる」というものであっ

た（参議院事務局編『復刻版　分類帝國憲法改正審議録　戦争放棄編』二〇一七年、新日本法規出版、二八八頁）。

八月三〇日には、「原子爆弾というものが発見されただけでも、或戦争論者に対して、余程再考を促すことになっている、…日本は今や、徹底的な平和運動の先頭に立って、此の一つの大きな旗を担いで進んで行くものである。即ち戦争を放棄するということになると、一切の軍備は不要になる。軍備が不要になれば、我々が従来軍備のために費やしていた費用はこれもまた当然に不要になる」と答弁している（同前三二〇頁ないし三二一頁）。

幣原は、核兵器の発明は戦争の可能性を奪った、戦争ができないなら軍備はいらないとしているのである。単純明快な論理である。これが、九条一項と二項の原点である。

マッカーサーと日本政府の「転向」を超えて

その後、マッカーサーは朝鮮戦争で原爆を使用しようとした。米国は核超大国のままだし、実戦で使用できる核の開発を進めている。日本政府は、現行憲法下での核兵器の保有も使用も許容されるとしている。両国とも「破滅的兵器」に依存しているのである。一九四六年一月二四日の二人の会話は頓挫しているかのようである。けれども、核兵器禁止条約は採択され、発効に向けて進んでいる。日本国憲法九条は執念深い改憲論と対抗してその命脈を維持している。私は、幣原とマッカーサーの会話は、七三年を経た現在もその存在理由を失っていないと考える。私たちには、彼らの会話の反芻が求められているのではないだろうか。もちろん、天皇を守ろうとした思惑、占領に天皇を利用しようとした思惑、沖縄を切り捨てたことなどを忘れてはならない。敗戦を原爆のせいだけにしてもいけない。けれども、決して元々の平和主義者ではなかった二人が「核の時代」をどう受け止めたかを知ることは、今の時代だからこそ必要な営みだと思うのである。

（二〇一九年二月一六日記）

14.「世界の各国が日本国憲法にならえ、とときどき叫びたくなっている!!!」

皆さん、どうでしょう。こんな風に叫びたい時があるのではないでしょうか。あのムンクの叫びにも似たこの叫びを、私は皆さんと共有したいと思うのです。心に沁みてくるからです。

この叫びの前段には「今も人類の理想として、地球の明日のために……」とあります。そして、この続きは、「半ば泣きべそかきかきの老骨の遠吠えなんかは、誰も耳を傾けまい」とあるのです。泣きべそをかきかき、各国は日本国憲法にならえと叫んでいる「老骨」は、半藤一利さんです。半藤さんは、日本国憲法につながる「憲法改正草案要綱」を初めて見た時、「戦争を永遠に放棄するとの条項に、それは武者震いの出るほど、素晴らしいことに思えた」としています。けれども、そのことを半藤さんがお父さんに語ったら、お父さんは、「馬鹿か、お前は、人類が存する限り、戦争はなくなるはずがない。そのためには人間がみんな神様にならなきゃならん」と言ったそうです。以来、戦争放棄礼賛を口に出さないことにしていたけれどかえって腹の底にたまる一方だったので、とうとう口にしてしまったのが、この叫びのようです。

半藤さんがこれを叫んだのは二〇〇三年です（米軍のイラク攻撃の年）。半藤さんは、一九三〇年生まれですから、このとき七三歳（七二歳かも）です。確かに「老骨」といってもいいかもしれません。けれども、一九四五年三月一〇日、一四歳一〇か月で東京大空襲を体験し、九死に一生を得た半藤さんからすれば、父に馬鹿にされた思いを胸にしまいながらの歳月は、もしかすると止まったままだったのかもしれません。私には、「老骨」という言葉は、年は取ったけれど、このことだけは伝えたいという想いが込められているように思われるのです。

今、半藤さんは八九歳になろうとしています。私は、もうすぐ七三歳になります。半藤さんの言い方にならえば、「老骨」の叫びを「老骨」が受け止めることになります。私は泣きべそをかきかきではありませんが、半藤さんの「遠吠え」に耳を傾け、次世代に引き継ぎたいと思うのです。

半藤さんは、この「遠吠え」に続けて、こんなエピソードを紹介しています。一九四六（昭和二一）年一〇月一六日（すでに新憲法は採択されています）の昭和天皇とマッカーサー元帥の会談記録です。

天皇　「戦争放棄の大理想を掲げた新憲法に日本はどこまでも忠実でありましょう。しかし、世界の国際情勢を注視しますと、この理想より未だ遠いようであります。……戦争放棄を決意する日本を、危険にさらさせることのないような世界の到来を念願せずにおられません。」

元帥 「最も驚くべきことは世界の人々が戦争は世界を破滅に導くことを、十分認識していないことです。戦争はもはや不可能です。戦争をなくすには戦争を放棄する以外に方法はありません。日本がそれを実行しました。五〇年後には、日本が道徳的に勇猛且つ賢明であったと立証されるでしょう。一〇〇年後には、世界の道徳的指導者になったことが悟られるでありましょう。」

昭和天皇は、広島への原爆投下の報告を聞き、一九四五年八月八日、「このような武器が使われるようになっては、もうこれ以上戦争を続けることはできない。速やかに戦争を終結するよう努力せよ」と命じたそうです。マッカーサーは、原爆の開発を知らされていなかったけれど、連合国司令官として着任したときには、原爆の威力については承知していたでしょう。最大の戦争責任者と占領軍の最高権力者との間に、このような会話があったことを、今の私たちはどのように評価すればいいのでしょうか。

天皇の戦争責任だとか、マッカーサーの「転向」だとか、言いたいことはたくさんあります。けれども、原爆が使用された戦争の直後に語られたこれらの言葉には大切な事柄が含まれているように思うのです。それが、半藤さんの「叫び」につながっているのではないでしょうか。

自民党は、押し付け憲法だなどとしていますが、「美しい国」の天皇と「同盟国」の最高司令官が、このような会話を交わしていたのです。二人は、核兵器のことを知りながら「戦争放棄の大理想」を語っていたのです。天皇と元帥を美化する必要はないでしょう。けれども、核兵器も戦争もない世界が「大理想」であることを否定できないでしょう。
歴史は単線では進まないと言われています。だからこそ、一六年前の「老骨」の叫びにこたえたいと思うのです、そして、私も、一人の「老骨」として、半藤さんの叫びを継承したいのです。安倍晋三とそれに群がるような人間にこの国の今と未来を託すわけにいかないからです。

〔半藤一利さんの『日本国憲法の二〇〇日』〔文春文庫、二〇〇八年〕と『原爆の落ちた日〔決定版〕』〔湯川豊との共著、PHP文庫、二〇一五年〕を読んで。二〇一九年二月二一日記〕

第2章 「核兵器のない世界」を求めて

1. 核兵器の人道的影響に関するオスロ会議

オスロでの二つの会議

三月（二〇一三年）上旬、ノルウェーのオスロで核兵器の人道的影響に関する二つの会議が開催された。二日と三日はＩＣＡＮ（核兵器廃絶国際キャンペーン）主催の市民会議、四日と五日はノルウェー政府主催の政府間会議である。

テーマは、両会議とも共通で、「核兵器の爆発による即時の人道的影響」、「核兵器爆発による広範なインパクト及び長期的影響」、「人道的側面での核兵器使用に対応する反応」の三題である。要するに、核兵器の使用が、短期的、中長期的にどのような人道的影響を与えることになるのか、人類社会はそのインパクトに対応する能力があるのかという問題意識である。

この背景には、二〇一〇年五月の核不拡散条約（ＮＰＴ）再検討会議での、「核兵器使用の壊滅的な人道上の結末への深い懸念」、「国際人道法を含む国際法順守の必要」という決議と、昨年（二〇一二年）の国連総会に提案された三五か国による「核軍縮の人道的側面に関する共同声明」がある。ノルウェー政府のイニシアチブによる核兵器使用の非人道的側面に着目して、核兵器のない世界を実現しようという試みである。

私は、政府間会議には参加できなかったけれど、市民会議に参加してきたので、その報告をしておく。

人道的側面を強調することの意味

この会議の目的は、核兵器使用の非人道性を確認することがメインであった。私に言わせれば、「何を今更」というところではある。けれども、核兵器使用の非人道性は、国際社会の共通認識となっていないのが現実である。核兵器の拡散は現在も進行中だし、核兵器国は核兵器廃絶のための誠実な交渉をしていないのである。そこにあるのは、核兵器は自国の安全と防衛のために必要かつ有効な兵器であるという「神話」である（日本政府も同じ姿勢である）。また、国際司法裁判所の勧告的意見の多数意見も、国家存亡の危機に際しての核兵器の使用は合法とも違法とも言えないとしている。国際社会において、核兵器は廃絶の方向に向かっているけれども、乗り越えなければならない壁は厚いのである。

こういう状況下で、核兵器の非人道性を確認することは、核兵器に依存しようとする国家にそれなりの影響を与えることになる。軍事的合理性の観点から核兵器が有効であるとしても、無差別兵器、残虐兵器ということになれば、国際人道法上禁止されることになるからである。非人道的な兵器に依存することは、単なる不名誉というだけではなく違法となるのである。

結局、核兵器使用の非人道性を問題とすることは、核兵器が安全保障上必要かどうかという議論とは別のアプローチをするという意味を持つのである。このアプローチは、政治的というよりも、人道性の問題となるので、国際赤十字やバチカンなどの関心と行動を呼び覚ますことになるのである。

こうして、今回の政府間会議には、ベルギー・カナダ・ドイツなどのNATO加盟国、インド・パキスタンなど核保有国を含む一二七か国や、WHO・IAEA・ICRCなどの国際機関、ICANなどの市民社会の参加をえて、成功するのである（ノルウェー政府は核兵器問題の「リフレーム」〔再構築〕に成功したと自讃している）。

オスロで語られたこと

核兵器の非人道性は、まずもって原爆投下が何をもたらしたのかで語られた。日本政府は、被爆体験を持つ朝長万左夫・日赤長崎原爆病院院長と田中熙巳・日本原水爆被害者団体協議会（被団協）事務局長を政府代表の一員として、被爆体験を証言する機会を確保したのである（私たちは、被爆者の証言抜きに非人道性は語れないとして、主催者に働きかけた）。

次いで、仮に「限定的」とはいえ核戦争が勃発した場合に（例えば印・パ）、地球環境にどのような影響を与えるのか、それがまた食糧確保にどのような影響を及ぼすことになるのかが語られた。「核の冬」と「食糧危機」に関するシミュレーションである。多くの専門家が関わっている。

そして、議長総括は、「核兵器の爆発がもたらす人道面の緊急事態に十分対応し、被害者に対して十分な救援活動を行うことは不可能」、「核兵器の使用及び実験から得た経験は、即時的にも長期的にも壊滅的である」、「原因を問わず、核兵器爆発の結末は、国境を越え、世界的に、国家や市民に重大な影響を及ぼす」と整理している。

核兵器の人道的影響に関する議論の幅を拡大し、継続することが確認され、次回会議はメキシコ政府が引き継ぐことになっている。

私たちの取り組み

私は、残念ながら政府間会議には参加できなかったし、傍聴もしなかった。けれども、それに先行するNGOの市民会議では、短時間ながら発言する機会を得た。その要旨は、①広島・長崎を記憶して欲しい。②速やかに「核兵器禁止条約」を実現しよう。③核兵器使用の危険性を低減しよう。④核兵器国に核軍縮責任を果たさせよう。⑤核兵器も戦争もない世界を展望しようというものである。

日本反核法律家協会は、この五項目をアピールするチラシ一〇〇〇枚と日本の法律家としての提言集を作成し、市民会議と政府間会議で配布する活動を行った。

私が、オスロ会議への提言集に執筆した論稿は次のとおりである。

「ふたたび被爆者をつくるな――核兵器のない世界を求めて」

である。

核兵器が人間に何をもたらすかを体験した歴史の証人として、核兵器の廃絶を呼びかけているので

「ふたたび被爆者をつくるな」は、被爆者からの全人類に向けたメッセージである。被爆者は、

核兵器と人類は共存できない

私たちは、核兵器が人間に何をもたらしたかを知らないで、現在と未来を語ることはできない。私たちは、被爆者の証言に耳を傾けなければならない。そして、語る機会を奪われた被爆者たちに想いを馳せなければならない。

私は、核兵器の使用は、国際法に違反し、また法の基礎にある人道や正義と相容れないと考えている。被爆の実相を知るとき、核兵器と人類は共存できないし、法は核兵器を許容しないと思うからである。

そして、核兵器をなくしたいし、なくすことはできると考えている。そなくしたい理由は、核兵器は絶対悪であり、人間社会を滅亡させるかもしれないからである。それが使用された場合には、直接的な滅亡をもたらすであろうし、使用されないとしても、危険で無駄なことに巨費を費やすがゆえに、緩慢な滅亡をもたらすからである。

核兵器の廃絶は可能である

なくせると思う理由は、核兵器は人工物であり、政治の道具だからである。地震や津波は自然現象であるが、核兵器は人間がつくるものである。人間の意思と行為がなければ核兵器は存在しない。既存の核兵器も解体は可能だし、核物質の処理については未解決の部分はあるにしても、兵器として使用できない状態にすることは、さほど困難なことではない。

また、戦争は国家の政治的意思の暴力的実現である。政府の政治的意思は、民衆の意思が政治に反映する体制下においては、民衆によるコントロールが可能である。長崎以降、核兵器が実戦で使用されることはなかったことがその証左である。核兵器は、民衆の意思によってなくすことは可能なのである。

そうすると、私たちの課題は、核兵器の非人道性を理解することから始めて、核兵器に依存する者たちの価値観と論理に対抗し、核兵器廃絶に向けての政治的意思を形成することである。ここでは、核兵器使用の非人道性は既に明らかであるので、核兵器に依存する者たちの論理を検証する。

原爆投下の理由

米国大統領トルーマンは、原爆投下直後、声明を出している。「一六時間前、広島に爆弾一発を投下した。戦争史上もっとも大型爆弾である。……日本は、パールハーバーで戦争を開始した。彼らは何倍もの報復をこうむった。……太陽のエネルギー源となっている力が、極東に戦争をもたらした者たちに対して放たれたのである。……ポツダムで出された最後通告は、全面的破滅から日本国民を救うためであった。彼らの指導者はこれを拒否した」などというものである。

トルーマンは、原子エネルギーの特徴を正確に理解したうえで、「パールハーバーの報復」、「極東に戦争をもたらした者への使用」、「日本国民を全面破滅から救う」と語っているのである。

そして、米国では「日本占領には、一〇〇万人からの米側犠牲者とそれに倍する日本側の犠牲者が予想される。原爆はその犠牲なしに戦争を終わらせることができた」と語り継がれているという。

原爆投下の理由は、①戦争早期終結、②占領と植民地支配からの早期解放、③パールハーバーの報復、とされているのである。

原爆投下の理由は被爆者の苦悩を合理化できるか

これらの理由は、原爆がもたらした無差別、大量、残虐な殺戮と破壊、そして永続する被爆者の苦悩を正当化するのであろうか。まさにそのことが問われているのである。戦争に勝利するという軍事的合理性のためであっても、許容されない戦闘手段・方法があるというのが、人道と正義の要請であり、国際人道法の存在理由である。

このことに関連する事実を二つ紹介しておく。

一九四五年八月一〇日、大日本帝国政府は「米機の新型爆弾攻撃に対する日本政府の抗議文」を発表している。その抗議文は、原爆の無差別性と残虐性は国際法に違反すると指摘し、人類文化に対する新たなる罪悪であり、全人類及び文明の名において、米国政府を糾弾するとしている。

そして、一九六三年、東京地方裁判所は「原爆裁判」の判決で、米国の原爆投下は、国際法違反であると判断しているのである。
このように、日本国の政府も裁判所も、国際法や人道あるいは文明に違反するという見識を示したことはあるのである。

核兵器を必要とする議論

現在の日本政府は、唯一の被爆国として核兵器の廃絶を求めるとしている。けれども、この核兵器廃絶論を額面どおり受け取ることはできない。なぜなら、日本政府は、安全保障のためには米国の核抑止力に依存するとしているからである。

もともと、核抑止論というのは、「我が国に武力攻撃をしかければ、核兵器で反撃されて、お宅の国は消滅するぞ」という威嚇で、相手国の軍事行動を「抑止」するという理屈である。日本は核兵器国である米国と密接な同盟関係にあるので、その米国の「核の傘」の下で、他国の軍事行動を抑止しようというのである。

この核抑止論は、核兵器の力で自国の安全を確保しようとするものであるがゆえに、自ら進んで核兵器をなくそうとはしない。軍事力の強弱で自国の安全を確保しようとする限り、最強の兵器を投げ出すことは非合理的な行動となるからである。軍事力の強弱で自国の安全を確保するとの方策を取り続ける限り、核兵器はなくならないのである。

そして、核抑止論者たちは、核兵器の有効性を熟知しているがゆえに、自分たちの核兵器は維持し、他国が持つことは阻止しようとする。これが「核不拡散」の論理である。この不平等で身勝手な論者は、「核不拡散」については熱心になるが、核軍縮については怠惰この上ない態度をとることになる。核兵器保有国が、NPT六条の義務履行に不誠実なのはこういう理由である。核抑止論は、核兵器の必要性と有用性を承認する、核兵器廃絶とは背反する論理なのである。

オバマ大統領の「核兵器のない世界」について

オバマ大統領の「核兵器のない世界」は、修辞的部分を除けば、核兵器がテロリストなどの手に渡り、米国が核攻撃を受ける恐怖から免れるための提案である。核攻撃の恐怖から免れる抜本的施策は、核兵器をなくすことだというのである。それは極めて功利的かつ論理的であるが、原爆投下がもたらした広島・長崎のカタストロフィーに根ざしたものではない。そのことは、彼が、米国と同盟国の安全が確保されるまでは核兵器を保有し続けると言明していることに表れている。彼の論理は、核抑止論の最新バージョンなのである。

加えて、彼は、ノーベル平和賞の授賞式で「正義の戦争」の存在を肯定した。彼は、核抑止論の呪縛と正義の戦争へのこだわりを捨てていないのである。この価値観と論理に拘泥する限り、オバマ大統領は、暗殺者の手からは自由となるであろうが、その生存中に「核兵器のない世界」を実現することはできないであろう。

オバマの論理の破綻

なぜなら、他国あるいは非国家主体が、彼と同じ論理を採用すれば、米国は核兵器を手放すことができないことになるからである。現実に、北朝鮮は、米国の軍事力行使に備えるには核兵器が不可欠であると考えている。北朝鮮は、米国が脅威ではなくなるまで核兵器は放棄しないだろうし、北朝鮮が核兵器を廃棄しない限り米国の「核の傘」は必要だというのが、日本政府の姿勢である。自国の独立と安全のために核兵器が必要だとすることでは、米国も日本も北朝鮮も同レベルなのである。

米国の核兵器は必要だが北朝鮮の核兵器は許せないというのは、全く説得力のない独善的主張である。ここでも、核兵器に国家の安全保障を委ねようとする矛盾が生じているのである。核兵器は万人にとっての恐怖なのである。その恐怖の武器を自分は持つが他人には持たせないという論理は、「諸国民の公正と信義」(日本国憲法前文)とは両立しないであろう。

核兵器の廃絶と戦争の廃止

一九五五年、バートランド・ラッセルとアルバート・アインシュタインは「たとえ、水素爆弾を使用しないというどんな協定が結ばれていたとしても、もはや戦時には拘束としてはみなされず、戦争が起こるやいなや双方とも水素爆弾の製造に取り掛かるであろう。なぜなら、もし一方がそれを製造して他人が製造しないとすれば、それを製造した側は必ず勝利するに違いないからである」と声明している。多くの賛同者を得たこの声明は、冷戦時代のものであるが、核兵器の特性についての鋭い指摘は何ら色褪せていない。

戦争に勝つということを目標とする限り、核兵器は対抗手段がないがゆえに極めて有効なのである。けれども、それが使用されれば、「人類の存続を脅かす」のである。

そして、この声明は、平時における核兵器の使用禁止協定は、戦時になれば踏みにじられるであろうと警告している。ここに、「核兵器使用禁止」に止まらず「核兵器全面廃絶」を希求しなければならない理由がある。

加えて、戦争という制度が存続する限り、核兵器の応酬と人類の存続の危機が継続することが指摘されているのである。ここには、核兵器廃絶を希求するものは、戦争の廃絶をも合わせて希求する必要性の示唆がある。

軍事力の強弱、即ち戦争で物事を解決しようとすれば「最終兵器」である核兵器を手放せないこととなり、それが使用されれば、勝者も敗者もない事態がもたらされることになる。核兵器のない世界を望むのであれば、戦争の廃棄をも主張してこそ、説得的となるのである。

日本国憲法九条は、戦争や武力行使の放棄に止まらず、戦力と交戦権を放棄している。核兵器の廃絶と日本国憲法の世界化は、同時に求めなければならない課題なのである。

本当の危機との対抗

私たち人類にとっての本当の危機は、二万数千発もの核弾頭が現存しているにもかかわらず、核兵器廃絶条約の交渉が開始されていないことである。

現代国際社会において、核兵器の非人道性は十分に共有されておらず、核兵器の必要性を主張する勢力が、政治権力を握っているのである。

私たちは、核兵器に依存する政府の姿勢を変えなければならないし、利潤追求のためであれば、人の命などどうでもいいと考えている勢力と対抗しなければならないのである。
私たちは、恐怖と欠乏から免れ、平和のうちに生活するために、たたかい続けなければならない。私たちは、そのたたかいに、必ず勝利する。

（二〇一三年四月五日記）

2. 「原爆投下は国際法に違反する」との判決を想起しよう

「原爆裁判」「下田事件」とは何か

一九五五年四月、広島と長崎の原爆被害者が、国を被告とする裁判を提起した。請求の趣旨は、原爆投下による精神的損害に対する慰謝料（数十万円）を支払え、である。請求の原因は、「米軍の原爆投下は、国際法に違反する不法行為である。したがって、原爆被害者は米国に対して損害賠償請求権がある。その賠償請求権をサンフランシスコ講和条約によって放棄してしまった日本政府は、原爆被害者に補償・賠償すべきである」というものである。

一九六三（昭和三八）年一二月七日、東京地方裁判所は、原告の請求を棄却したが、米軍の広島・長崎への原爆投下は、国際法に違反すると判決した。国際法（戦時国際法・国際人道法）は、原則として、非戦闘員や非軍事施設への攻撃を禁止している（軍事目標主義）。また、不必要な苦痛を与える兵器の使用を禁止している。原爆投下は、そのいずれにも違反すると判断したのである。これが、「原爆裁判」である。別名、原告のひとり下田隆三氏にちなんで「下田事件」といわれている。五〇年前、裁判所は、原爆投下を国際法違反だとしているのである。

「原爆裁判」の論点

この裁判は、多くの法律上の難問を抱えていた。①米軍の原爆投下は国際法に違反するかどうか、②違法だとされた場合、被害者個人が米国に対して損害賠償を請求することができるか、③それを米国裁判所が受け容れるかどうか、④請求権があるとしても、サンフランシスコ講和条約によって放棄されているのではないか、⑤日本政府がその賠償請求権を放棄することは違法なのか、⑥放棄が違法ではないとしても、放棄するのであれば国は損失補償をすべきではないのか、などなどの論点である。

これらの論点を突破して原告の請求を実現することは容易なことではない。協力を求められた米国の弁護士たちは、このような裁判は「日米関係にとって好ましくない」、「弁護士費用として二万五〇〇〇ドル（当時一ドルは三六〇円）を用意したら考える」などとして協力を拒否した。日本の多くの弁護士たちも、「蟷螂の斧だ」、「山吹の花と同じで、実を結ぶことはない」などとして尻込みをした。結局、この裁判を実質的に遂行するのは、たった二人の弁護士であった。岡本尚一と松井康浩である。岡本亡き後は、松井だけであった。お二人ともすでに鬼籍におられる。

裁判所の判断と松井弁護士の感慨

東京地裁は、原爆投下は国際法に違反するとしたが、原告の請求は棄却した。国際法の法主体は政府だけである。米国は軍の行動に対しての賠償請求権を認めていない。日本の裁判所は米国政府を裁くことはできない。結局、原爆被害者は請求権をもたない。従って、原告は、サンフランシスコ講和条約で何も失っていないので、賠償も補償も請求できないという論理である。ただし、裁判所は「被爆者が十分な救済策をとられなければならないことはいうまでもないが、それは裁判所の職責ではない。政治の貧困を嘆かざるを得ない」と付け加えたのである。

この判決に対して、原告下田隆一は、「国が少しでも親心を出してくれるのではないかと淡い希望を抱き八年間も頑張り続けてきた。とても残念だ」との感想を述べている。松井康浩弁護士は、「この言葉は、私の肺腑をえぐる」、「判決が被爆者の権利を否定したことは、多くの学者がやむを得ないところとし、裁判所も被爆者に深甚の同情を示し、政治の貧困をぶちまけてはいてもなお遺憾と言わざるを得ない」、「政治の貧困を嘆かれても現実の救済にならない」と振り返っている。原告のために孤軍奮闘した松井弁護士は、判決を評価する見解があるとしても、「なお遺憾である」としたのである。

「原爆裁判」の成果

けれども、岡本弁護士や松井弁護士のたたかいは実を結んでいるのである。

まず、国内法制である。一九五七年に「原子爆弾被爆者の医療等に関する法律」(原爆医療法)が、一九六八年には「原子爆弾被爆者に対する特別措置法」が制定されている。これらの法律は、一九九四年に「原子爆弾被爆者に対する援護に関する法律」(被爆者援護法)となり、原爆被害者への医療や福祉の根拠となっている。原爆被害は特殊な被害と位置付けられ、原爆症認定訴訟の根拠法として機能しているのである。この「原爆裁判」が、原爆被爆者行政に寄与していることは間違いない。

また、この「シモダ・ケース」は国際法の分野でも着目され、「核兵器の使用、威嚇は国際法に違反するか」についての勧告的意見を求められた国際司法裁判所においても、先例として位置付けられている。一九九六年、国際司法裁判所は、「核兵器の使用、威嚇は、一般的に、国際法に違反する。ただし、国家存亡の極限状況においては、違法・合法をいえない」としているが、その判断枠組みは、「武力紛争に適用される国際人道法の原則及び規則」であって、これは東京地裁の判断枠組みと共通しているのである。ここに、「原爆裁判」の影響をみることができよう。

核兵器の非人道性への注目

最近、核兵器使用の非人道性に着目して、核兵器廃絶を実現しようという潮流が形成されている。国家安全保障のためであっても、非人道的結末をもたらす核兵器の使用は許されないとする言説である。日本政府は頑なにこの発想を拒否しているが、核兵器依存政策を転換する上で有効な立論であろう。

核兵器使用が、非人道的であるというにとどまらず、国際法に違反するとした東京地裁判決から五〇年が経過している。しかしながら、国際社会では、未だ核兵器廃絶の具体的スケジュールは形成されていない。この判決の現代的意義を再確認する意味は大きいといえよう。

（二〇一三年七月一日記）

3．マーシャル諸島の核兵器国に対するＩＣＪ提訴を支持する行動についての覚書

マーシャル諸島共和国政府[*1]は、二〇一四年四月二四日、核兵器保有国九か国（中国、北朝鮮、フランス、イスラエル、パキスタン、ロシア、米国、英国、インド）を相手方として、核軍縮交渉を誠実に行わないことはＮＰＴ六条や国際慣習法に違反することの確認などを求めて、国際司法裁判所（ＩＣＪ）に提訴した。

核実験被害国であるマーシャル諸島は、核軍縮交渉の誠実な交渉と完結を求めているＩＣＪの勧告的意見（一九九六年）に従っていない核兵器保有国は、「人間の正義」を拒絶していることになると主張し、違法性の確認と交渉を開始するよう命ずる判決を求めているのである。

この提訴は、非核兵器国政府による「核兵器のない世界」に向けての一つの具体的行動と評価することができよう。

日本反核法律家協会は、本年（二〇一四年）七月二三日の理事会で、この提訴について「管轄権論争を乗り越えて、実体的審理に入り、核兵器廃絶を大きく進展させる契機となるよう激励のメッ

セージを送る」との声明[*2]を採択した。

そして、七月二五日、マーシャル諸島共和国大使館で、支持と連帯の意思をトム・D・キジナー在日大使に伝達した。大使館は、東京・信濃町駅から徒歩一〇分程のマンションの一室のささやかな構えであった。同行者は、天野麻依子弁護士と中嶋寛通訳の二人である。なぜか、トム大使に親近感を覚え、「やぁ、トム!」という感じで接してしまったものである。(どうもこれは、不作法の極致らしい。知らないとは恐ろしいことである。)

キジナー大使とは、三〇分以上歓談することができ、コクのあるコーヒーもごちそうになった。大使は、マーシャル諸島はICJだけではなく、米国連邦地裁にも提訴していることなどの情報の提供をしてくれた。そして、支持と激励に感謝すると述べたうえで、核兵器の最初の犠牲者を出している日本からの支援を期待するとの見解を表明した。

そして、当協会や日本の反核運動に期待するのは、マーシャル諸島は専門的な法律家が少ないので法的なサポートや、この提訴を支持するという政治的なアピールであると述べていた。


ところで、私たちが、今年の広島での原水禁世界大会にはマーシャル諸島政府の外務大臣が参加されることになっているのでは、と確認すると、大使はそのことについては承知していないようであった。在日大使が、本国の外務大臣の訪日日程を知らないなんてことがあるのか、と不安を覚えたり不思議な気分になったりしたものである。

この不安は外務大臣の訪日中止という形で現実のものになってしまった。元々、外務大臣という激職の世界大会参加は不確定要素が多いのは想定の範囲内であろうが[*3]、大会関係者ではない私たちとしても外務大臣と会うことを楽しみにしていたので、不参加は残念な事態であった。

外務大臣とは会えなかったものの、私たちは、広島で世界大会に参加していたマーシャル諸島の元上院議員と在日公使と昼食を共にする機会を持つことが出来た。元上院議員はアバッカさんという立派な体格を持つ底抜けに明るく語る女性であり、公使はアネッタさんという眉目秀麗で物静かに語る女性であった。佐々木猛也会長からはお二人に、当協会のアピール全文を紹介していただいた。お二人は感慨深げであった。

私たちのこのアピールがマーシャル諸島の方たちにどのように受け止められていくかは、これからの交流の在り方にかかってくるであろう。

この提訴は、核兵器保有国にとっては、全く容認できないものであろう。とりわけ、米国にとっては「飼い犬に手をかまれた」かのような気分になっているかもしれない。当然、大きな抵抗が予想されるところである。そもそも、応訴すらしない政府もあるかもしれない。したがって、ＪＣＪが、訴えの内容について審理できるかどうかも不透明である。

けれども、そのような困難はもともと想定されていたところである。にもかかわらず、マーシャル諸島共和国が提訴したことは勇気ある行動である。被害者が声を上げ、社会の共感を獲得し、その共感を規範の域まで高めない限り、加害者たちは「知らぬ存ぜぬ」を通そうとするであろう。社会的圧力だけが、彼らの厚顔無恥を是正する力である。核兵器廃絶の原点は非人道性であることを忘れてはならない。

「核兵器のない世界」を求めて、あらゆる知恵と勇気を出し合うことは、必要なことであり有意義なことである。

私たちは、マーシャル諸島共和国政府の英断に拍手喝さいを送るだけでなく、具体的な支援方策を検討しなければならないであろう。

ぜひ、皆さん方の英知を提供していただきたいところである。

（注）

＊1　マーシャル諸島は北太平洋にある。多くの島からなる人口約五万人の共和国。米国の水爆実験場とされた。

＊2　マーシャル諸島の提訴に関する日本反核法律家協会の声明は、協会のホームページを参照。

＊3　原水禁大会関係者は、最後の最後まで予断は許さないとの覚悟はしていた。

（二〇一四年九月一一日記）

4．ウィーンで考えたこと

二〇一四年一二月五日から一二日までの日程で、オーストリア・ウィーンに行ってきた。晴れの日はほとんどなく、冷たい雨にたたられる日が多かった。街は、すでにクリスマスモードいっぱいだった。それぞれの通りは趣向を凝らしたイルミネーションで飾り立てられ、天使の格好をした若い女性が呼び込みをしていた。それぞれの通りのイルミネーションが違うことは場所の特定に役立ったし、天使の彼女たちはいい被写体になった。王宮や市庁舎の前ではマーケットが開かれ、クリスマスツリーの飾り付けのための小物や、プレゼント用と思われる工芸品や洒落た日用品が並んでいた。気になったのはホットワインと色々なソーセージだ。試飲と試食を差し控える理由はない。温かい赤ワインと太いウィンナーソーセージの味は、馬車が往来する石畳の街路（映画「アマデウス」を髣髴させる）とあわせて忘れられない思い出となっている。

閑話休題。ウィーンに行きたいと思ったのは、オーストリア政府が核兵器のない世界を展望する国際会議を開催するのとあわせてＩＣＡＮ（核兵器廃絶国際キャンペーン）が呼びかけるＮＧＯ市民会議に参加したかったからである。

オーストリア政府は、二〇一三年三月のノルウェー・オスロ、二〇一四年二月のメキシコ・ナジャリットを受けて「核兵器の人道上の影響に関するウィーン会議」を開催したのである。

その問題意識は、「核兵器爆発は地球的規模の影響をもたらし、人類の生存を脅かす。その受け入れがたい人道上の影響からして、核兵器を忌むべきものとして禁止し、廃絶のためにすべての関係者と協力する」というものである。

国際反核運動組織であるＩＣＡＮは、これまでもノルウェー政府やメキシコ政府に協力してきただけでなく、世界のＮＧＯを召集してきた。日本からも被爆者や活動家がその呼びかけにこたえて、交流を図ってきたところである。

私は、二〇一三年三月のオスロには行ったが、メキシコには行かなかった。ウィーンはまだ行ったことがなかったので、このチャンスを生かしたかったのである。ハプスブルグ家の繁栄にはあまり興味はないけれど（その栄耀栄華の跡は現在も残っている）、「美しき青きドナウ」は見たいと思ったのである。

私には国際会議に参加する資格はないし、傍聴する機会も与えられていない。けれども、NGO主催の会議には、日本反核法律家協会の事務局長として、提言集やチラシを用意して主体的に参加してきた。今回のウィーンにも、「下田事件（原爆裁判）判決の意義」と「マーシャル諸島共和国政府のICJ（国際司法裁判所）への提訴を支持する」をテーマとするチラシを用意して参加者に配布してきた。チラシは中身もいいし、カラー刷りのデザインもいいと自画自賛している。現物は、「反核法律家」八二号（二〇一五年）の裏表紙で確認してほしい。

政府主催の国際会議には、一五八か国の政府代表（米英を含む）、国連、国際赤十字、市民社会、研究者などが参加した。この成果の統一見解は示されていないが、議長総括は「二〇一五年は広島・長崎における核兵器使用七〇年であり、核軍縮の必要がより明確になっている。核兵器のない世界の達成のために、国家、赤十字運動、国際機関、市民社会の共同が不可欠である」とまとめている。

米英の二か国の参加は、歓迎すべきものではあるが、ナジャリットの会議が「核兵器のない世界に向けての引き返せない地点」を確認していたことと対比すれば、後退した側面もある。いずれにしてもこの会議の成果を生かすも無駄にするも、今後の私たちの行動にかかっているのである。

ところで、ひとつ紹介しておきたいのは、佐野利男軍縮会議大使の発言である。彼は、このウィーン会議で、「核爆発後の市民の救出は不可能である」との報告に対して、「対処能力がないというのは悲観的だ。……もう少し前向きな面から見てほしい」と発言したのである。核兵器の使用は市民の救済が不可能だという議論に対して、被爆国日本の大使が「そんなに深刻になることはない」と受け止められる発言をしたのである。日本政府は、「発言は核兵器使用を容認したものではない。誤解が生じてしまった」などと苦しい弁明をしているが、日本政府の核兵器依存政策が、佐野大使の「ナイーブな性格」を経由して顕わになったものと見るべきであろう。

外務省の人たちと話をしていて感ずるのは、ものの言い方は担当者の個性を反映してそれぞれであるが、唯一の被爆国として核兵器はなくさなければいけないと言いながら、安全保障のためには核兵器が必要だとの主張を、牢固として譲らないことである。この「核抑止論」を突破しない限り、「核兵器のない世界」の実現は困難である。この困難さを、被爆国政府との交渉で思い知らされるのは、日本国民にとって悲劇というべきであろう。

私たちの課題は、「核兵器のない世界」をどのように創るかである。しかも、検証可能かつ不可逆的な方法によってである。現在、いくつかのアプローチが提案されている。核兵器の開発、実験、保有、移転、使用などを禁止し、核兵器の廃絶を展望する包括的な核兵器条約（核兵器廃絶条約）の締結に向けて努力すべきであるとの提案（A案）、当面、核兵器使用禁止条約を非核兵器国が率先して成立させ、核兵器国を巻き込むという提案（B案）、複数の条約、協定、議定書などによって、核兵器の禁止・廃棄の法的枠組みとして機能させるという提案（C案）、包括的核実験禁止条約（CTBT）や兵器用核分裂性物質生産禁止条約（FMCT、カットオフ条約）などの発効を先行させ、ブロックを積み上げるように核兵器を廃絶する状態を形成しようとする提案（D案）、これらの混合形態を追求しようとする提案（E案）などである。

これらの提案は、目標としては相互に排斥しあうものではないが、局面によっては、対立することもありうる。例えば、A案に対しては、核兵器国がのってこない条約案など提案しても現実的ではないとの批判がある。対人地雷条約やクラスター爆弾を禁止したような手法で核兵器国を追い込むことを考えなければ事態は打開できないというのである。B案に対しては、既に核兵器の使用は違法だとされているのに、使用禁止だけを取り出して条約化するということは、いまだ違法化されていないということを前提とするようなものだ。核兵器国がそんな条約を無視してしまったら、今より悪い状況が生み出されるだろうという批判がなされている。D案に対しては、核兵器のない世界を永遠のかなたに追いやるようなものだ。核兵器国の逃げ口上に加担するようなものだという批判がある。

これらの案をめぐって、私がよく知る人たちの間で、甲論乙駁が行われている。誠実に考え行動している人たちであるがゆえに私心はない。けれども、自らの意見には確信を持っている人たちである。その分だけ論争がヒートアップすることになる。

私にはどの案が合理的であるのか、また現実的であるのかを判断する能力はない。いずれにしても、「核兵器のない世界」をどのように創るのかという戦略はいまだ統一されていないのである。戦略大綱がないのであるから、タイムスケジュール作成以前の問題といえよう。

なぜそのような事態になっているのであろうか。それは、「核兵器のない世界」の実現が決して簡単なことではないからである。「核兵器のない世界」を実現するということは、核兵器国に核兵器を廃棄する決意をさせるということである。国連安全保障理事会の常任理事国とNPTに加盟していない核兵器国を翻意させなければならないのである。彼らが如何に頑迷固陋であるかは、誰でも知っているところである。彼らをどのようにその気にさせるか、さまざまな意見が百家争鳴することは当然であろう。反核運動の中で、丁寧で、敵対的にならない議論が求められているのである。

ところで、核兵器国の核兵器保有の論理は、自国に対して武力行使を仕掛ければ核兵器によって反撃され滅亡することになるぞという威嚇で自国の安全を確保しようという「核抑止論」であったり、核兵器があるのでわが国は大国であるとの「プライド」であったりする。そして、奇妙なことに、彼らは他の国が同じような発想をすることは認めないのである。いずれにしても、排他的で独善的な理屈であることは間違いない。核不拡散という政策は、「俺が持つのはいいけれど、お前が持つことは俺が許さない」という大国の論理が貫徹している不公正で不平等な代物なのである。

そして、その政策は、それらの国の民衆によって支持されているのである。まさに、各国の主権と密接不可分なのである。

核兵器国が外圧によって核兵器を廃絶するとは考えられない。米国に核兵器を捨てろと誰が圧力をかけられるというのだろうか。核兵器国の主権行使の結末としての廃棄が選択されなければならないのである。政府の意思を変えることができるのは、その国の民衆だけである。こうして、核兵器国の民衆の意識をどのように変えるのかが最大のテーマとなる。

そのために何をしなければならないか。核兵器被害の実相を知ってもらうことである。核兵器の使用が人類・社会に何をもたらすのかを知ってもらうことである。戦闘手段として無差別な攻撃や残虐な兵器の使用は禁止されていることを知ってもらうことである。核兵器に依存しない安全保障政策はありうることを知ってもらうことである。核兵器は、プライドを満たすものではなく、むしろ薄汚い不名誉なものであることを知ってもらうことである。核兵器と人類は共存できないことを知ってもらうことである。核兵器はなくさなければならないし、なくすことが出来ることを知ってもらうことである。このような文脈で考えれば、この間の核兵器の非人道性に着目する運動は、大きな意義を持っているのである。

核兵器は人間が作ったものであるがゆえになくすことはできる。けれども、それが廃棄される前に、政治的意思によって使用されることも、意図しない形で暴発することもありえない事態ではない。廃棄が先か、滅亡が先か。不必要に悲観的になる必要はないけれど、杞憂として済ますこともできないであろう。

これまでの七〇年がそのまま続く保障はない。広島・長崎以降、核兵器が実戦で使用されることはなかった。けれども、使用されそうになったことは幾度となくあった。今も自衛の名目でその使用が企図されているであろう。また、誤想発射や事故例も報告されている。

赤十字国際委員会のペーター・マウラー総裁は、今、世界には、数分で発射できる高度警戒状態にある一八〇〇発の核弾頭が配備されているとしている。そして、世界には一万六〇〇〇発の核弾頭が存在しているのである。人類は核の地雷原で生活しているようなものではないだろうか。

この事態をどのように突破していけばいいのだろうか。被爆者たちは、自分たちを最後の被爆者にして欲しい、二度と被爆者を作らないで欲しい、生きている間に核兵器をなくしたい、として老骨に鞭を打ちながら奮闘している。

また、多くの首長や市民が核兵器廃絶の署名にその意思を託している。

今年（二〇一五年）のNPT再検討会議にも、日本から多くの市民が参加しようとしている。

私も、反核法律家協会のメンバーと参加することにしている。

核兵器廃絶のための特効薬はない。倦まず弛まず愚直に進むこととしよう。

（二〇一五年三月九日記）

5.「核兵器禁止条約」交渉を成功させよう

国連総会は、二〇一六年一二月二三日、核兵器を禁止し、完全廃絶につながるような法的拘束力のある措置（「核兵器禁止条約」）について交渉する会議を招集することを決議した。賛成一一三、反対三五、棄権一三という票数である。核兵器が使用されれば、壊滅的な非人道的事態が発生することになるので、それを避けるための根本的な方策は核兵器をなくすことであるとする潮流が多数を占めたのである。核兵器国のうち、中国・パキスタン・インドは棄権、北朝鮮は欠席、その他は反対である。日本も反対票を投じている。

この結果、二〇一七年三月二七日から三一日、六月一五日から七月七日の二会期にわたって、「核兵器禁止条約」についての交渉が行われることになる。決議は、加盟各国に参加を呼び掛けるだけではなく、市民社会（NGO）にも参加と貢献を求めている。国連において「核兵器禁止条約」の交渉が開始されることは、「核兵器のない世界」に向けて、新たな一歩が踏み出されることを意味している。私たちは、この会議の成功のために貢献しなければならない。

しかしながら、この交渉が成功するかどうかは決して予断を許さない。なぜなら、核兵器国や核兵器依存国は、この交渉に消極的どころか、妨害工作に出ることが予測されるからである。ロシアのプーチン大統領は、「戦略的核戦力の能力を強化する必要がある」としているし、トランプ次期米国大統領は、「世界が分別を取り戻すまで、米国は核戦力を強化、拡大する」としている。核兵器の使用を排除しないとしているトランプに「分別」を説かれたくないと思うし、プーチンは、クリミヤを併合するときに「ロシアが核兵器国だということを忘れるな」と恫喝した男であるということも忘れたくない。

現在、世界には約一万五〇〇〇発の核兵器があるとされているが、そのうちロシアは七三〇〇発、米国は七〇〇〇発を保有している。この二か国の政治指導者には核兵器廃絶など全く眼中にないのである。そして、米国は、この国連決議に反対するよう、NATO加盟国や日本など同盟国に働きかけたのである。

もともと日本は、核兵器禁止条約制定を呼び掛ける国連決議には棄権してきたけれど、ここにきて反対の姿勢を明確にしたのである。この態度変更に米国の影響がどの程度あったかはともかくとして、唯一の戦争被爆国を標榜する日本政府が、「核兵器禁止条約」の交渉開始に反対しているのである。

その反対の理由は、核兵器廃絶は核兵器国の賛成がないと不可能なのだから、核兵器国の賛成を得られるようにステップを踏むべきである。日本は、核兵器国と非核兵器国の懸け橋として核なき世界の実現に努力する。などというものであるが、根本的には、日本の安全保障は最終的には米国の「核の傘」に依存しているので、米国の手を縛るようなことはしないという政策選択に理由があるのである。

戦時下における法規範である国際人道法は、無差別兵器の使用や、残虐な兵器の使用を禁止している。一九六三年の東京地裁「原爆裁判」判決は、国際人道法を援用して米国の原爆投下は国際法上違法としている。一九九六年の国際司法裁判所の勧告的意見は、核兵器の使用や威嚇は、一般的に違法であり国家存亡の危機に際しての使用については違法とも合法とも判断できないとしている。この勧告的意見は、国家存亡の危機においての使用も違法性を阻却するとはしていないことに留意しておきたい。このように、核兵器の使用は違法であるとの法的見解は既に存在しているのである。国際人道法は、武力の行使が正当かどうかとは別に、害敵手段として禁止される方法や手段に関する規範である。自国の安全保障のために、核兵器を使用することが許容されるとする見解は、国際人道法の存在と到達点を無視するものといえよう。そして、使用が禁止される兵器の開発、製造、実験、保有などを違法とすることは理の当然であるし、その廃絶を命ずることになるであろう。

今、日本政府に求められていることは、トランプやプーチンに振り回されることではなく、「核兵器が再び、いかなる状況下においても使用されないことに、人類の生存がかかっている」とする二〇一五年の国連総会の決議を想起し、一刻も早く「核兵器禁止条約」の交渉を進め、「核兵器のない世界」の実現に貢献することである。

私たちに求められていることは、日本政府の姿勢を転換することと、核兵器の禁止とその廃絶のための「核兵器禁止条約」制定のための運動である。「ヒバクシャ国際署名」の成功は、その運動の重要な構成要素となるであろう。

（二〇一六年一二月二八日記）

6. 核兵器禁止条約の採択と今後の課題

二〇一七年七月七日、国連の「核兵器の全面廃絶のために核兵器を禁止する条約交渉会議」は、「核兵器禁止条約」を賛成一二二、反対一（オランダ）、棄権一（シンガポール）で採択した。国連加盟国一九三か国の約六三パーセントに当たる多数の賛成である。私は、この条約採択を、「核兵器のない世界」を実現する上で、画期的な一歩となるものとして、心から歓迎する。そして、この条約採択の現場に立ち会えたことに大きな喜びを覚えている。

核兵器禁止条約は、締約国に核兵器の開発、実験、生産、取得、占有、貯蔵、授受、使用、使用するとの威嚇、これらの禁止事項についての援助や奨励、自国への配備の許可などを全面的に禁止するだけではなく、核兵器国に条約への加盟の道を開く仕組みを用意しており、核兵器の全面廃絶に向けての法的枠組みとなっている。また、この条約は、締約国に対して、核被害者に対する適切な援助や環境の回復を求めている。

今後、この条約は、二〇一七年九月二〇日からすべての国に署名手続が開放され、五〇番目の国の批准書が寄託されてから九〇日で発効することになる。私は、この条約が、一日も早く発効することを祈念している。

ところで、日本政府はこの交渉会議に参加しなかったし、署名はしないとしている。この様な条約は有害無益であるというスタンスである。唯一の戦争核被害国の政府として許されない態度である。また、米英仏三国は、「安全保障の現実を無視している」としてこの条約を拒否する姿勢を明らかにしている。さらに米国は、「この条約は核兵器を減らせない」、「北朝鮮の脅威に対する取り組みを損ねる」などとしている。彼らは、核兵器に依存しての国家安全保障を優先し、核兵器禁止条約を無視しようとしているのである。そもそも、人類社会を滅亡に追い込むかもしれない核兵器に依存して確保しなければならない「国家の安全」とは何を意味するのであろうか。また、自国は核に依存しながら、他国（北朝鮮）にはその保有を認めないなどという理屈に説得力はない。核兵器禁止条約は、北朝鮮の行動を容認するものでも推奨するものでもない。逆に、核兵器国の核独占を容認するものでもない。核兵器国が自らの核兵器は棚に上げて、核兵器禁止条約は北朝鮮の核開発を止められないなどと言い張るのは筋違いも甚だしいと言わざるをえない。

しかしながら、核兵器国や核兵器依存国がこのような態度を取り続ける限り、「核兵器のない世界」は実現しない。私たちは、彼らのこのような態度を転換しなければならないのである。そのためにまず求められるのは、この条約の背景にある価値と論理の共有と拡散であろう。

条約は、核兵器の使用がもたらす壊滅的な人道上の結末を深く憂慮し、核兵器を完全に廃棄することが、核兵器が二度と使用されないことを保障する唯一の方法であるとしている。そして、核兵器のいかなる使用も、武力紛争に適用される国際法の原則と規則に反するし、人道の諸原則と公共の良心の命ずるところに反するとしているのである。ここにあるのは、核兵器は非人道的であるだけではなく、武力紛争に適用される国際法にも違反するものであり、それが二度と使用されないようにするためには、核兵器をなくすことであるという価値と論理である。そして、その背景には、ヒバクシャの苦痛と損害に対する配慮が存在している。

条約は、「核兵器のない世界」の達成と維持は、国家的・集団的安全保障に資する、最高の地球的公共善であるとしている。核兵器によって国家安全保障を確保するのか、「核兵器のない世界」が最高の公共善なのかが根本から問われているのである。私は、後者を選択する。そして、ここが対立の核心部分だと理解している。

私は、核兵器完全廃絶の呼びかけに示された人道の諸原則の実現を推進するための公共の良心を自覚し、法律家として、この条約がＮＰＴ、包括的核実験禁止条約（ＣＴＢＴ）、非核兵器地帯条約などと相まって、一日も早く「核兵器のない世界」が実現するように、引き続き努力したいと決意している。

核兵器依存論者との不愉快な論争が待っているであろうが、核兵器に依存することを恥とも思わない連中をのさばらせておくことはできない。私は、国連の会場で、被爆者であるサーロー節子さんや藤森俊希さんたちが、この日を迎えることのできなかった多くの人々に思いをはせて流した涙を忘れることはできない。この条約に魂を吹き込むたたかいはこれから始まるのである。

（二〇一七年七月一六日記）

7. 核兵器禁止条約は核軍縮にとって意味がないか？

浅田正彦京都大学教授は、「核兵器禁止条約は核軍縮にとって無意味なだけではなく、むしろNPT体制が大きく揺らぎ、核不拡散の基礎を損なうことにもなりかねない」との意見を述べている（毎日新聞七月一二日付朝刊）。

浅田氏の意見をもう少し紹介すると、①核兵器禁止条約は、侵略された場合にまで核兵器の使用を禁止しているので、米国の核抑止力に依存する日本は入れない。核兵器国はいずれも条約をボイコットしている。条約は保有国と非保有国の対立を深めることになる。②非核兵器国の間で、「NPT派」と「核兵器禁止条約派」に分断されかねない。③NPT体制に対する不満があるかもしれないが、NPT体制の下で米ロの核兵器数が激減してきたことにも留意すべきだ。④核軍縮を進めるためには、対立しながらも一堂に会して議論のできる「フォーラム」が必要だが、別のフォーラムができれば、NPT再検討会議の形骸化が進み、NPTの屋台骨が揺らぐことにもなりかねない。⑤核兵器禁止条約は未臨界実験なども禁止しているが、その禁止の検証は困難である。核兵器の廃棄やその検証に関する規程に非現実的なところが少なくない。⑥NPTに加盟している非保有国には国際原子力機関（ＩＡＥＡ）の査察を受け入れる義務があるけれど、核兵器禁止条約にそれ以上のものはない。だとすれば、ＮＰＴで十分だ。⑦日本政府の不参加はある種の見識だ。政府がいう「ＮＰＴの一体性を強化し、再検討会議で保有国に核戦力や核ドクトリンの透明性向上を求める」といった取り組みが、核軍縮にとって意味がある。などということである。

要するに、核兵器禁止条約は存在そのものが核軍縮にとって無益どころか有害だ、ＮＰＴで十分だ、というのである。これは、日本政府の姿勢を代弁するものといえよう。浅田氏は、二〇一五年のＮＰＴ再検討会議日本政府代表団顧問を務めたそうだから、このような見解を披露することは無理もないであろう。

そして、核兵器禁止条約を「安全保障の現実を無視している」、「われわれに何の法的義務を負わせるものではない」、「この条約は核兵器を減らせない」、「北朝鮮の脅威に対する取り組みを損ねる」などと言い立てる米・英・仏などの核兵器国の見解と通底するのである。

核兵器禁止条約は、浅田氏が指摘するとおり、いかなる場合も核兵器の使用を禁止しているし、未臨界実験も禁止している。それだけではなく、開発、実験、生産、製造、取得、占有、移譲、使用、使用するとの威嚇、禁止されている事項に係わる推奨、援助、自国への配備など包括的に核兵器を禁止しているのである。核兵器国や日本のような核兵器依存国からすれば、自国の核兵器政策の根幹を問われることになっているのである。そういう意味では、核兵器依存国と非依存国との対立が鮮明になったといえるであろう。

この対立は、自国の安全を核兵器によって確保するのかどうか、言い換えれば、核兵器の必要性と有用性を認めるのかどうかという対立である。この対立は和解不能な対立である。核兵器を認めるのか認めないのかという二項対立で中間項が想定できないからである（例外的に認めるというのは認めるということである）。従って橋渡しなど不可能である。

核兵器禁止条約は、「核兵器のない世界」の達成と維持は、国家的・集団的安全保障に資する、最高の地球的公共善（global public good）だとしている。核兵器によって安全保障を確保するという発想を根本から否定しているのである。この発想の基礎にあるのは、核兵器は非人道的であるだけではなく、武力紛争に適用される国際法にも違反するものであり、それが二度と使用されないようにするためには、核兵器をなくすことであるという価値と論理である。

他方、日本政府もオバマ政権下の米国も、核兵器使用の非人道性は否定していないし、いずれ廃絶されるべきであるともしている（ただし、トランプ政権は別）。核兵器使用がもたらした現実を否定できないからである。けれども、国家安全保障のために核兵器には依存したいのである。なぜなら、核兵器はその破壊力ゆえに、それを使用できたものは、武力紛争の勝利者となれるからである。だから、他国には持たせず、自分とその仲間たちの手元に置いておきたいし、その使用を違法とされたくないのである。

その言い訳の道を封じたのが核兵器禁止条約である。だから、核兵器依存論者は核兵器禁止条約の存在そのものが許せないのである。核兵器の抑止力による国家安全保障を容認する浅田氏も、核兵器禁止条約の採択は、あたかも自分自身の存在意義を否定されたかのような気分に襲われているのであろう。氏も含め核兵器に依存する人々には、核兵器禁止条約が指摘している核兵器使用の被害者や核実験被害者の容認しがたい苦痛と被害には思い至らないかのようである。

核兵器依存論者は、壊滅的な非人道的被害に優先する「国家安全保障」なるものの内実を具体的に示すべきである。無差別、大量、残虐な死と引き換えに確保されるべき価値と正義は何なのかを示すべきである。北朝鮮の脅威などということでごまかすことは許されない。

核兵器禁止条約は、「核兵器のない世界」を展望して、核兵器を包括的に禁止し、その保障措置を確保し、核兵器国の加盟にも道を開いている。浅田氏は、核兵器禁止条約は、核兵器の廃棄やその検証に関する規程に非現実的なところがあるなどとしている。けれども、それは、核兵器国にも参加の道が開かれている締約国会議で検討されればいいことで、今ここで浅田氏にとやかく言われる筋合いのものではない。

また、浅田氏は、核兵器禁止条約はＮＰＴを形骸化するかのように言うが、それはありえない。

核兵器禁止条約は、NPTは核軍縮・不拡散の礎石として機能しているし、国際の平和と安全のために不可欠であると評価している。核兵器禁止条約ができたからといってNPTが不要になるわけではない。また、NPT加盟国の条約上の義務の履行が免除されるものでもない。NPT加盟国は、その六条に規定された「全面的かつ完全な軍備縮小に関する条約について誠実に交渉する義務」(国際司法裁判所は交渉にとどまらず、その完結も勧告している)の履行を求められているのである。条約前文もそのことをおさえている。ここに、形骸化が生ずる余地はない。

さらに浅田氏は、しきりに、NPTと核兵器禁止条約の対立関係を語っているが、それは核兵器禁止条約の読み間違いである。核兵器禁止条約とNPTは対立するものでも排斥し合うものでもない。各国は、NPT再検討会議の中で、この核兵器禁止条約が「全面的かつ完全な軍備縮小に関する条約」としてふさわしいかどうかを検討すればいいのである。

NPT体制の下で、核兵器禁止条約は邪魔者扱いされるのではなく、格好の検討対象として歓迎されるべきものであろう。そして、核兵器禁止条約が十分なものであれは、NPT加盟国はこぞって核兵器禁止条約に加入すればいいし、不十分であれば、核兵器禁止条約の締約国会議には、すべての国家の参加が認められているのであるから、その場でその不足を補う方策を考えればいいだけの話である。

核兵器禁止条約は、「核兵器のない世界」を目指すものであるが、核兵器国の参加なくしてその世界が実現しないことは明らかである。もし、浅田氏が「核兵器のない世界」の達成と維持を希望するのであれば、NPTだけで十分だなどと切って捨てるのではなく、一九七〇年に発効しながら、いまだに「全面的かつ完全な軍備縮小条約」に到達していないNPT体制に、この核兵器禁止条約を生かす方法がないのかを検討すべきではないだろうか。日本軍縮学会会長の経歴を持つ浅田氏に求められていることは、米ロの核兵器がピーク時に比較して激減したなどということに達成感を覚えるのではなく、核兵器禁止条約を採択した一二二か国や市民社会の良心とエネルギーを自らのものとすることではないだろうか。

同日の毎日新聞で、田中熙巳日本被団協代表委員は、被爆者は「核兵器と人類は共存できない」と訴え続けてきた、核兵器禁止条約は「核兵器のない世界」につながる道具になるはずだ、と発言している。この想いを浅田氏に共有してもらうことは叶わぬことなのであろうか。

（二〇一七年七月一六日記）

8.「核兵器保有国を巻き込む必要性」という議論の意味すること

岸田文雄自民党政調会長（前外務大臣）が「核兵器のない世界を実現するためには、核兵器国と非核兵器国を巻き込む議論が必要だ」という意見を述べている（毎日新聞二〇一七年一二月一三日付朝刊）。その主張が意味することを検討してみたい。

岸田氏は、ＩＣＡＮのノーベル賞受賞は歓迎するし、被爆者の取り組みは尊いものだとしている。そして、日本政府も「核兵器のない世界」を目指すという大きな目標は共有しているともいう。ただ、それぞれの立場で果たすべき役割があるのだという。

その日本政府の役割は、「核兵器国と非核兵器国、非核兵器国間の対立が深まる中で、それを解消し、再び協力できる道筋を考えること」だという。非核兵器国間の対立というのはＮＰＴ派と核兵器禁止条約派の分裂をいうようである。

この主張についての疑問は、そもそも、核兵器国が「核兵器のない世界」のために非核兵器国に協力してきたことなどあるのかということと、ＮＰＴ派と禁止条約派の対立などどこにあるのかということである。

核兵器国は、核不拡散には熱心だったかもしれないけれど、ＮＰＴ六条の核軍縮交渉義務・完結義務を履行して来なかった。その義務は、核不拡散との取引だったはずである。核兵器国と非核兵器国の対立の深まりは、その義務を履行しなかった核兵器国に要因があるのであって、双方に原因を求めるのは公正でないであろう。また、禁止条約は、ＮＰＴについて「核不拡散・核軍縮の礎石」、「国際の平和及び安全促進において不可欠」としているところであって、ＮＰＴを補完するものである。日本政府、韓国、オーストラリア、ＮＡＴＯなどが禁止条約に反対していることは事実であるが、禁止条約に賛成している国はＮＰＴに加盟しているのである。そういう意味では、みんなＮＰＴ派なのである。分裂という用語は一面的である。

また、岸田氏は「日本は法的拘束力のある条約を否定しているわけではない。ただ、核兵器国が行動を起こさないと、現実は変わらない。核兵器国を巻き込んだ既存の枠組みを生かし、実際に核兵器の数を最小限まで減らした上で、法的拘束力のある禁止条約を使って一気に核兵器のない世界までもっていく」という構想を披歴している。これは非常にユニークな提案である。既存の枠組みで、核兵器の数を最小限まで減らそうというのである。それができていないからどうするかが問題なのに、今のままでいいのだというのである。他方では、最小限まで減らしたら、条約を作って、一気になくすというのである。そこまで減らしたなら、そのまま減らし続ければいいだけの話で、わざわざ条約を作る必要などないであろう。こんな構想が高い評価を得たなどといわれてもにわかには信じられない。

さらに岸田氏は、外相時代に提唱した「賢人会議」に、次回のNPT再検討会議に提言を提出してもらいたいと期待している。この「賢人会議」が、核兵器のない世界に向けて、例えば、「NPT六条に基づく核軍縮交渉を速やかに開始しなさい」というような提言を出してほしいと期待しているのは、私だけではないであろう。そういう提言をしてこそ「賢人」の名にふさわしいのではないだろうか。NPT体制は禁止条約を包摂している構造になっているので、そのような提案に誰も反対しないであろうし、心配する対立もすべて解消するのである。

岸田氏は、「禁止だけを叫んでも事態は動かない。全体のバランスの中で核廃絶に向けたシナリオを描き、より実践的に核軍縮を進めていくのが、日本の役割だ」と結んでいる。私は、岸田氏の構想が核廃絶に向けたシナリオになっているとも思わない。岸田氏のシナリオは核廃絶に向かうというよりも、核兵器に依存し続けようという呼びかけにしか聞こえないのである。核兵器国を巻き込むどころか、核兵器国、とりわけ米国に取り込まれているだけではないだろうか。広島出身の岸田氏が、核兵器問題をライフワークとしていることは大切なことだと思う。願わくば、「核兵器は必要悪ではなく、絶対悪」という被爆者の声に一刻も早く応えるためのシナリオに書き直していただきたいと切望するところである。

（二〇一七年一二月一四日記）

9．核兵器の特性の再確認

はじめに

トランプ米国大統領は、核態勢の見直し（ＮＰＲ）を行い、核兵器使用の敷居を低めようとしている。金朝鮮労働党委員長も、核兵器を自国の体制を維持する切り札としている。安倍首相は、とにもかくにも圧力だとして米韓を煽り立てている。そして、非核兵器による攻撃であっても核兵器で反撃して欲しいともしている。彼らは、核兵器を国家安全保障の切り札としているのである。核兵器の使用は、単に彼らだけの問題ではなく、私たちを含む全人類の存在にかかわる問題である。核世界の行く末を彼らに委ねることはできない。そのことを考える上でのいくつかの資料を提供したい。

一　「核の時代」は、核分裂エネルギーが兵器として使用された一九四五年八月六日に始まる。最初に使用したトルーマン米国大統領は、一九四五年八月六日、原子爆弾は宇宙に存在する基本的な力を利用した革命的な破壊力を持つものであり、それが、極東に戦争をもたらした者たちに対して放たれた、と声明している。その声明では、原子エネルギーを解放できるという事実は、自然の力に対する人類の理解に新しい時代を迎え入れるものである、ともされている。トルーマンは、原爆がどのような原理に基づく兵器であるのかを十分に理解していたのである。人類に「新しい時代」が始まったのである。

二　その原爆投下に対して、日本政府は、一九四五年八月一〇日、「米機の新型爆弾に対する日本政府の抗議文」を発出している。抗議文は、「新奇にして、かつ従来のいかなる兵器、投射物にも比し得ざる無差別性残虐性を有する本件爆弾を使用せるは人類文化に対する罪悪なり、……帝国政府はここに自らの名において、かつまた全人類の名において、米国政府を糾弾するとともに即時かかる非人道的兵器の使用を放棄すべきことを厳重に要求す」としている。当時の日本政府は、全人類と文明の名において、核兵器の放棄を要求していたのである。ただし、現在の政府は、このようなことをしたのは戦時下だからであって、今は違う見解であるとして、核兵器に依存している。

三　一九五五年七月九日発表された、ラッセル・アインシュタイン宣言は、水爆について次のように述べている。

水素爆弾による戦争は実際に人類の終末をもたらしかねない。もし、多数の水素爆弾が使用されるならば、全面的な死滅が起こるであろう。これはただ少数の者にとってのみ即死であるが、多数の者にとっては病患と崩壊との緩慢な苦しみなのだ。そして、およそ将来の世界戦争においては必ず核兵器が使用されるであろうし、そのような兵器が人類の存続を脅かしている事実から見て、われわれは世界の諸政府に、彼らの目的が世界戦争によっては促進されえないことを悟り、このことを公然と認めるよう要請する。したがってまた、われわれは彼らに、彼らの間のあらゆる紛争問題の解決のための平和的手段を見出すよう要請する、としている。

トランプ大統領、金委員長、安倍首相に熟読してもらいたいと思う。

四　一九六三年一二月七日、東京地方裁判所は「原爆裁判」の判決で次のように述べている。
広島、長崎に対する原子爆弾による爆撃は、無防守都市に対する無差別爆撃として、当時の国際法から見て、違法な戦闘行為である。原子爆弾のもたらす苦痛は、毒、毒ガス以上の物といって過言ではなく、このような残虐な爆弾を投下した行為は、不必要な苦痛を与えてはならないという戦争法の基本原則に違反している。この判決は、原爆投下は、無差別攻撃であるという観点からも、不必要な苦痛を与えてはならないという観点からも、当時の国際人道法（戦争法）に違反しているとしているのである。核兵器禁止条約の魁となる法的判断である。

五　原子爆弾被害者に対する援護に関する法律（被爆者援護法、一九九四年一二月九日成立）の前文にはこうある。

一九四五（昭和二〇）年八月、広島市及び長崎市に投下された原子爆弾という比類のない破壊兵器は、幾多の尊い生命を一瞬にして奪ったのみならず、たとい一命をとりとめた被爆者にも生涯いやすことのできない傷跡と後遺症を残し、不安の中での生活をもたらした。

当時の国会は、このような認識を持っていたのである。

六　国際司法裁判所の勧告的意見（一九九六年七月八日）は核兵器の独自の特性について次のようにいう。

核兵器は、原子の融合または分裂からエネルギーを得る爆発装置である。核兵器は、膨大な熱とエネルギーを放出するばかりか強力で長期にわたる放射線をも放出する。核兵器は潜在的に破滅的なものである。核兵器の破壊力は時間的にも空間的にも閉じ込めておくことができない。核兵器はあらゆる文明と地球上の生態系の全体を破壊する潜在力を持っている。

核兵器の定義的規定として理解しておきたい。

七「二一世紀被爆者宣言」（二〇〇一年六月五日）は次のようにいう。

あの日、一九四五年八月六日、九日。米国が投下した二発の原爆は、広島・長崎を一瞬にして死の街に変えました。生きたまま焼かれ、肉親を助けることもできず、いったんは死の淵から逃れた者も、放射線に冒されて次々に倒れていきました。人の世とは思えない惨状でした。〝原爆地獄〟から生き残った私たちも今なお心と体の苦しみにさいなまれつづけています。原爆の放射能被害は世代を越えていつまで及ぶのでしょうか。

八　二〇一七年七月七日採択された「核兵器禁止条約」前文は次のようにいう。

核兵器のいかなる使用もそれがもたらす壊滅的な人道上の帰結を深く憂慮し、その結末として核兵器が完全に廃絶されることが必要であり、そのことがいかなる場合にも核兵器が二度と使用されないことを保障する唯一の方法であり続ける……としている。

小括

核兵器が初めて使用されてから七二年以上の年月が経過している。現在も、核兵器を全面的に禁止し、その廃絶へと向かいつつある潮流と、あくまでも核兵器に依存する凶暴な勢力との激しい衝突が続いている。「核兵器のない世界」の実現が先か、新たな核兵器の使用が先か、予断が許されない状況にある。「核兵器のない世界」の実現は、人類にとって死活的であり、かつ緊急の課題なのである。私たちの取るべき選択は、いかなる理由であれ、核兵器の使用などさせない方向である。先人たちが、この間、核兵器についてどのように考えてきたのかを再確認し、新たな知恵を絞り、核兵器に依存する者たちとのたたかいに勝利しなければならない。

（二〇一八年二月一七日記）

10. 日本政府は核兵器の使用を排除していない——大国間の核兵器応酬の悪夢

トランプ米国大統領は、一時間のうちに三回、「米国は核兵器を保有しているのに、なぜ使用できないのか」と外交専門家に質問したという（毎日新聞二〇一八年一月三〇日付夕刊）。理解力が欠落しているか、使用することに躊躇いがないかのどちらかであろう。いずれにしても物騒な話である。その彼は「力による平和を維持する」ために、「最強の軍隊を堅持する」としている（「国家安全保障戦略」）。そして、核弾頭の運搬手段（大陸間弾道弾、戦略原子力潜水艦、戦略爆撃機）を強化し、小型核兵器と核巡航ミサイルを導入し、非核攻撃に対しても核兵器で対抗しようとしている（「核態勢見直し」〔NPR〕）。この核態勢の見直しは「ロシアや中国に加えて、北朝鮮やイランの核保有の野心や、核を使ったテロは継続的な脅威だ」としており、ロシアや中国は引き続き「戦略上の競争相手」（「国家防衛戦略」）なのである。

他方、ロシアのプーチン大統領は、複数のミサイルが米国を攻撃する動画をバックに、「探知されにくい低空域の巡航ミサイル（新型ミサイル）は、ほぼ無制限の射程距離に核弾頭を運ぶ。あらゆるミサイル防衛システムに対して『無敵』だ」と演説している（一般教書演説）。世界の核兵器一万五〇〇〇発のうち、五〇〇〇発はロシアが、四七〇〇発は米国が保有しているとされる。その核超大国双方が、核兵器の近代化を競っているのである。「核兵器のない世界」への逆行であるだけではなく、新たな「相互確証破壊」（MAD）への道が再開されたかのようである。

北朝鮮の核やミサイルも問題であるが、その核弾頭の数（一〇ないし二〇）や運搬手段などを見れば、米ロなどとは比較にならないことは明らかである。「核兵器のない世界」を展望するとき、北朝鮮の核だけに目を奪われていては、その本質を見失うことになるのである。核兵器の近代化を図る米国やそれを「高く評価する」日本が、北朝鮮に対して核兵器を放棄しろと迫るのは、没論理的な強者の圧力でしかない。

北朝鮮は、ビン・ラーディンやサダム・フセインが米国によって亡き者にされたのは、核兵器がなかったからだと考えている。元々、北朝鮮はＮＰＴに加盟していたのだから、核兵器を保有しないという意思を国際的に示していたのである。その意思を転換したのは、米国に睨まれれば、体制転覆をされてしまうという恐怖からである。米国のアフガニスタンやイラクに対する軍事行動からの帰結である。そして、その恐怖心は、米韓合同演習によって、塗り固められてきたのである。私は、北朝鮮に肩入れするつもりはないけれど、米国の軍事行動は非難されるべきだと考えている。米軍の圧倒的戦力のもとで、多くの民衆が殺戮される光景を見たくないし、米国は国際法の到達点を無視していると考えるからである。米国の「力による平和」という欺瞞を看過することはできない。

ところで、北朝鮮との対立を煽る安倍首相だけではなく、南北朝鮮の融和を快く思わない連中がいる。全核兵器の廃絶を語るのではなく、「北の独裁者」の核だけを問題視するという発想である。彼らは「民衆の困窮」とか「世襲」などを理由として「北の独裁者」を非難するけれど、武力衝突の危険性には目を向けないのである。戦争や経済制裁で最も困窮に陥るのは社会的弱者である。日本国の象徴も世襲である。彼らにはそんなことも、「北の独裁者」の存在が「安倍一極支配」の一助になっていることも念頭にないのである。北朝鮮を責めるだけで、日米政府の行動に異議を述べないことは、不公正である。

北朝鮮の核兵器使用は、自らの崩壊との引き換えである。トランプやプーチンの核兵器使用は、人類社会の崩壊との引き換えである。私は、「北の独裁者」に目を奪われて、本当の危険を見失うようなことはしたくない。「武力による平和」の実現が、核軍拡競争を誘引し、人類社会を滅亡へと導くことを阻止しなければならない。

（二〇一八年三月五日記）

11.「効果的な核軍縮への橋渡し」提言に対する評価と注文

はじめに

二〇一八年三月二九日、一六人の賢人（Eminent Persons）によって構成される「核軍縮の実質的な進展のための賢人会議」が、外務大臣に「効果的な核軍縮への橋渡し」と題する提言をした。もともと、この賢人会議は、岸田前外務大臣によって「安全保障環境の変化、核軍縮をめぐる核兵器国と非核兵器国間・非核兵器国間の意見対立が顕在化しているので、様々なアプローチをする諸国の信頼関係を再構築し、核軍縮の実質的な進展に資する提言を得たい」として立ち上げられたものである。この様な経過からして、この提言は、二〇二〇年のNPT再検討会議に向けての日本政府の基本的姿勢とされるものである。

したがって、日本政府の核軍縮政策に苛立ちを覚え、一刻も早い「核兵器のない世界」の実現を希求している私たちとしても、この提言について重大な関心を持たざるをえないのである。以下、提言に対する評価と注文を述べる。

提言の基本的立場

提言は、核抑止と拡大核抑止に依存する国と、核兵器の即時廃絶を求める国家や市民社会を対立させ、その橋渡しを試みているものである。その意味では、核兵器の壊滅的人道上の結末に着目して、核兵器の即時廃絶を求める私たち市民社会の立場とは異なるものである。そこは、まず指摘しておかなければならない。

提言の核兵器についての基本的認識

しかしながら、提言は核兵器について以下のように指摘している。

核軍縮の停滞や核の秩序の崩壊はどの国にとっても利益にならない。「核兵器のない世界」を追求することは共通の利益である。「核不使用の規範」は維持されなければならない。核戦争に勝者はなく、戦われてはならない。

これらの指摘は、核軍縮の停滞からの脱却を目指しており、「核兵器のない世界」は最高の公共善であるとする核兵器禁止条約と通底するものがあり、「核兵器の不使用」は既に規範化されているとするものであって、大いに共感できる視点である。

提言の核抑止論に対する見解

また、提言は、核兵器国は、拡大抑止の下にある国々と協力の上で、安全保障政策における核兵器の役割を低減する方法を見出すこと。非核兵器国と非核兵器地帯条約の加盟国への消極的安全保障を強化すること。核保有国は核戦争ドクトリンを控えること。核兵器使用の脅威を基礎とした威圧的行動を控えること、などを求めている。そして、核抑止は、安定を促進する場合もあるとはいえ、長期的な国際安全保障にとって危険なものであり、すべての国は、より良い長期的な解決策を模索しなければならない、と提言している。

提言は、核抑止論を頭から否定するものではなく、その相違を受け入れた上で調整すべきであるという立場であるが、核兵器の役割の低減や非核兵器国への消極的安全保障を求めているのである。核抑止論こそが「核兵器のない世界」の実現を妨害する元凶であると考える私たちからすれば、鵺的《ぬえ》との非難を加えたいところではあるが、提言が、核抑止論は長期的には危険なものであるといい、より良い解決策の模索を提案していることには注目すべきであろう。

提言のNPT体制についての見解

そして、提言は、NPT体制については以下のように述べている。

NPT六条に基づいて「核兵器のない世界」を追求することは共通の利益である。NPTは「核兵器のない世界」という共通の目標の中心的な存在である。全ての加盟国は、NPT維持のために、過去の運用プロセスの合意を実現しなければならない。NPTの目的に対する核兵器国及び非核兵器国による共通のコミットメントは有益な出発点である。全締約国は、現実的・実践的提案を通じて、条約への当事者意識を示すべきである。第三回準備会において、核兵器国の報告の後、その他の加盟国や市民社会との双方向の議論をすることの推奨、などである。

提言は、各国に、NPTへの積極的関与を求め、そこでの議論のあり様まで提言しているのである。核兵器禁止条約は自らをNPTを補完するものであると位置づけている。提言のこのNPTの位置づけと核兵器禁止条約のスタンスは共鳴しているといえよう。

「橋渡しをする」ことの意味

提言は、橋渡しの取り組みは、核廃絶を実現するための明確で共通のビジョンでなければならない、対立を生んでいる本質的事柄についての議題を検討すべきである、としている。そして、橋渡し役は、核兵器国と非核兵器国を巻き込み、脅威・リスクの削減、核軍縮に伴う安全保障上の懸念への対処、すべての国の間での信頼を促進するため、透明性を高め、対話を発展させる取り組みを行うべきである、としている。

明確で共通のビジョンとして、核兵器解体などで生ずる核物質の監視・検証のための実現可能な方法について相互に協力し、その成果がNPT運用検討プロセスに報告されるべきこと。核兵器関連の機微な情報の開示なしに検証活動が可能な技術的研究が国連の下での実施されること。法的拘束力のある義務の遵守を保障する方策の作成と合意が行われ、迅速な強制を保障するメカニズムが制定されること、などが提言されている。どのようなプロセスをたどるにせよ、「核兵器のない世界」の実現のために不可欠なメカニズムについての概要が提示されているといえよう。そして、これらは核兵器禁止条約が提起している事柄でもあることに留意しておきたい。

「困難な問題」について

提言では、対立を生んでいる本質的な事柄は、核兵器を抑止力としてその必要性を認めるのか、その人道上の結末に着目して、遅滞のない廃絶を求めるのかということである、としている。その背景には、自衛権に関する問題、すなわち、国家存立にかかわる究極的な状況において、限定的な核による威嚇や核使用の可能性についての問題がある、としている。この問題は、国家の存亡の危機における核兵器の使用や使用の威嚇は、合法とも違法とも判断できないという国際司法裁判所の勧告的意見にかかわる問題である。この問題は、確かに「困難な問題」であったかもしれないけれど、核兵器禁止条約によって解決されているのである。核兵器禁止条約は、核兵器のいかなる使用も違法であるとしており、自衛権の行使としての核兵器の使用も認められないのである。この点で、提言は、核兵器禁止条約の到達点を踏まえていない、周回遅れの代物となっているのである。

また、国際の平和と安全を保持しながら「核兵器のない世界」を実現していくにあたっての、人間の安全保障を担保することについてという問題も提起しているが、私には、その問題設定の意味が理解できない。核兵器に依存する人間の安全保障などというのは論理矛盾だからである。核兵器が人間を守るというのなら、それを禁止する理由などはない。

究極のジレンマについて

提言は、究極のジレンマとして、すべての国の安全を保障しながら、義務の遵守と軍縮の強制を両立させる方法の追求、を挙げている。すべての国の安全保障と核軍縮義務の遵守と強制は両立しないのではないかという問題意識である。しかしながら、核兵器によって国家安全保障を確保するとしているのは核兵器国であって、非核兵器国はそもそも核兵器を持っていないのだから、核軍縮義務の遵守と強制は核兵器国だけの問題である。したがって、このジレンマは、核兵器国が核兵器の放棄を約束し、国際機関の検証を受け入れさえすれば解決する問題である。核兵器禁止条約四条は、そのあたりの方策を規定しているところである。提言のこのような問題意識は、核兵器禁止条約を視野に置いていないことから生ずる焦点の外れたものなのである。

小括

このように見てくると、提言の基本的立場は、私たちと異なるところではあるが、核兵器についての基本的認識、核抑止論に対する態度、NPTの役割について見解などについては、共感できるところがある。これらの論点については、外務省にしっかりと受け止めてもらいたいところである。

しかしながら、提言は、NPTの運用プロセスの促進と異なるアプローチを収斂させる観点などというけれど、核兵器禁止条約の到達点は無視しているようである。

また、政府と市民社会が協力し効果的な役割を果たせる、などという認識も示しているけれど、被爆者の「核と人類は共存できない」という主張よりも核の効用についての主張に理解を求めているのである。

そして、「議論には礼節」をなどと説教しているけれど、議論の場に参加しようともしない者たちに対する苦言は呈されていない。

結局、この提言が、核軍縮の実質的進展のために役立つかどうかは、核兵器の役割の低減など眼中になく、核兵器の近代化や小型化、核兵器使用の敷居を下げている米国の「核態勢の見直し」を高く評価し、北朝鮮に対しては圧力一辺倒の政策を展開する外務省が、この提言の積極的部分にどこまで耳を傾けるかにかかっているのである。外務省は、この提言などアリバイ作りにしか使わないかもしれない。

それを避けるために、この提言に係わった賢人たちは、外務大臣に書類を手渡せば終わりということではなく、この提言を尊重し、米国などの核兵器国に核軍縮交渉を進展させるよう求めることを働きかけるべきであろう。

私たちが共感しているこの提言の一部でも実現することがあれば、私たちは、提言の足らざるところは留保し、その成果に喝采を送るであろう。


（二〇一八年四月一日記）

12. 中国にとっての原爆投下

原子爆弾の発明と初めての使用は全世界を震撼させた。科学革命と戦争革命が同じ日に起こったのである。侵略者としての日本人が、この人類史上空前の強烈な兵器の打撃を受けたことはファシスト侵略者の当然受けるべき報いであり、八年この方日本ファシストの野蛮な殺戮にあってきた中国人にとって、騙された無辜の日本人は別として、日本軍閥に対して少しも憐憫の情を持ちえない。しかし、本来人間生活に奉仕するはずの科学がかくも残酷な破壊力と殺傷力を持つ武器に応用されたことに、全人類、特に全世界の科学に献身する学者にさだめし深刻な感慨をもたらしたものと、我々は信ずる。

これは、一九四五年八月九日付の「新華日報」に掲載された社説だという。このことを知ったのは、二〇一八年一一月一〇日に開催された日本反核法律家協会主催の「朝鮮半島の非核化のために」をテーマとする意見交換会における楊小平広島大学研究員の報告であった（楊さんの報告は「反核法律家」九八号を参照）。楊さんの報告は、「中国における『核』の受容」と題する、一九四五年から一九五〇年までの「人民日報」の「核」に関する報道を題材とするものであった。楊さんは、その報告の冒頭でこの社説を紹介したのである。ちなみに「新華日報」は、当時の中国共産党の公式新聞である（「人民日報」の発刊は一九四八年）。

私の驚き

この報告に接したとき、私は大きな驚きを覚えた。まず、この社説は一九四五年八月九日付ということである。広島への原爆投下は八月六日だから、この社説は広島への投下を受けて書かれているのだけれど、とにもかくにもその反応の速さには驚かされたのである。しかも、この社説は、原爆が「人類史上空前の強烈な兵器」であり「残酷な破壊力と殺傷力を持つ」ことを指摘しているだけではなく、「科学革命」であり「全世界の科学に献身する科学者に深刻な感慨をもたらした」としているのである。

原爆投下当時の米国大統領トルーマンは、投下直後の八月六日の声明で「原子爆弾は宇宙に存在する基本的な力を利用した革命的な破壊力を持つものである。原子エネルギーを解放できるという事実は、自然の力に対する人類の理解に新しい時代を迎え入れるものである」と言っている。「新華日報」は、このトルーマンの声明を正確に理解しているのである。

さらに私が刮目したのは、この記事は原爆の打撃を受けることは「ファシスト侵略者の当然受けるべき報いだ」としつつ「騙された無辜の日本人は別」としていることである。トルーマンは先に紹介した声明の中で「(革命的な破壊力を持つ爆弾が)極東に戦争をもたらした者たちに対して放たれた」としているが、「新華日報」はそのトルーマンの声明と呼応しつつも、「無辜の日本人は別」としているのである。原爆は「侵略者」と「無辜の民」を区別などしないのだから、そんな区別は意味がないと言うこともできるけれど、政府と人民を区別して論じようとする姿勢には着目しておきたいのである。

日本政府の態度

ところで、一九四五年八月一〇日、日本政府は「新奇にして、かつ従来のいかなる兵器、投射物にも比し得ざる無差別性残虐性を有する本件爆弾を使用せるは人類文化に対する罪悪なり、……帝国政府はここに自らの名において、かつまた全人類の名において、米国政府を糾弾するとともに即時かかる非人道的兵器の使用を放棄すべきことを厳重に要求する」という「米機の新型爆弾に依る攻撃に対する抗議文」を発出している。当時の日本政府は、原爆投下は「人類文化に対する罪悪」であり、「即時に使用を放棄」することを米国に求めていたのである。

その後、政府は、原爆裁判（下田事件、一九五五年提訴、一九六三年判決）において「原子爆弾の使用は日本の降伏を早め、交戦国双方の人命殺傷を防止する結果をもたらした」、「かような事情を客観的にみれば、原子爆弾の投下が国際法違反であるかどうかは、何人も結論を下し難い」と主張している。

そして、現在、政府は「核兵器のない世界の実現を目指して、現実的かつ着実な核軍縮努力を積み重ねていくことが重要」として、核兵器禁止条約に背を向けている。「人類文化に対する罪悪」も「即時の使用放棄」も消えてしまっているのである。政府に初心に立ち返ってもらいたいと思うのは私だけではないであろう。

現在の中国

現在の中国は核兵器保有国である。一九六四年から四五回の核実験を行い、二七〇発の核弾頭を保有しているとされている（長崎大学核兵器廃絶研究センター）。そして、包括的核実験禁止条約（ＣＴＢＴ）に署名しているけれど、核兵器禁止条約を推進しようとする姿勢は見せていない。核兵器に依存していることでは他の核兵器国と違いはないのである。中国も原爆投下直後に「新華日報」の社説で表明された核兵器の威力を理解しつつ、核への依存という「転向」をしているのである。

楊さんは、個人史としての原爆被害は核兵器の非人道性を可視化していることや、中国人被爆者の強制連行・強制労働と原爆被害の「二重の苦しみ」に触れつつ、核廃絶に向けての挑戦と被害者の総括的救済の重要さを提起していた。私も大いに共感するところである。

この日の意見交換会では、朝鮮人「徴用工」についての韓国大法院判決も話題となった。私は、改めて、中国や朝鮮の被爆者の「二重の苦しみ」を忘れてはならないことと、加害の歴史を修正しようとする者たちへの怒りを覚えたものであった。

（二〇一八年一一月一一日記）

13.「非核化の手本見せてと米国に」

非核化の手本見せてと米国に

この川柳は二〇一八年一一月九日の仲畑流万能川柳の秀逸とされている（毎日新聞同日付朝刊）。

仙台のはらほろひさんの作品である。私も秀逸な作品だと喝采を送りたい。

米国政府も日本政府も、また大手マスコミなども、北朝鮮に対しては「完全で検証可能で不可逆的な核廃絶」(CVID) などと言い立てている。けれども、米国に対して核兵器を放棄しろ、非核化しろなどとは言わない。米国は使える核兵器の開発をするというし、日本は「核の傘」を外さないでくれ、外さないでくれたら何でも言うことを聞く、といわんばかりの態度を取っている。

本気で「核兵器のない世界」を求めるのであれば、北朝鮮にだけ核放棄を求めても不十分であることは明らかである。世界には一万四四五〇発の核兵器があるとされ、そのうち北朝鮮が持っているのは一〇発から二〇発だからである。ちなみに、ロシアは六八五〇発、米国は六四五〇発である。北朝鮮を核攻撃で脅しながら「まずお前が全部なくせ」、「それを確認させろ」と迫るのは無理筋であろう。「俺は持つおまえは捨てろ核兵器」というのがナンセンスというのと同様である。私は、こんな主張を白昼堂々と言い立てる神経が理解できないのだけれど、「北朝鮮の核放棄が確認できない限り制裁を解除するな」などと繰り返し大声で言われると「もしかすると自分がおかしいのかもしれない」などと錯覚しそうになる。

そこに、この川柳である。いいねー。スカッとした。わずか一七文字でズバッと世相を切っているのだ。こういう手法を身に付けたいと思う。

そんなことを考えていたところ、朝鮮半島の非核化に向けて米国も核査察を受けるべきだという意見に出会ったのだ。二〇一八年一二月八日、「非核の政府を求める会」主催の「朝鮮半島の平和の激動と日米『核密約』」というシンポジウムでの松岡哲平さんの発言である。

松岡さんは、一九八〇年生まれの、NHK沖縄放送局のディレクターである。このシンポジウムでの報告「NHKスペシャル『沖縄と核』の取材で見えたこと」の報告者だ。

「沖縄と核」は、二〇一七年九月一〇日に放送された番組で、私も興味津々で視聴したことを覚えている。松岡さんは、その番組を企画したきっかけ、沖縄に核が配備された背景、核の誤射事故、日本本土の反核感情の影響、沖縄返還（一九七二年）とは何だったのか、「核査察」をめぐって、などという項目見出しで、ジャーナリストらしくエピソードを交えて興味深い報告をしてくれた（松岡さんの報告は、非核の政府を求める会発行の報告書を参照）。

その中で最も印象に残っているのが「核査察」をめぐっての話である。番組放送後たくさんの反響が寄せられたし、不安の声も高まったという。「かつて沖縄に置かれていた核兵器の実態を明らかにせよ」、「今、沖縄に核兵器があるかどうか明らかにせよ」という声だ。これを受け、沖縄県が外務省に問い合わせをしたところ、その答えは「復帰以前の沖縄に核兵器が配備されていたかどうか承知していない」、「現時点において、沖縄に核兵器が存在していないことについては、何ら疑いがない」というものだったという。結局、「核査察」を求める声はあるけれど、実現はしていないのである。

そんな政府も、沖縄返還交渉時、核抜きの証拠が欲しいと米国に相談したことがあるという。その時の米国の態度は「核抜きの保障は危険な前例となるのであいまいにしておくべきだ」というものだったという。核の存否については肯定も否定もしない（ＮＣＮＤ）のだという。

そこで、松岡さんは、当時の国防長官だったレアード氏を取材したのだ。松岡さんによれば，レアード元国防長官の態度は「米国ファーストの上から目線」だという。米軍に対する「査察」などあり得ないということなのだ。これらは北朝鮮に対しても同様だという。その米国に追随する日本政府、ここがあらゆる問題の根っこにあるのではないか、というのが松岡さんの指摘であった。

朝鮮半島の非核化とは北の核廃棄だけではなく、米国の核兵器が南に配備されていないことも意味している。「完全で検証可能で不可逆的な核廃絶」（ＣＶＩＤ）は双方に必要なのだ。にもかかわらず、北朝鮮に対しては「おまえは丸裸になれ」と迫り、自分たちは「査察」など関係ないとする物の言い方に、松岡さんは怒りを覚えているようであった。

打ち上げの席で松岡さんに確認した。そんなこと言ってしまって大丈夫か、と。アベチャンネルと揶揄されるＮＨＫの中での処遇が心配になったからである。松岡さんは笑いながら、大丈夫だと思います、と答えていたけれど、私の心配は消えなかった。だから、万一解雇されたら撤回闘争を支援するから、と半ば本気で伝えたものだった。

私は松岡さんのような人がいることを心強く思う。けれども、その松岡さんですら「原爆裁判」(下田ケース)についての知見はなかった。まだまだ私たちの運動を広げなければならないと強く思ったところでもあった。

(二〇一八年一二月二四日記)

14.「世界滅亡」まで残り二分‼ どう解消するか

「終末時計」の意味すること

米国の科学誌「ブリティン・オブ・ジ・アトミック・サイエンティスト」が二〇一八年の「終末時計」を発表し、世界滅亡まで残り二分だとしている。この科学誌は一九四五年に創刊され、一九四七年以来毎年「終末時計」を公表しているが、二分前という最悪の事態は、米ソが水爆の開発競争を激化させた一九五三年と米朝が核の威嚇で応酬していた二〇一八年の過去二回だという。いくつかの理由が述べられている(赤旗二〇一九年一月二五日付)。

①核兵器や気候変動という人類が直面する二大脅威が、トランプ米国大統領をはじめ指導者のばらまく嘘で増幅され、解決がより困難になる「異常が日常化する事態」に突入していること。②現在、米ソ冷戦期と同程度の核の脅威があるのは、ロシアからの攻撃などではなく、「手違い」やテロによる核爆発、サイバー攻撃の可能性があること。③米朝が核戦争に突入する可能性は下がったが、非核化がなお進んでいないこと。④トランプ大統領がイラン核合意から離脱し、ロシアとの中

距離核戦力（ＩＮＦ）全廃条約を破棄するなど「世界規模の軍備管理プロセスの完全崩壊に向けた深刻な一歩」が進められていることなどである。

私は、そこに、米国が低爆発力核弾頭（ＴＮＴ換算五ないし七キロトン・広島型は一五キロトン）の製造を開始したことを付け加えておきたい（赤旗二〇一九年二月一日付）。米国は本気で核兵器を使用するつもりだと思うからである。

これをどう受け止めるか

さてそこで、この発表をどう受け止めるかである。この発表にかかわっている人たちは決して無責任な人たちではない。また、そこで述べられている理由も説得的である。「異常が日常化する事態」などは日本にもみられるし、核の脅威についての認識は「核兵器禁止条約」と共通している。朝鮮半島の非核化の進捗状況も予断を許さないし、「軍備管理プロセスの崩壊」も危惧されている。私は「オオカミ少年のたわごと」と済ませることはできない。この問題提起に対して、何ができるのかを考えなければと受け止めている。ここでは、核兵器の問題について少しだけ考えてみたい。

七三年前の帝国議会

「終末時計」が始まる前の一九四六年八月の帝国議会。幣原喜重郎大臣は、核兵器を念頭に「破壊的武器の発明、発見がこの勢いを持って進むならば、次回の世界戦争は、一挙にして人類を木っ端みじんに粉砕するに至ることを予想せざるを得ない」としていた。同年一一月に内閣が発行した

「新憲法の解説」は、「原子爆弾の出現は、戦争の可能性を拡大するか、または逆に、戦争の可能性を収束せしめるかの重大段階に到達したのであるが、識者は、まず文明が戦争を抹殺しなければ、やがて戦争が文明を抹殺するであろうと真剣に憂えている」としていた。「核の時代」において戦争で物事を解決しようとすれば「文明が抹殺される」と予見されていたのである。そして、戦争で物事を解決しようとすれば終末が訪れる、それを避けようとすれば、武力の行使は絶対にしてはならない。そのためには、戦力を持たない、交戦権を放棄するのが一番であるとして、日本国憲法九条が制定されたのである。それを推進していたのは政府である。まだそこには「正常な日常」があったようである。

ラッセル・アインシュタイン宣言

「終末時計」が二分前とされた一九五三年の二年後。バートランド・ラッセルとアルバート・アインシュタインは「たとえ、水素爆弾を使用しないという協定が結ばれていたとしても、もはや戦時には拘束とはみなされず、戦争が起こるやいなや双方とも水素爆弾の製造に取り掛かるであろう。なぜなら、もし一方がそれを製造して他国が製造しないとすれば、それを製造した側は必ず勝利するからである」と宣言している。多くの賛同者を得たこの宣言は冷戦時代のものであるが、核兵器の特性についての鋭い指摘は何ら色褪せていない。米ソの冷戦はすでに過去のものとなっているけれど、人類は核戦争の脅威から免れていないのである。米国とロシアは、再び、核軍拡競争に踏み出したのである。「終末時計」は、それに加えて、「手違い」やテロ、サイバー攻撃の可能性を加えている。これは、二〇〇九年四月、オバマ大統領（当時）が「核兵器のない世界」を言い出した背景とも通底する指摘である。これらも踏まえ、「核兵器禁止条約」は核兵器のない世界が最も安全な世界だとしていることを想起すべきである。「核兵器禁止条約」の発効が求められる。

核兵器の廃絶と戦力の廃絶

戦争に勝つということを目標とする限り、核兵器は対抗手段がないがゆえに有効である。けれども、それが使用されれば「人類の終末」が待っている。そして、核兵器に関する協定など、政治指導者が変われば踏みにじられてしまうことは、現在の事態が証明している。ここに、中途半端な軍縮や軍備管理にとどまらない「核兵器全面廃絶」を希求しなければならない理由がある。

加えて、戦争という制度が存続する限り、核兵器の応酬と人類の存続の危機が継続することになる。ここに、核兵器廃絶を希求するものは、戦争の廃絶、その担保としての戦力の放棄をも合わせて希求する必要性がある。軍事力の強弱、即ち戦争で物事を解決しようとすれば「最終兵器」である核兵器を手放せないこととなり、それが使用されれば、勝者も敗者もない事態がもたらされることになる。核兵器のない世界を望むのであれば、戦争の廃棄をも主張してこそ、より説得的となるのである。

日本国憲法九条は、戦争や武力行使の放棄に止まらず、戦力と交戦権を放棄している。核兵器の廃絶と日本国憲法九条の世界化は、同時に求めなければならない課題なのである。

まとめ

和田進神戸大学名誉教授は、広島、長崎の悲惨な実相は、「人類は一つ」というメッセージを生み出し、世界に伝え、核戦争阻止・核兵器廃絶の国際連帯を生み出した。「核兵器廃絶と憲法九条」の関係は、憲法九条を生み出した大きな要因の一つが核兵器の出現であり、同時に九条・平和的生存権の世界的樹立の物質的基盤は、核兵器の廃絶を求める「世界の平和を愛する諸国民」の連帯した運動にあるという弁証法的な関係にある、としている。(「法と民主主義」二〇一八年一〇月号)。私は、この見識に全面的に同意する。そして、広島、長崎の核のホロコーストを踏まえ、核兵器も戦争もない世界を実現しようとする営みこそが「終末時計」を進めさせず、元に戻す方法だと確信している。

(二〇一九年二月三日記)

15. 「ダモクレスの剣」の下の私たち

「毛髪一本でつるされた『ダモクレスの剣』が大きく揺れ始めた。真下にいる王や廷臣いや人類の運命は、はなはだ心もとない」というコラムがある(「布施広の地球儀」毎日新聞二〇一九年二月八日付朝刊)。米ロの中距離核兵器(ＩＮＦ)全廃条約の失効や中国も含めた核軍拡競争が始まったことを踏まえ、私たちの頭上の「剣」は不気味に揺れ続けているという警告である。

「ダモクレスの剣」とは王位をうらやむ廷臣が王座に座らされ、頭上に毛髪一本でつるされた剣に気が付く故事である（毎日新聞二〇一八年九月二五日付余録）。その余録によれば、ケネディ米国大統領は、一九六一年の国連総会で「人類は核というダモクレスの剣の下で暮らしている。それはいつ何時事故か誤算か狂気により切れる可能性がある」と演説しているという。核軍縮と核実験禁止の訴えである。

私は、この「ダモクレスの剣」の話を、二〇一一年六月一九日（3・11直後）、ポーランドのシュチェチンでの国際反核法律家協会総会で聞いた。元国際司法裁判所副所長クリストファー・ウィラマントリー判事（核兵器使用を絶対的違法とする識者）の講演である。氏は「核兵器と核エネルギーはダモクレスの剣の二つの刃である。核兵器の研究と改良によって鋭利な方はいっそう危険なものになり、鈍い方の刃は原子炉の拡散によって危険なレベルまで研磨されつつある。剣をつるす脅威の糸は、少しずつ切り刻まれつつある。……ダモクレスの剣は日々危険なものになりつつある」としている（「反核法律家」七一号、二〇一一年一〇月）。私たちは、核兵器と原発という二つの刃の下で生活しているのである。布施さんは、その鋭利な方の刃が、鞘から抜かれた状態、抜き身とされたと指摘しているのである。私はこの主張に同意する。

布施さんは、一九四七年夏、マッカーサー元帥が広島の慰霊祭に宛てた「広島の苦難は、すべての民族、すべての人々への警告として役立つ。人間は、最後には人類を絶滅してしまうような手段を握るまでに進むだろう」というメッセージを紹介しつつ、なぜ、その彼が、朝鮮戦争（一九五〇～五三年）で原爆使用を大統領に進言したのかを自問し、「いろんな意見はあろうが、単純に言うなら、『あれば使いたくなる』のが核兵器なのだ」と自答している。

マッカーサーはその回顧録の中で、幣原喜重郎と「戦争を国際間の紛争解決には時代遅れの手段として廃止することは、私が長年熱情を傾けてきた夢だった」、「原子爆弾の完成で私の戦争を嫌悪する気持ちは当然のことながら最高度に高まっていた」などと会話したとしている（『マッカーサー大戦回顧録』四五七頁）。その彼が、広島の慰霊祭にこのようなメッセージを送ったことに違和感はない。けれども、マッカーサーは「もし世界がこの種の戦闘（二度の大戦）を行うとすれば、現代文明の自殺行為となるであろう」ともしていたのである（一九五一年五月五日、上院軍事外交委員会における証言、河上暁弘『日本国憲法第九条の思想的淵源の研究』）。この言明と朝鮮半島で核兵器を使用することを考えたことには違和感を覚えるのである。朝鮮半島での戦闘は東西を二分していたからである。布施さんの疑問は無理からぬものといえよう。

マッカーサーにとって、核兵器は「あれば使いたくなる兵器」だったのであろうという布施さんの指摘を否定する理由はない。

浄土宗の高僧であった岩波昭賢さんによれば、その昔、法然上人は、上人の身に何かあれば使おうと斧を隠し持っていた弟子に、「危険なものは持つな、愚かな人間は手に持つと使いたくなる。持たぬがよい。捨てよ」と諭したという。岩波さんは、核兵器について、「愚かな私ども人間は、持つと使いたくなるという弱点を法然上人は見抜いておられたのです。『捨てよ』と言われた法然上人の言葉に改めて耳を傾けようではありませんかと、「九条の会たつの」で講演している（拙稿

「法然上人の教えから非核法の制定へ」自由法曹団通信一三七一号、二〇一一年二月一一日、本書二〇六〜二一二頁に収録)。

布施さんの「あれば使いたい」という言葉と、この法然上人の言葉は重なっている。

私たちが「ダモクレスの剣」から自由になるためには、核兵器の全廃が必要なのである。現在、核兵器禁止条約の批准国(加入国を含む)は二一か国になった。発効に必要な五〇か国までもう一息である。たとえ発効しても核兵器国はすすんでは核兵器を放棄しないであろう。核兵器国や日本を含む核兵器依存国の政府の姿勢を変えるための努力が求められている。

(二〇一九年二月八日記)

第3章　原発からの脱却

1．「原発事故対策」ＰＴの発足にあたって

はじめに

自由法曹団の東日本大震災対策本部内に「原発事故対策」のプロジェクトチーム（ＰＴ）が設置され、私がチームリーダーとなった。そこで、このＰＴが何をすることになるのかについて、現時点での決意と方針を述べておくこととする。

今回の大震災は、大地震と大津波と原発事故を伴う事態となった。被災された方の胸中を察すれば何とも言葉を失ってしまう。けれども、何かできることはあるはずだし、できることから始めなければと決意している。

とりわけ、原発事故は、現在も進行中の災害であり、その帰趨は予断を許さない状況にある。「最悪の事態」を想定して「最善の対処」が求められている。原発の冷却や放射性物質の拡散防止のた

めに、法律家が何かできるわけではない。関係者の必死の努力に感謝し、その成功を祈るばかりである。

その上で、今回の「原発震災」(石橋克彦神戸大学名誉教授)に対して、どのように考え、どのように対処するのかを展望しなければならない。

今、何が起きているのか

政府は、すでに原子力緊急事態宣言(原子力災害対策特別措置法一五条)を発令している。「異常な水準の放射線量」が確認されたためである。IAEAは、スリーマイル島事故を超えチェルノブイリ事故に迫る重大事故だとしている。また、「広範で深刻な放射能汚染の可能性」(元原子力安全委員会委員長などの「福島原発事故についての緊急建言」)も指摘されている。事故の終息のめどは立っておらず、社会的不安と混乱は増大している。私たちは、「民族的安全が危機に瀕する事態」(不破哲三)を避けなければならない。

人体への影響

今回の事故は、「環境破壊」、「生活破壊」、「労働の機会の喪失」、「風評被害」などを伴っているが、人体への影響も懸念されている。政府や一部の「有識者」は、「直ちには健康に影響がない」としている。その観測された放射線量が健康を害する程度ではないということを根拠としている(本当にそうであれば僥倖である)。けれども、その線量は「基準値」を超えているし、避難指示や屋内避難の勧告も出されている。「安全」と言われても納得できるものではなく、「自主避難」を選択する人たちも増えている。政府の対応は整合性を欠いているといえよう。

しかも、政府の発表は放射線の内部被ばくの脅威については十分に説明していない。内部被ばくの機序は不分明の部分もあるが、その危険性は確認されているところであって、それを軽視することは許されない。

他方、放射線を闇雲に恐れることも控えなければならない。放射線の人体に対する影響や対処策についての蓄積もあるからである。また、今後、対処策も改善されるであろう。恐怖心が先行するパニックは、むしろ、より大きな混乱と不幸を招くことになる。私たちは冷静でなければならない。

当面求められること

現在も、放射性物質が漏出し拡散している。とにかくこれを阻止しなければならない。問題は、その核種、放射線の種類、線量などについて、その計測日時・場所・方法なども含めて生データは開示されていないことである。また、当該原発の構造についての情報（設計図書や構造計算書類など）も開示されていない。「企業秘密」を前提とすれば、開示など無理であろう。今、求められていることは「嘘をつかないこと」、「隠さないこと」である。

そして、それらのデータや情報を基に、東電や政府の影響を受けていない、原発に懐疑的な専門家を含めて、解析と検討がなされるべきである。危険の過小評価はその危険性をさらに高めることになるし、対処が遅れることになる。

この情報開示と専門家の総力結集とを基礎として、統一的な見解と具体的な指示が出されるべきである。冷静かつ合理的な指導部と不退転の現場の作業が求められている。オールジャパン体制の確立である。

東電の責任追及

東電は、今回の事故が「想定外」であったかのようにいう。「異常に巨大な天災地変」(原子力損害賠償法三条但書)を念頭に置いてのものであろう。けれども、それが通用しない弁解であることは明らかである。国会での共産党の論戦、政府審議会での専門家の指摘、地元県議や運動体の申し入れなど、今回の事態は想定されていたのである。更に、東電の無責任さは、現場で作業に当たる労働者を極めて劣悪な環境に置いていることにも現われる。安全性を無視し、効率と利潤追求に血道をあげてきた東電の責任は限りなく重い。

短期的な補償措置要求(例えば、仮払仮処分)はもとより、直接損害にとどまらず、「土壌汚染」や「風評被害」を含めた損害賠償請求を視野に置かなければならない。

合わせて、業界のいうままに原発を推進してきた政府の責任も問わなくてはならない。

原発政策の見直し

原発の危険性は、①核分裂エネルギー利用のそもそもの危険性、②日本は地震列島であること、③核廃棄物処理の困難さ、④核兵器への転用の危険性などである。

しかし、原発はエネルギー供給源である。核兵器が殺傷の道具であることとは違う。彼我の違いは念頭に置かれるべきであろう。また、CO_2を出さないので、温暖化対策にも有効だとされ、「クリーンエネルギー」だの「原子力ルネサンス」などとも言われてきた。

「福島原発事故」はこの①②の危険性を顕在化させた。「原発安全神話」の崩壊である。推進一辺倒だった政策が根本から見直されなければならないのは理の当然である。速やかに全国の原発の安全性を総点検し、危険な炉から停止すべきである。また、原発推進勢力である電力業界を監視し、制御できる強固な機関を設置すべきである。原発に依存しないエネルギー政策の確立も求められている。これは、私たちの社会と生活のあり方そのものを問いかけることにもなるであろう。

おわりに

「福島原発事故」は、これまで私たちが経験したことのない事象である。二度と起きて欲しくない事故である。そのために何ができるのか、何をしなければならないのか、が問われている。

原発問題についての自由法曹団の蓄積はない。私自身も、核兵器廃絶や原爆症認定訴訟に関わってきた経験はあるが、原発問題は門外漢である。加えて、遠い昔の高校時代、物理の成績は十段階の三だった。そんな私が、「原発事故対策」PTのリーダーなどとは思いもよらなかった。皆さんの協力と理解がなければ、空回りするだけであろう。

未曾有の事態に立ち向かうのは、私たちの本懐とするところではなかろうか。ぜひ、皆さん方の力を貸して欲しい。私も、「非力ではあるが、無力ではない」と自分に言い聞かせながら任務を全うしたいと決意している。

（二〇一一年四月六日記）

2．「国策」と「前科」との対決——福島原発事故に立ち向かうために　その1

はじめに

今、私たちの前に、「広範で深刻な放射能被害」が広がっている。新たな「ヒバクシャ」が発生し、大気・海洋・大地の環境汚染が進行している。「警戒区域」や「計画的避難区域」の人々は、故郷を追われ、生活と生産の基盤を奪われている。「出荷制限」で苦しめられている人たちも後を絶たない。私たちは、それ以外のものも含め、その深刻で広範な被害状況を全面的に把握しなければならない。未だ終期が見えない未曾有の事態に対して、全知全能を傾注しなくてはならない。

ところで、この事態は「天罰」でも「神の仕業」でもない。電力資本の事業活動による、生命、健康、環境、自由、財産に対する侵害行為である。「国策会社」である東京電力の営為による「人災」なのである。

他方、この原発事故が「人災」であるならば、その原因を解明し、責任を追及し、再発を防止することは可能である。

そこで、しばらくの間、福島原発事故に立ち向かうために何が必要なのかということについての意見を述べ続けることとしたい。今回は、「国策」の意味と東電の「前科」について述べることにする。最初に、私たちが立ち向かおうとする相手の正体を少しでも確認しておきたいからである。

原発推進の論理と核四政策

原発推進の理由は、「電力の安定的供給」、「地球に優しいエネルギー」、「経済的効率性」などとされてきた。一見もっともらしい理由づけである。そこでは、野放図な電力使用、深刻な事故による環境の放射能汚染や、巨額の損害の発生などは度外視されてきた。その理由づけのいかがわしさを鋭く批判する言説も存在していた。けれども、もはやこの批判の当否を検証する必要はなくなった。今回の事故により、論証ではなく、事実として、これらのキャッチフレーズの欺瞞性が露呈されたからである。

ところで、この原発推進の背景には、わが国政府の核四政策が存在している。①非核三原則の遵守、②核兵器の不拡散、核軍縮から核廃絶へ、③米国の核抑止力への依存、④原子力の平和利用、という政策である。この政策の特徴は、核兵器の廃絶などとはいうものの、核兵器によってわが国の安全を確保するだけではなく、核エネルギーの「平和利用」は承認するというものである。

もちろん、核兵器と原発は異なる存在である。けれども、核エネルギーを使用するということでは共通している。日本の支配層も、中国が核実験に成功した直後、核武装を計画したことがあった。けれども、その選択を現実化することはできなかった。米国が許すはずがなかったからである。その結果の核四政策である。これは、核兵器の独占体制を維持できなくなった米国が、「平和利用」のための核を自国のコントロール下に置くという政策をとり、その政策を前提として、核兵器の保有を潜在的に確保しておきたいと考えたわが国支配層の思惑の産物である。

他方、この体制は、核兵器国と非核兵器国の不平等性を内包する核不拡散条約（ＮＰＴ）として、現代の国際法規範とされている。米国をはじめとする核兵器国、そして核兵器依存国であるわが国政府は、もっぱらの関心を、原発の安全性ではなく、核の不拡散に集中している。不平等性を固定したまま、自国の核の優位性を確保しようという願望である。

なぜ、彼らが核にこだわるか、その理由は「力による支配」の貫徹にある。あのキューバ危機の時、ケネディ大統領は、多くの子どもたちが核兵器の業火で死ぬことをイメージしつつも、核戦争を選択しようとしていたとされている。(旧)ソ連に世界の支配を譲るよりも、地球の滅亡を選択するという発想である。これは、「後は野となれ山となれ」、「我がなき後に洪水は来たれ」などという、将来世代の存在や環境、人権など全く念頭にない無責任な姿勢である。

わが国の支配層の発想も似たり寄ったりである。彼らが、核兵器を国家安全保障のための有効な手段としており、「自衛のためであるならば、核兵器保有が認められる」としていることを想起しなければならない。原発は、核兵器の原材料を確保するうえでは有効な装置なのである。

支配者としての地位を脅かされるのであれば、最終兵器を使う。そのための準備は怠らない。これが「国策」の含意である。

東京電力の「前科」

私たちは、東京電力をはじめ、地域独占企業である各電力会社が、共産党員やその同調者に対する徹底した差別攻撃をかけていたことを記憶している。差別を受けた労働者は、その経済的地位の向上にとどまらず、社会進歩のために、誠実に生き抜こうとした人たちであった。その労働者に対する差別は陰湿かつ巧妙なものにとどまらず、公然としたものもあった。電力会社は、階級意識を持つ労働者を心の底から嫌悪していた。理由は簡単である。資本の意思に従わないからである。資本にとって、抵抗する労働者は「破壊者」でしかないのである。そこには、社会進歩の思想などはもとより、「思想・良心の自由」も、人道も正義も存在しなかったのである。そして、最高裁という司法権力すらその「思想差別」の前近代的違法性を看過することはできなかったのである。

国策との対抗

核兵器という「人類と共存できない悪魔の兵器」を容認する政府と、人を思想で差別する資本が合体し、それを御用学者が太刀持ちをし、巨大マスコミが露払い役を果たした時、人々には、この上ない災厄がもたらされることになる。安全性などは無視され、いたずらに利潤追求のみが優先されるからである。国家権力と電力資本およびその同盟者の強欲と驕慢が、今回の原発事故の遠因である。

物理的暴力（暴力装置）、利益誘導、イデオロギー注入、シンボル操作は、支配のための装置である。原発推進には、これらの支配装置が動員されていたのである。

今回の原発事故に対抗していくことは、この支配装置を総動員した「国策」と、憲法規範など念頭にない電力資本との対抗を意味している。腰を据えてかからなければならない理由はここにある。

他方、この対抗は、現代日本のあり様、すなわち「力による支配」と「ルールなき資本主義」（貧困と格差の承認、環境破壊の放置も含意する）を、正面から問うことも意味している。そして、そのことは、私たちが、どのような社会に生きることを選択するのかということと同義である。そであるがゆえに、原発との対抗は、社会変革への重要な道程となるであろう。

（二〇一一年五月二四日記）

3. 核兵器と原発の「遠くて近い関係」――福島原発事故に立ち向かうために　その2

問題の所在

一九四五年八月六日、広島に最初の原爆を投下した直後、米国大統領トルーマンは声明を出している。彼は、その中で、原子エネルギーについて「宇宙に存在する基本的力」と表現している。「太陽のエネルギー源になっている力」とも言っている。彼は、原子エネルギーの特徴を正確に理解していたのである。米国は、その核エネルギーを大量虐殺と無差別破壊のために使用したのである。そして、トルーマンは、「生産過程の技術面や全ての軍事利用方法を明らかにするつもりはない」、「原子力を、世界平和の維持に資する有力かつ強力な力にすることを検討する」と結んでいる。

それから六五年余りの時が経過している。福島原発事故は、「警戒区域」、「計画的避難区域」、「緊急時避難準備区域」の住民（約一四万人）を「原発難民」とし、作業従事者、関係公務員、地域住民など「新たなヒバクシャ」を発生させている。そして、大気、土壌、海洋などへの環境汚染の広がりは予測すら困難な状況にある。この被害の広範性、永続性、予測不可能性は、他の自然災害などと比較して、まさに「異質」である。

もちろん、原爆被害と原発被害とを同列に論ずることは、原爆被害の圧倒的悲惨さを知る者として、避けなければならない。けれども、原発被害の広範性、永続性、予測不可能性を眼前にした時、両者に共通する非人道性や不正義を認識することも必要ではないかと思うのである。両者は、制御困難な災厄をもたらすという意味で、近似しているからである。

他方、現在の法の世界では、以下に見るとおり、核兵器と原発とは、まったく異なる位置付けが行われ、遠い存在とされている。原爆と原発のこの「遠くて近い関係」を認識した上で対処が求められているのである。

核兵器の法的地位

ＮＰＴは、非核兵器国の核兵器保有を禁止している。国際司法裁判所の勧告的意見（一九九六年）は、核兵器の使用や使用の威嚇は、国家の存亡が危殆に瀕するなどの自衛の極端な状況はともかくとして、「一般的に違法」としている（いかなる場合も「絶対的に違法」とする意見もあるが）。あわせて、核兵器国は核軍縮のために、誠実に交渉し、それを完結させるべきであるとしているのである。

二〇一〇年のＮＰＴ再検討会議においても、「核兵器のない世界」を目指すという政治的意思を前提に、そのための「法的枠組み」の形成、例えば「核兵器禁止条約」の制定などが合意されている。

核兵器は、国際社会において、その政治的、軍事的有効性を前提とする「核抑止論」の抵抗は根強いものの、「合法性」を失う存在となろうとしているのである。

そして、日本政府は、米国の核抑止力に依存するとして、核兵器の拡散には反対しているのである。

原発の法的地位

他方、「原子力の平和利用」(もちろん原発も含意する)は、NPTにおいて、加盟各国の「奪い得ない権利」とされている(四条)。そして、「原子力の安全に関する条約」も、「原子力の利用が安全であり、十分に規制されており及び環境上適正であることが国際社会にとって重要であることを認識し」(前文)として、原子力利用の安全性確保が可能であることを前提としているのである。原発は、核兵器と異なり、その保有や利用は「奪いえない権利」とされ、現実に拡散しているのである。

わが国政府は、この間、「原子力の平和利用」を国策として推進してきただけではなく、今回の原発事故の現実を目の当たりにしながらも、未だ、その道からの決別を選択していない。この背景に、核兵器に依存しようとする「力の支配」志向と、利潤追求を至上命題とする電力資本との癒着構造があることは、容易に推認できるであろう。

原発推進の論理とそれへの対抗

このような事情を背景に、原発は、「電力の安定的供給」、「地球環境の保全」、「経済的効率性」などをキャッチフレーズに、その危険性を無視しながら、設置され続けてきた。そして、現在も稼働している。そうすると、原発を廃止しようとするわれわれは、そのキャッチフレーズの欺瞞性を暴き出すことだけではなく、その危険性を明らかにし、かつ、原発の「法的地位」を剥奪しなければならないことになる。

「電力の安定的供給」ということでいえば、原発に依存しないエネルギーの開発と電気エネルギーの利用方法の検討が課題となるであろうし、「地球環境」との関係でいえば再生可能エネルギーが、「経済的効率性」との関係でいえば事故が発生した場合の「費用」が、それぞれ問われることになるであろう。

危険性については、核エネルギーの、廃棄物処理問題も含めた、そもそもの危険性にとどまらず、地質学的、地政学的危険性も問題とされるべきであろう。日本政府は、核のテロリストへの拡散阻止には熱心であったかもしれないが、これらの危険性についての認識は余りにもお粗末であったのである。

今回の原発事故は、人類は未だ、核エネルギーをコントロールするための十分な知識と技術を持ち合わせていないことを、事実をもって示している。誠実な原子力技術者はその「敗北」を認めざるをえないであろう。そして、日本列島が、地震や津波から自由であるなどとは誰も言えないであろう。いわんや、そんな無理や無謀を冒さなければならない理由もない。

結局、原発依存からの脱出が求められているのである。

「法的地位」の剥奪

問題は、原発の「法的地位」である。原子力の平和利用は、国際法上、各国の「奪い得ない権利」であるから、他国に対してそれを放棄しろということはできない。けれども、わが国が、その権利を放棄するかどうかは、わが国の国家意思によって決定することができる。国家意思は、主権者である国民の意思によって形成されることになる。その主権者にどのように働き掛けるか、それが問題となる。

まずは、今この事故によって何が引き起こされているのかという現実をありのままに見ることであろう。故郷を追われ、地域共同体は破壊され、永年にわたって健康への不安にさいなまれ、「原子力損害賠償紛争審査会」の枠組みから排除されるかもしれない人々の存在を忘れてはならない。将来世代の健康や環境汚染も視野におかなければならない。ことは、現在を生きる世代だけではなく、将来の世代の生存条件、したがって人権の基礎にかかわっているのである。

規範の問題として提起すれば、現在の損害を、従来の法理論を適用して賠償すればよいというだけでは、あまりにも情けない「法理論」ではないだろうか。単なる損害賠償にとどまらず、この原発事故が、人間社会に何をもたらしているのか、何を警告しているのかを真剣に考察すべきであろう。

原発事故は、間違いなく、非人道的で不公平で不正義な被害をもたらしているのである。法の根本には、人道と公平と正義がある。原発事故がこれらの価値を侵害しているのだから、被害者に諦念を強制するのではなく、原発の「法的地位」を剥奪すべきであろう。核兵器は、「人道と正義」と相容れないことを理由として「無法者」とされようとしている。核兵器の廃絶を求めることと、原発の廃止を求めることは、人間が、何を価値とし、何を規範とするかという意味で、通底しているのである。

（二〇一一年六月二二日記）

4. 法律家として期待されること——福島原発事故に立ち向かうために　その3

原発災害の発生

二〇一一年三月一一日、巨大地震と大津波が東日本を襲い、多くの犠牲者と被災者を出しただけではなく、原発事故を誘発した。地震と津波によって全ての電源が停止したために冷却装置が機能せず、原子炉の制御が不能となり、水素爆発が起き、大量の放射性物質が環境に放出されたのである。大気、海洋、大地が汚染され、その環境への負荷はいまだ正確に把握できない状況にある。「広範で深刻な放射能汚染」の発生である。環境が汚染された時、それは、空気、水、食物への悪影響を伴うがゆえに、人々の生存と生活はその根本から危険に曝されることになる。

すでに「警戒区域」、「計画的避難区域」などの指定により、居住地からの退去を迫られ、生活と生産の基盤を失った「原発難民」が発生している。

また、原発事故現場での作業員、自衛隊員・消防隊員・警察官などの関係公務員、地域住民などへの放射線被害も懸念されている。放射線被害がいつ顕在化するかという不安を抱える「新たなヒバクシャ」の発生である。

このように、原発事故は未曾有の被害をもたらしている。原発災害は、その空間的、時間的、社会的な深刻さからして、他の自然災害や事故とは「異質」であるとの指摘は正鵠を射ているといえよう。

原発災害は人災の側面を持つ

この原発被害は、大地震や津波がその一因となっていることは否定できない。他方、政府や東京電力は、地震や津波の影響による全電源喪失の危険性や、そのことによる原子炉が本来的に持つ危険性の顕在化が指摘されていたにもかかわらず、その対処策をとってこなかった。深刻な事故は発生しないとしてきたのである（「安全神話」）。ここに着目すれば、予見されていた危険を回避すべき義務を尽くさなかったという意味で人災である。

もし、ある災害が人知の及ばない力に起因するものであるならば、それは「不幸な出来事」として、復旧や復興に努めるしかないであろう。けれども、ある事故が人災であるとすれば、その原因究明もさることながら、責任追及や再発防止も必要になるであろう。法律家は、自然現象を直接取り扱う立場にはない。他方、責任追及ということであれば、法規範の分野ということになり、法律家の出番ということになる。

問題は、今回の原発事故のように、大地震と津波という「天変地異」と「人災」が競合した場合、法律家はどのように関与するのかということである。

最初に、実務的な損害賠償レベルの問題で考えてみよう。

原子力損害賠償法三条但書

原子力損害賠償法三条但書は、「異常な天災地変」による損害については、原子力事業者は免責されるとしている。

原発災害の被害者が、原子力事業者である東京電力に対して、損害賠償請求をした場合に、東京電力の代理人は、その被害が「原子力損害賠償紛争審査会」の「指針」の範囲内にあれば、その但書を援用して争うことはしないであろう。無駄な抵抗になる可能性が高いだけではなく、外聞が悪いからである。けれども「指針」の範囲外の損害賠償を訴求された場合には、この条項を援用するであろう。援用可能な条項があるにもかかわらず、それをしないことは、弁護過誤との誹りを受ける可能性があるからである。

ここでは、「人災」の側面を極小化し地震と津波にその原因を求める論理と、そうはさせないという論理とが衝突することになる。被害者の立場に立つ法律家は、東電の責任を所与のこととする論陣を展開し、東電の立場に立つ法律家は、東電の責任を免責すべきであると主張することになるであろう。このような事象は、われわれが、日常の事件処理の中で、いやというほど経験していることである。このことを忘却して事に当れば、足元を掬われる可能性があるであろう。

「審査会」の指針をめぐって

また、その前段として、「原子力損害賠償紛争審査会」がどのような「指針」を提示するかという局面でも、法律家の役割が重要となる。なぜなら、その「指針」は、被害者の損害賠償の範囲を画する上で、建前はともかくとして、現実的には重要な役割を果たすことになるからである。これまでの不法行為論によれば、加害と被害との間に「相当因果関係」があれば加害者に賠償責任があるとされている。もちろん、被害者に損害が発生していなければならない。そして、損害の発生と「相当因果関係」は被害者が主張・立証することとされている。この伝統的な理論に立脚する限り、被害者側の負担は決して小さくないのである。

「審査会」がどのような「指針」を提示するかということは、無限に拡大する被害を資本の活動の妨害にならない範囲に限定するという不法行為論の存在理由が、本件原発事故の場合にどのように機能するかという問題なのである。

被害者の側に立つのか、加害企業の側に立つのかという対立である。公害・環境裁判などにみられた構図といえよう。被害を出発点にするのか、原子力事業の健全な発展をも法的保護とするか（原賠法はこれを前提としている）というテーマである。ここでの論点は、現行の原賠法の構造を前提とするのか、それともその転換をも求めるのかということになる。ちなみに、「審査会」は従前の不法行為論で事足りるという立場である。

「審査会」がこの構造を前提としている限り、「指針」の解釈と運用をめぐって、厳しい対立も生ずるであろう。被害者側の立場に立つ法律家の力の発揮しどころになる。他方、紛争解決を優先する立場からは、「足して二で割る式」の「和解案」が提示されることも少なくないであろう。

原子力の「平和利用」をめぐって

しかしながら、このような損害賠償に関わる法的論点だけではなく、そもそも、原子力の「平和利用」を容認する法秩序を、このまま継続するのか、それとも転換を求めるのかということが問われなければならない。

現在、NPTは、原子力の「平和利用」は、締約国の「奪い得ない権利」としている。核兵器が、法の世界では容認されえないとする動きが強まっていることと対比すれば、原子力の「平和利用権」の法的地位は格別に高いものとされているのである。

そうすると、原発を廃止する方向で法的論理を構築するには、この法体系を転換するための価値と論理が求められるということになる。

この場合、核兵器廃絶を求める価値と論理が、原発廃止を求める価値と論理と重なり合うのか、それとも違いがあるのかというテーマとなる。

核兵器廃絶を求める理由は、被爆者が断言するように「核兵器と人類は共存できない」ということにある。これと同様に「原発と人類は共存できない」という命題が成立するかということである。現行法体系（国際法も国内法も含めて）、後者の命題は排除されている。原発の廃止を求めるということは、現行法の体系の転換を求めることを含意している。

法律家として原発の廃止を求めるということは、思想や運動の分野を超えて、法規範や法体系、従って国際関係と国家の構造を視野に置かざるを得ないことになる。それは端的にいえば、法の基礎にある人道や正義が、原発を許容するのか、それとも排除するのかというテーマである。

私たち法律家は、原発事故が人々にもたらしている災厄を真剣に受け止め、人類という種がこの地球で生存し続けるために、法と法律家がどのような役割を果たすことになるのかを、主体的に考え、行動することが求められているのである。

（二〇一一年八月二〇日記）

5. 世論は割れている——福島原発事故に立ち向かうために　その4

世論は割れている

福島原発事故の収束はいまだ見えていない。「冷温停止」が達成されていないだけではなく、放射能汚染は拡大し続けている。収穫された米から暫定基準値を超える放射性物質が検出され、子どもたちの累積被曝線量が年換算で一ミリシーベルトを超えたとの報道もなされている。除染や損害賠償も遅々として進捗していない。被災者たちの不安は日々増大している。にもかかわらず、電力会社や政府は、停止中原発の再稼働を急ぎ、原発輸出手続は進行している。

そして、原発の維持・拡大か、縮小・廃止かで世論は割れている。「日本は二つの領域に分断された。引き続き原発依存型の経済成長と繁栄を求める人々の日本と、今度という今度こそはそこから脱却しなければならないと考える日本に」（山田孝男毎日新聞編集委員）といわれている。

戦争との対比

ところで、この「3・11」を「戦争」、「空襲」、「原爆投下」、「敗戦」と対比する言説も現れている。作家・高橋源一郎は、この現象について、「崖から落ちる者の脳裏には、落下していく僅かな時間に、過去のすべての風景がよみがえるという。ならば、『3・11』という、凄まじい落下は、日本人が忘れていた過去の記憶の封印を解いたのかもしれない」と指摘している。フリージャーナリストの綿井健陽は、「東電だけではなく、この国ではマスコミも政治も経済も、お互いにもたれ合うような構造で、『安全な』原子力発電を宣伝する虚構体制を続けてきた。そんな国策の後始末のために、いま実際に危険な放射能を浴びて作業をしなければならない原発労働者は、有事に徴兵される『兵士』のようにも見える」としている。東京大空襲時に一〇歳であった入江昭ハーバード大学名誉教授は、「頻繁な停電も、物資の買いだめも、政府から与えられるわずかな情報への不信感も、一九四五年当時のようであった。……特に福島原発事故が深刻化するにつれて高まった不信感、これから日本はどうなっていくのだろうという不安感は、敗戦前夜の心理状態と通ずるものがあったと思う」と述べている。広島平和研究所講師の高橋博子は、原発事故での政府の対応について、「残留放射線・内部被曝の影響を軽視しつつ、『直ちに影響はない』とするもので、これは、原爆投下時に日本政府が行った、地面に伏せるか建物の陰に隠れれば、『新型爆弾は恐れることはない』と同類のものであった。……大本営発表や核実験当事者が繰り返してきた言説を出し、同じような過ちを犯そうとしている」と批判している。

いずれの言説も、六六年前に終結した「戦争」との対比で、今回の事態の深刻さと政府の無策を指摘している。これらの指摘は傾聴に値するものである。

確かに、私たちが直面しているのは、あの大戦後の「戦後処理」にも匹敵する困難な課題なのである。しかも、この国はあの戦争を十分には反省していない政府の下にある。その政府と対峙しながら、高度成長期の「栄耀栄華」や「太平の夢」を経験した人々とともに、その事業を達成しなければならないのである。私たちは、国論が二分されていること、政府も議会も財界も知識層もジャーナリズムも、もちろん対抗する勢力はあるが、「脱原発」を優先していないこと、私たちも経済成長の恩恵を受けてきたこと等を視野において、この課題に取り組まなければならないのである。そのための方策を探ってみたい。

何人かの識者の提言

参考になるのは、何人かの識者による提言である。いくつか紹介しておくこととする。ノンフィクション作家の柳田邦夫は、「避難者へ見通しを示せ」と提言している。災害や事故に関する情報が被災者や一般国民にとって有効な意味をもつためには、少なくも四つの条件が必要だとしている。①何が起きているのか正確な状況把握。②これからどうなるのかの見通し。③一般の人にもわかりやすいこと。④日常から起こりうる事態に対する対応策（避難を含む）についての啓蒙活動などである。その上で、柳田は今回の政府の対応はいずれにおいても失策だったとしている。原発被災者や私たちの想いからすれば、余りにも初歩的な指摘であり、政府の無策・無責任さはここに極まれりというべきであろう。

先に紹介した入江昭は、「孤立ではなく世界と連帯」を、と呼びかける。「二〇世紀半ばに世界を相手にした日本が、二一世紀初頭に国際社会から支持や支援を受けている。日本としても国内経済や社会の立て直しを図ると同時に、そのような国際社会が一層強固なものとなるように努力を続けていくことが歴史的な任務ではなかろうか」というのである。原発事故が国境を超える事態であることからすれば、視野におかなければならない視点であろう。

同じく、高橋源一郎は、「原発」のような「政治的」問題は、遠くで、誰かが決定するもの。私たちは、そう思い込み、考えまいとしてきた。だが、そんな問題こそ、私たち自身が責任をもって関与するしかない、という考えに共感を示し、そこに新しい「公共性」への道を見出したいとしている。主権者のあり方と、公共性についての洞察といえよう。

文芸評論家の加藤典洋は、「『非核』選択こそ被爆者に応える」としている。国連安保理常任理事国が核兵器国であり、核兵器の使用が国際法違反とはみなされていない中で、原爆被爆者の、核が平和のために転用されることが、気持ちを落ち着かせる面があった、との言葉を援用しつつ、「原発をどうするか。被爆者のこの認識に照らし、判断されなければならない。なぜ、被爆者たちが平和利用に夢を託すしかなかったか、その背景を見ず、自らの関与を忘れ、安全対策をないがしろにして、私たちは、今回の事故を迎えた。……原爆投下から六六年。私たちもそろそろグラウンド・ゼロに還る必要はないか。これからは、非核の選択が、被爆者たちの祈念に、応える道であろう」と結ぶ。核兵器廃絶と被爆者支援に多少なりとも携わり、核兵器も原発もなくしたいと考えている私にとっては、心にしみるメッセージである。

海外の識者の主張も聞いてみよう。ゲアハルト・シュレーダー前ドイツ首相は、脱原発について、「中・長期的にみれば経済的、今世紀半ばまでには当たり前になる」としている。ドイツの脱原発への転換の理由は、原子力は人類が制御できない科学技術であること、再生可能エネルギーに投資したかったこと、使用済み核燃料の処分先の解決策がなかったことであるとしている。そして、原発のない世界は可能かとの質問に対して、「私は生きていないかもしれないが、二〇五〇年にはその質問自体が笑われてしまうはずだ」と対応している。

平和学の泰斗であるヨハン・ガルトゥングは、脱原発と東アジアでの非軍事共同体の形成という「二つの大転換」を提言している。民生のエネルギー源である原発も、ひとたび地震や津波で危険な状態にさらされれば、原爆と同様に放射性物質をまき散らす。原爆の被害者であり植民地支配の加害者である事実を受け止め行動する指導者が日本に必要だという見解がその背景に存在している。そして、「苦境を克服しようとする日本に賞賛の気持ちを抱く。力強い市民社会が被災者支援のために一つになり、女性やＮＧＯの伸長など目覚ましい底上げをわれわれは目撃している」と結んでいる。

ノーベル平和賞受賞者のワンガリ・マータイは、人類の能力には限界があり、コントロールできないものがあることを理解しなければならないとしている。そして、私たちにこう呼びかけている。「自然の力に謙虚になる一方で、勇気と希望を持ち続けなければならない。人類は立ち直れる。太陽は沈んでも再び上る。日本は日の昇る国だ」。

最後に、米国の作家であるレベッカ・ソルニットの「市民は連帯し、政治を変える」という提言にはこのような一節がある。彼女は、大災害で得た力を市民はどう生かすべきかという問いに次のように答えている。「まず、他者を助ける喜びや平常時もそうした助け合いが起きていることを認識する。そして、『社会は競争だ。一歩でも敵を欺けば勝ちだ』といった偏見にとらわれない。人間は元々苦しくても『意味をもつ苦しみ』は拒まないものだ。また、政府の役割は何か、自分たちはどんな社会を望むのかを、じっくり考えてみることも大事だ」というのである。

今、求められていること

今、私たちは、直接的かつ具体的には、原発の再稼働を阻止すること、速やかな除染を進めること、適切な損害賠償を獲得すること等の行動が求められている。けれども、その進捗を阻む勢力も厳然として存在し、かつ手強い抵抗の姿勢を示している。この直接的かつ具体的な実践を、最大限進める必要があることはもちろんである。しかしながら、これらの課題を実行する上でも、私たちは、この国と人類社会の未来を決することになる歴史的なたたかいの渦中にあることも忘れてはならないであろう。

ここに紹介した、被災者に寄り添い、政治のありように異議を唱え、何をなすべきかを示唆している提言は、その自戒の念を私たちに提供してくれているのではなかろうか。

(二〇一一年一二月一二日記。敬称及び掲載紙略)

6. 原爆被爆者のたたかいに学ぶ――福島原発事故に立ち向かうために　その5

福島原発災害は放射能汚染とのたたかいである

福島原発災害は人々に恐怖と不安を与え続けている。放射能がわが身と自然環境や社会的諸条件に、悪影響を与えることを知っているからである。放射能汚染は、大気、海洋・湖沼、土壌に広がっている。避難地域の共同体は機能不全に陥っている。「自主避難」を選択する人としない人との間での軋轢が増幅している。「日本はひとつ」がむなしく響いている。これらの事態が改善される見通しは立っていない。放射能の全面的除染など不可能だからである。

今、私たちは、異質な危険性をもつ事態に直面しているのである。

原爆被爆者のたたかいに学ぶ

私たちはすべてを失っているわけではない。原発事故に負けるわけにはいかない。

ここでは、原爆被爆者のたたかいを紹介する。原爆被爆者と原発事故被曝者は違うという人もいる。原爆は、度外れた熱線や衝撃波・爆風、放射線を伴う兵器であり、周辺は屍と瓦礫の街と化した。他方、原発事故は、外観的には建屋の崩壊程度であるし、そもそも原発は兵器ではない。けれども、放射性物質が放出されたという点では、何の違いもない。セシウム137の単純比較では、福島原発事故での放出量は広島型原爆の一六八・五個分に相当するという。放射能とのたたかいでは原発事故の方が深刻といえよう。

ところで、多くの人の戦争被害は、一九四五年八月一五日に一応終息した。けれども、同年一二月末までに、広島と長崎では、合計二一万人の人々が原爆の影響で死亡している。原爆被爆者の苦しみは敗戦によっても終息しなかったのである。そして更に、被爆者は、原爆放射線に起因する疾病で苦しめられ続けるのである。

もちろん、原爆被爆者の苦しみは、病気だけに止まるものではなかった。貧困や差別、心の傷など、生存と生活の全分野に及んでいた。他方、政府は、被爆者の苦難を放置し続けたのである。けれども被爆者はめげなかった。自分たちを苦しめている核兵器の廃絶と原爆被害者（死者も含む）に対する国家補償を求めて、粘り強く活動を続けてきた。その成果のひとつが「原子爆弾の被害者に対する援護に関する法律」（被爆者援護法）の制定である。

被爆者援護法は、被爆者が罹患している疾病が、原爆放射線に起因し、医療の必要性があれば、厚生労働大臣が「原爆症」と認定して、「医療特別手当」の支給などの援護策を採るとしている。しかし、厚労大臣は、容易に「原爆症」の認定をしなかった。米国の核実験のデータに基づく原爆放射線の影響や不十分な疫学調査を根拠とする「審査の方針」（基準）を制定し、その基準に当てはまらないと放射線の影響は受けないとして、認定申請を却下したのである。

そこで、原爆被爆者は、国の基準は被爆者が体験している事実を無視している、国の基準を機械的に当てはめて被爆者を切り捨てるのは許されないとして、「原爆症認定集団訴訟」を提訴したのである。

裁判所は、国の基準は原爆投下後の初期放射線の直接被爆に着目するだけで、残留放射線による内部被曝などを軽視するものであって不十分である。認定に当たっては、被爆者の被爆前後の健康状態などを総合的に判断するべきであるとして、原告の請求を認めたのである。連続する原告勝訴判決や、国会議員の活動、支援団体の運動、マスコミ報道などと相まって、麻生太郎首相（当時）は被爆者の代表との間で、訴訟終結の「確認書」を作成し、被爆者と厚労大臣の定期協議、「審査の方針」の見直しなどを約束したのである。

ここでも被爆者は、大きな成果を獲得したのである。（『原爆症認定集団訴訟　たたかいの記録』が、日本評論社から刊行（二〇一一年）されている。大江健三郎さんは、「隅々まで偉大な本」と絶賛している。）

被爆者は高齢であり、病気を抱えている人も多い。まさに、命がけだったのである。私たちは、そのたたかいに括目しなくてはならない。

原爆被爆者のたたかいの持つ意義

原爆は兵器であり、原発は民生用の施設であって、同列に論ずるのはおかしいという意見がある。けれども、原爆も原発も、核エネルギーを利用するということでは共通している。核エネルギーの利用は大量の「死の灰」を発生させる。人類は、その「死の灰」、即ち放射性物質と対抗する手段を持っていない。放射性物質は、軍事利用であれ平和利用であれ、人間に襲いかかるのである。この襲撃とどうたたかうのか。その先駆的実例が原爆被爆者のたたかいである。

原爆被爆者は、「死の灰」が人間に何をもたらすかを、身をもって示している。その「生き証人」は、自らに困難と苦しみをもたらした原因を見抜き、「ふたたび被爆者をつくらせない」を合言葉に、たたかい続けてきた。その営みなくして、国は何らの「援護策」を講じなかったであろう。

福島原発事故と対抗するために、原爆被爆者のたたかいを検証する必要がある

また、「原爆症認定集団訴訟」における最大の争点は、初期放射線を直接被曝しなければ放射線の影響は受けないのか、即ち、残留放射線の被曝は無視できるのか、ということにあった。裁判所の結論は、残留放射線の影響を無視できないとしたのである。司法は、その任務を果したといえよう。

いま問われているのは、低線量放射線の長期にわたる被曝（福島原発事故の特徴）にどう対処するかである。もちろん、この集団訴訟がその全ての回答を用意しているわけではない。けれども、何かしらの示唆を提供することは間違いない。

「原発と人権」全国研究・交流集会in福島

二〇一二年四月七日、八日に、福島大学で開催される第一回「原発と人権」全国研究・交流集会では、被爆者のたたかい、とりわけ「原爆症認定集団訴訟」の成果と到達点を福島原発事故と対抗するために、被爆者のたたかいを、どのように活用できるかの分科会を開催したいと考えている。また、全体会でも、被爆者のたたかいの特別報告も予定されている。大勢の皆さんの参加を呼び掛ける。

（二〇一二年二月一四日記）

7．ビキニ環礁水爆実験ヒバクシャを忘れない——福島原発事故に立ち向かうために　その6

大石又七さんの存在

毎日新聞二〇一二年二月一六日付朝刊は、「『死の灰』の教訓どこへ」と題する元第五福竜丸乗組員の大石又七さんの記事を掲載している（以下の記述は、その記事に依拠している）。

一九五四年三月一日（「三・一ビキニデー」の起源である）、米国は、南太平洋のビキニ環礁で、水爆実験を行った。コードネーム「ブラボー（万歳）」という水爆の威力は、広島型原爆の一〇〇〇倍といわれている。水爆は、海域の珊瑚礁を破壊した。珊瑚は、放射能を帯びた「死の灰」となって、マグロはえ縄漁船第五福竜丸に降り注いだ（「原爆マグロ」の発生）。二〇歳になったばかりの大石さんもその「死の灰」を浴びた。「死の灰」は、船のデッキに足跡が残るぐらい積もったという。「体に触れても熱くもなく、匂いもないので怖くはなかった」と大石さんは述懐している（放射能は五感で感知できないのだ）。

乗組員の被曝量は正確にはわかっていないが、二〇〇〇ミリシーベルトから三〇〇〇ミリシーベルトと推測されている（帰港までの二週間の内部被曝も含まれる）。乗組員で最年長の久保山愛吉さん（当時四〇歳）は、急性放射能症で半年後に死亡している。大石さんは頭髪が抜け、白血球も減少したが、一年二か月の入院生活を経て退院することができた。

けれども、大石さんの苦悩は決して終わったわけではなかった。大石さんを待っていたのは、被曝者への差別や偏見、受け取った「見舞金」(日本政府は、米国から七億二〇〇〇万円を受領し、それで「決着済み」とした）支給に対する妬みの感情だった。借金の肩代わりを求められたり、娘さんの結婚話も二回破談になったりした。被曝者とその家族というだけで、世間から「人間から外れたもの」と見られた、と大石さんは無念そうに言っている。

当初、大石さんは、「被曝の過去を忘れたところで、人混みにまぎれて暮らしたい」と思っていた。けれども、仲間の乗組員が癌などで次々と亡くなっていくのを見て、「このまま黙っていていいのか」、「当事者である自分がしゃべらなければ、事件は闇の中に消えていく。声を上げていくしかない」と決意する。そして、各地で、放射線や内部被曝の恐ろしさを訴え続けるのである（私は、二〇一〇年五月、ニューヨークで、大石さんの話を聞いている）。

現在の受け止められ方

震災後、大石さんの話は「他人の哀れな話」ではなく、「自らの深刻な話」になったという。大石さんは、「ビキニ事件と原発事故は、内部被曝を引き起こすという意味では全く同じです。私が吸ったり浴びたりしたのは約二週間だが、福島の人たちは、その中で生活している。目には見えないが、測定器を当てれば反応が出る。本当に戸惑っていると思います」と言う。そして、国際競争で負けたくない指導者たちには、被曝の健康被害を重く見ることに抵抗するから任せられないと強調する。

確かに、根拠薄弱な「収束宣言」を出し、原発の「再稼働」を急ぎ、輸出を推進する「指導者たち」の姿を見ていると、大石さんの指摘はその通りと頷ける。ビキニ被曝に際して、米国の責任を追及せず、被曝者への支援を十分にしなかった当時の「指導者たち」と現在の「指導者たち」の姿勢は、完全に重なり合うのである。

さらに大石さんは、「一般の人たちがもっとレベルを上げて考えないと、この問題は何時まで経っても解決しませんよ」と続ける。私は、この大石説を、妬み根性や差別意識や偏見に囚われて事の本質を見ようとせず、政府や東電あるいは「原子力ムラ」に巣くう「専門家」たちの情報操作に踊らされていては、「いつまでたっても問題は解決しませんよ」という意見として受け止めたいと思う。なぜなら、この国の政治的「指導者たち」は、国民多数派の支持をその正統性根拠としているからである（もちろんこのことは、この国の政治的「指導者たち」を、国民の手で転換できることを含意している）。

大石さんの現状

大石さんは、狭心症や心筋梗塞などの症状の改善、喘息の発作の予防、感染症の治療などのために、一日約三〇種類の薬を飲んでいるという。肝臓がんの摘出手術を受けたこともあるし、不整脈、白内障もあるという。

ビキニ事件をきっかけに一九五七年に設立された放射線医学研究所で、年一回の健康診断を受けていたが、それもやめたという。結果を問い合わせても詳細なデータを示してくれないし、自分たちは研究材料に過ぎないと感じたからだというのがその理由である。原爆被爆者を治療の対象ではなく、「研究材料」としていたＡＢＣＣ（原爆傷害調査委員会）の姿勢と相通ずるところがあるといえよう。そして、国は、大石さんの症状と被曝との因果関係を認めていないという。だから、大石さんは、現在も通常の健康保険で治療を続けているという（もっとも、仮に、国が因果関係を認めたとしても、そのための措置を根拠づける法令は存在していないのだが）。

国の冷酷さ

原爆被害者に対する援護措置は、不十分さはあるとしても、ある程度講じられている。けれども、ビキニ水爆実験の被曝者である大石さんは放置されたままである。このことは、福島原発事故被災者に対する態度と重なり合う。政府は、一八歳未満の子どもたちの継続的健康診断すら拒否しているのである。

大石さんは、「過去の被曝者から得た教訓を生かそうとしない限り、私たちが歩んできた苦難の道は繰り返されるのではないか」と指摘している。

私は、大石さんのこの言葉が耳に痛い。それなりに、ヒバクシャの実情を知っているつもりでいた自分の半可通さを思い知らされたからである。そして、改めて、ヒロシマ・ナガサキにとどまらず、核実験やその他のヒバクシャの実情を知らなければならないこと、政府の無責任さと資本の強欲さを確認することの重要さを自覚したいと考えている。

大石さんの「生の声」を二〇一二年四月八日の福島大学での「第一回『原発と人権』全国研究・交流集会」の第五分科会「原水爆被爆者の運動に学ぶ――広島・長崎から福島へ」で是非聞いてほ

しいと思う。

（二〇一二年三月一二日記）

8．被爆者のたたかいがフクシマに伝えること　原爆症認定集団訴訟の教訓
——福島原発事故に立ち向かうために　その7

原爆症認定集団訴訟は、広島・長崎の被爆者が、自らの疾病は原爆放射線に起因する「原爆症」であるとして、それを否定する厚生労働大臣の処分の取消しを求めて、全国各地の裁判所（一七地裁）に提起した行政訴訟である。原告総数は三〇六名であった。

この裁判は、二〇〇三年に提起され、二〇〇六年の大阪地裁を皮切りに、全国各地の裁判所で勝訴判決（却下処分の取消し）を積み上げてきた（三〇判決）。

裁判所は、原告らに放射線の影響は及ばないとする被告の主張を排斥し、原告の疾病は、原爆放射線に起因するとしたのである。裁判所は、争点とされていた残留放射線による内部被曝の影響について、原告の主張を採用したのである。

その連続する勝訴を背景に、二〇〇七年八月、安倍晋三首相（当時）が認定基準の見直しを発言し、二〇〇八年四月には、「新しい審査の方針」が策定され、二〇〇九年八月には、麻生太郎首相（当時）との間で「原爆症認定集団訴訟の終結に関する基本方針に係る確認書」（確認書）が締結された。

そして、同年一二月には「原爆症認定集団訴訟の原告に係る問題の解決のための基金に対する補

助に関する法律」(基金法）が制定され、敗訴原告に対する処遇が確立し、集団訴訟の終結が視野に入ったのである。

このように、原爆症認定集団訴訟は、裁判所、政府、国会という国家の統治機構全体を動かし、敗訴原告を含む被爆者の救済を実現することができたのである。

この成果は、日本裁判史上、画期的なものであると評価できよう。

この特筆すべき成果を獲得できた要因は、第一に、原爆被害の実相があまりにも非人道的・犯罪的であったこと、第二に、その悲惨さが法廷で立証され、裁判官がその事実を無視できなかったこと、第三に、政府も国会も、その裁判所の判断を無視できなかったことなどにある。もちろん、原告、弁護団、科学者・医者などの専門家、支援者の主体的たたかいを忘れてはならない。

非人道的な被害の当事者が、勇気をもって立ち上がった時、それを支える専門家や市民社会が協働し、「山が動く」典型例がここにある。

被爆者の「私たちを最後にして欲しい」との願いは、被爆者援護と核兵器廃絶を希求する多くの人々の正義感と共鳴したのである。被爆者と専門家および市民社会の法廷内外のたたかいが、「国家の壁」を打ち破ったのである。被害者に共感し、不正義を許さない民衆のたたかいが、社会を動かしたのである。

私は、ここに、原爆被害者（ヒロシマ・ナガサキ）が原発被害者（フクシマ）に手渡せるものがあるように思えてならない。

もちろん、原爆投下による被害と原発事故による被害を一律に論ずることは適切ではない。けれども、原爆被害と原発被害は、放射能被害だけではなく、「国策」による被害という意味でも共通している。

私たちは、「大東亜共栄圏」という植民地支配のために、「一億火の玉」、「鬼畜米英」と駆り立てられ、「戦争の早期終結」、「植民地の解放」などという理由で原爆を投下された歴史を知っている。そして、原発は、資源のないわが国において、「経済性に優れ」、「環境に優しく」、「安定的であり」、「安全であり」、「地域振興にも役立つ」などとして建設され続け、今、多くの人々が、故郷と生業を失い、家族や地域社会との分断を味わい、放射能被害に慄かされている現実も知っている。ここに、「国策」による被害という類似性を認めることができるのである。

支配者は、その権力維持と利権のためであるならば、人々の命や、自由や、財産や幸福などどうなってもかまわないと考えている。「わが亡き後に洪水は来たれ」である。核兵器に「安全保障」を委ね、原発の「経済効果」に依存する政・財界の「要人」、そしてそれに追従する連中たちの言動がその証左である。

今、私たちが求めているのは、核兵器や武力に頼らない国際社会の平和と安全であり、コントロール不能な核物質に頼らないエネルギー政策である。

にもかかわらず、彼らはそうしようとしないどころか、核抑止力を含む日米同盟の強化を図り、原発の再稼働を進め、原発の輸出まで準備している。

「平和のうちに生存する権利」や「健康で文化的な最低限度の生活」を無視・軽視する改憲が日程に上っている。

核兵器によるものであれ、原発によるものであれ、放射能被害から免れることは、現在と未来の人類の生存と共同生活のための必須条件である。

戦争も貧困もない、各人の幸福が万人の幸福につながるような未来社会の実現のために、ヒロシマ・ナガサキの被爆者のたたかいをフクシマの被害者のたたかいに生かさなければならない。

（二〇一二年六月二六日記）

9. 第一回「原発と人権」全国研究・交流集会第五分科会「原水爆被爆者の運動に学ぶ――広島・長崎から福島へ」の報告――福島原発事故に立ち向かうために　その8

分科会の問題意識

本分科会は、福島原発事故による放射能被害に抗するために、原水爆被爆者のたたかいから学び、原爆と原発の「遠くて近い関係」についての認識を共有しながら、「核のない世界」への展望をつかもうという問題意識の下に行なわれた。あわせて、被爆医師である肥田舜太郎氏から、放射線に立ち向かう生き方を学ぶことも目的のひとつであった。

政府は、原爆投下による内部被曝の影響を無視してきた。福島原発事故においても、政府は、放射能被害をできる限り過小に見せようとしている。原発事故被害者に対して、原爆被害者への態度と同様の姿勢を取らせてはならないであろう。ここに、原爆症認定集団訴訟やビキニの被爆者のたたかいから教訓を引き出す理由がある。

また、原子力にかかわる「国策」は、どのような経緯で形成されてきたのかを検証することで、この国の核依存体質を打ち破る手がかりを得たかった。

冒頭、『原爆症認定集団訴訟　たたかいの記録』付録のDVD「にんげんをかえせ」を上映した。続いて、五人から次の報告を受けた。司会進行は、田部知江子弁護士が務めた。

各報告骨子

(1)「原爆症認定集団訴訟の意義と到達点」(宮原哲朗・原爆症認定集団訴訟全国弁護団事務局長)

原爆症認定集団訴訟は、被爆の実相を明らかにし、裁判所に残留放射線の影響を認めさせ、政府に原爆症認定政策を変更させた。訴訟の原点は、被爆者の怒りであり、その人間の尊厳をかけたたたかいに多くの支援者が共鳴した。被爆者の息の長い運動がその背後にあったことも、見落としてはならない。

集団訴訟の教訓は、一つには、責任の所在を明確にすることが、より広範囲で質の高い救済を実現するということであり、二つは、より恒久的な対策のためには被爆者援護法のような法体系を確立する必要があるということである。

(2)「被爆者運動における原爆症認定集団訴訟の位置づけ」(田中熙巳・日本原水爆被害者団体協議会事務局長)

戦後の米軍占領下、被爆者は七年間沈黙を強いられ、占領後も日本政府は永年にわたって被爆者を放置してきた。ビキニ水爆実験後の原水爆禁止運動の高まりの中で、ようやく被爆者は声を上げ、日本原水爆被害者団体協議会（被団協）結成に至った。政府は戦争受忍論の立場から国家補償を認めようとしなかったが、被団協は核兵器の廃絶と国家補償による被爆者援護とを掲げ、政府の被爆者対策を少しずつ改善させてきた。集団訴訟では、放射線被害に限らず原爆被害の全体像を訴えることと、核兵器廃絶運動とも結びつけていくことを重視した。それが裁判官の心を動かし、成果につながったと思う。

(3)「ビキニ水爆実験の被害者はどのように処遇されてきたか」（大石又七・ビキニ水爆実験被曝者、元第五福竜丸乗組員）

ビキニの水爆と福島の原発はつながっている。ビキニ事件の二日後に原子力予算が国会で可決され、ここから日本の原子力開発は始まった。その背景には、原子力平和利用の一大キャンペーンを繰り広げ、ビキニ事件をきっかけに国中に燃え上がった反核運動を抑え込もうとした日米両政府の思惑がある。

第五福竜丸元乗組員の内、既に半数が被曝に起因すると思われる癌などで死んでいるが、日米両政府は被害者の頭越しに政治決着をし、現在まで補償も援助も一切行っていない。

半世紀後、大震災をきっかけに放射能が牙をむいた。今回の事態は、東電と日米両政府のみならず、ビキニ事件を置き去りにしてしまった我々一人ひとりの責任でもある。

(4)「日本政府の核政策の内容とその形成過程」（山田寿則・明治大学教員）

戦後米国の核独占体制が崩れ、アイゼンハワー米大統領は「原子力の平和利用」演説を行うが、核拡散への懸念から一九七〇年にＮＰＴが発効。ＮＰＴは核不拡散、原子力の平和利用、そして核軍縮の三本柱で構成されるが、原子力の平和利用と核軍縮については、非核保有国への譲歩という側面を否めない。

日本では、原発導入時には予備的核戦力という意識が一部政治家の中に存在し、また、核アレルギーに対する処方箋とされていた。原発推進政策は軍事的意味合いを帯びていたことを示唆している。脱原発を考えるとき、エネルギー需給の観点のみならず、背後の軍事的思惑にも着目する必要がある。

(5)「今、広島の被爆医師が福島に伝えたいこと」(肥田舜太郎・被爆医師)

軍医として広島赴任中に原爆を体験して以後、内部被曝の危険性を訴え続けてきた。直爆に遭っていない者まで、放射線に侵されて同様の症状で死んでいく例を数多く診てきたが、米国占領軍と日本政府の圧力で内部被曝問題は隠ぺいされ、放射能の本当の恐ろしさについて顧みられないまま、五四基もの原発がつくられてしまった。

放射線の影響は、一人ひとり異なるから、免疫力を高める努力で発症させないことが大切だ。いたずらにたじろぐことなく、生き残った日本人の責務として、核兵器廃絶運動とともに、子孫のために原発を再稼働させない、二度と放射線被害を生み出さない、この課題に全力をあげていただきたい。

まとめにかえて——到達点と課題

本分科会を通して、以下の点が明らかになった。

(1) 原発事故においても、責任の所在を明確化し、賠償の体系を持つことが、被害救済の量と質を高めるポイントとなる。

(2) 原発推進の経緯は、日米支配層による核の軍事利用の目論見と切り離せないものであった。したがって、原発に依存しない社会の実現のためには、核政策そのものの変更を迫る必要がある。

(3) 放射線の人体への影響は、科学的に未解明の部分が多く残されているが、その危険性を十分認識するとともに、たじろがずにその脅威と向き合う姿勢が求められている。

今後の課題も浮き彫りになった。まず、内部被曝の危険性をどう評価するかという問題である。放射線レベルの高い福島の地で生活する多くの人々に、危険性とそれに対処する方法が、説得的に提示されていないことである。これは、深刻な課題である。将来予想される健康被害の問題など、長期的とりくみを視野に入れた施策が求められている。

また、原発「安全神話」が振りまかれてきた。私たちもそれを信じてきた。しかし、安全が嘘偽りであり、危険が顕在化した今、冷静に事態を見極める姿勢が求められている。人間の「営造物」が完全ということはありえないし、「想定外」の自然災害もありうるであろう。また、事故が起きるかどうかにかかわらず、採掘から最終処分まで、核エネルギーの持つ危険性にも着目すべきであろう。原発容認・推進勢力との対抗が求められている。

原爆被害と原発被害とを一律に論ずることは適切ではないが、両者は同じく放射能被害であるだけでなく、「国策」による被害である。支配層は、いまだに、原爆にも原発にも執着している。けれども、私たちは、原爆症認定集団訴訟の中で、非人道的な被害の当事者が勇気をもってたちあがったとき、それを支える専門家や市民社会が協働し「山が動く」典型例を体験している。「国策」を打ち破り、再び、放射能被害に慄く人々をつくり出さないためのたたかう術はあることを確認させてくれた分科会であった。

（二〇一二年七月一日記）

10．ドイツ反核法律家との交流——福島原発事故に立ち向かうために　その9

二〇一二年八月、日本反核法律家協会は、ドイツ反核法律家協会から二人のメンバーを招聘した。ピーター・ベッカー会長とライナー・ブラウン常任理事である。ピーターは国際反核法律家協会の共同議長、ライナーは同協会の常任理事や国際平和ビューロー（ＩＰＢ、ノーベル平和賞受賞団体）の運営委員なども務めている。ちなみに、ピーターは四〇〇人規模（うち約二〇〇名が弁護士）のロー・ファームの共同経営者でもある。ライナーはプロの平和活動家といってもいいと思う。

二人は、大阪、広島、東京での弁護士たちとの交流だけに止まらず、原水禁世界大会、大阪非核の政府を求める会、核廃絶をめざす広島の会などでも、精力的に講演活動をこなしてくれた。お二人と現地での受け入れ態勢をつくってくれた皆さんに心から感謝したい。

日本反核法律家協会が二人を招聘した理由は、なぜ、ドイツではかくも素早く「脱原発」路線を確立したのか、その背景事情を知りたいということにあった。

元々、ドイツには、一七基の原発が稼働していたが、二〇一一年年六月、八基については即時に、残り九基についても二〇二二年までに廃止すると決定している（第一三次原子力法改正）。「地獄の業火による火遊び」に終止符がうたれたのである。

わが国政府が、福島原発事故原因未解明のままに、多くの反対意見を無視して、停止中の原発の再稼働に踏み切り、原発に依存し続けている姿勢とは大きな違いである。

第二次世界大戦時の枢軸国、高度に発達した資本主義国、米国との同盟関係などの共通性がありながら、エネルギー政策という点では、なぜかくも正反対の結論が出ているのか。素朴な疑問があったからである。

彼らの話の概要は次のとおりである。

一九七〇年代、ドイツでは、反核兵器運動だけではなく、反原発運動も行われていた。けれども、反原発運動の活動家は、警察の放水でずぶぬれにされたり、警棒で殴られたりという立場に置かれていた。政府は、保守的といわれていた地方に原発をつくる計画を立てたが、その保守的地方でも反原発運動が起きてきた。反原発の裁判も提起されていた。

一九八〇年、緑の党が創立された。緑の党は、核兵器にも原発にも反対する立場である。

一九八五年、ヘッセン州で緑の党と社民党の連立政権が誕生した。しかし、原発は連邦政府の管轄のため、州政府限りでの脱原発はできなかった。

一九九八年、国政レベルで、緑の党と社民党の連立政権が成立した。その政権下で、二〇〇〇年には、電力会社との協定に拠る脱原発路線が採用された。法による規制は、原発閉鎖に伴う被害の算定の困難さと憲法問題（財産権の保障）を伴うと予想されるので、「協定」による規制を選択したのである。州政府の監督基準の強化によって原発のコスト高に苦しんでいた電力会社も協定路線を選択したという。

二〇〇一年九月一一日の同時多発テロ事件は、「原子炉へ旅客機が飛び込んだらどうなる？」との議論を巻き起こした。その中で、原発の安全性に疑問がもたれるようになり、二〇〇二年脱原発法が制定された。この法律は、原子炉の寿命を三二年間と設定し、いくつかの炉は直ちに廃止されることとなった。

ところが、二〇〇九年、保守とリベラルの政権に代わった。その政権は、二〇一〇年、原発の操業延長を認める協定に変更しようとした。老朽原発は八年、その他は一四年延長しようというのである。この変更について、五州が、協定の変更には州の同意が必要であるとして、憲法裁判所に提訴したのである。

こういう状況の中で、二〇一一年三月一一日、福島原発事故が発生した。この事故の三日後、ドイツ政府は、老朽化した八基の原発について三か月の運転停止命令を出した。しかし、その法的根拠は薄弱であった。

そこで、ドイツ政府は、「安全なエネルギー供給に関する倫理委員会」を設置した。委員会は、電力産業界、消費者、学者、教会の代表者、労働組合の代表者、環境運動関係者などで組織された。社会の多様な人たちで構成されたのは、原発事故の社会的影響が考慮されたからである。そして、委員会は、一か月の議論で、「一〇年以内に、原子エネルギーからの脱却を果たすことができる」との提言をしたのである。

その提言を受け、二〇一一年六月三〇日、ドイツ連邦議会は二〇〇二年の法律に立ち戻ることに合意し、二〇二二年までの原発からの全面撤退を選択したのである。脱・脱・脱原発の政策の確定である。

このような決定が行われた背景には、ドイツの再生可能エネルギー法制の存在があるという。ドイツでは、この二〇年間、「エネルギー転換」について議論が展開されていたのである。

一九九一年の送電法は、再生可能エネルギーから生産された電力の買取義務を電力会社に課した。一九九八年にエネルギー経済法が全面改正され、消費者は購入先の電力生産者の選択が可能になった。

二〇〇〇年には、送電法に変えて再生可能エネルギー法が制定された。再生可能エネルギーに市場競争力をつけるために、再生可能エネルギーから生産された電力の優先買取義務と支払義務が送電会社に課せられ、一般電気価格と切り離して補償価格が決められることになり、再生可能エネルギーへの投資が誘導されるようになった。

二〇一一年夏には、改正再生エネルギー法が成立し、二〇二〇年までに総電力消費に占める再生エネルギーの割合を三五パーセント以上に高めることとされた。二〇五〇年には八〇パーセント以上が再生可能エネルギーから供給されることになるという。

こうした中で、人口八〇〇〇万人のドイツで八〇万人からの人びとが、再生可能エネルギーに投資をするようになっているとのことである。

感　想

ドイツが脱原発に踏み切った背景には、ドイツ市民の要求と運動が基礎にあり、それを法律家やそれぞれの専門分野の学者たちが支援し、新たな政党を生み出し、あるいは既成の政党の政策に反映させ（社民党は原子力の民生利用に反対していなかった）、多数派を形成し、必要な立法をしてきたことにある。

脱原発は、持続可能な未来社会と現在の社会的正義と経済的合理性が基本に据えられているようである。必要なエネルギーを環境に負荷をかけないで確保する、エネルギー確保に社会的差別を持ち込まない、政策の転換に際して市場経済の法則を無視しない、という三原則である。この三原則が、社会的合意となっていることに括目したい。

福島の事故を対岸の火事とせず、我が事としてとらえられる経験知が、ドイツにはあったのである。

私たちには、もっと、諸外国の先進例を学ぶ必要があるように思えてならない。

（二〇一二年八月一七日記）

11. 第二回「原発と人権」全国研究・交流集会第五分科会開会あいさつと問題提起

はじめに

皆さんおはようございます。日本反核法律家協会の事務局長大久保です。日本反核法律家協会と日本国際法律家協会、両団体がこの第五分科会の主催者になります。よろしくお願いします。

今ご覧いただいた映像は、原爆症認定集団訴訟の記録、「おりづる」という映画です。厚生労働省は、被爆者が長年苦しんでいる放射線被害を原爆症であると認めようとしません。原爆放射線被害をできるだけ小さく見せよう、国家補償を避けようとする意図があるからです。その壁を打ち破るために被爆者は厳しい裁判闘争を続けてきました。そして、この集団訴訟がいったん終結した後も、厚労省・政府は他の被爆者の原爆症認定を拒んでいるため、さらに訴訟は続いています。それを支援するためにつくられたのがこの映画なのです。こんなお話をしたのは、政府が被爆者に対し暖かい手を差し伸べたことは一度もなく、被爆者援護制度はいずれも被爆者自身がたたかいとってきたものだということを、お伝えしたかったからです。

今、福島の被災者の方々はどういう状況におかれているでしょうか。国も東電も決して積極的に手を差し伸べようとはしない、被災者の方たちが自ら立ち上がるしかないのではないか、そんな思いにかられます。

「人類は核と共存できない」理由

この分科会は、「人類は核と共存できない」というテーマで行われます。この核とは、核兵器と原発、両方を意味します。核兵器も原発も、ともに核分裂エネルギーを利用するものですが、ひとたび兵器として使用されたり事故が起きたりした場合には、人類が制御することのできない、未曾有の甚大な被害をもたらします。広島・長崎への原爆投下も福島原発事故も、まさにそれを示しています。さらに、ウランの採掘や精錬の持つ危険性、放射性廃棄物の処理技術の未確立、核テロの危険性なども忘れてはなりません。原発は、そのサイクルの最初から最後まで、本質的に危険な存在です。だからこそ、私たちは「人類は核と共存できない」という問題意識を持っています。

原発と核兵器

一方、原発を推進しようとする側は、その本質的危険性など歯牙にもかけず、業界の都合だけを優先して、安全性軽視と利潤追求第一の論理を、原発の輸出についても貫徹しようとしています。原発推進にはもう一つ、隠れた理由があります。それは、原発稼働の結果産出されるプルトニウムの保有は、核兵器の製造を可能とし、「国家安全保障の切り札」になる、ということです。原発事故と対抗するにあたって、完全な被害回復と原発の廃炉を求めるだけではなく、核兵器との関連を視野におく必要があるのは、原発の導入と核兵器保有の衝動が表裏一体、という背景があるからです。

核の「平和利用」と核兵器廃絶の動き

今、国際社会におけるNPT体制は、核保有国には核軍縮交渉義務（NPT第六条）を課しつつ、非核兵器国には核兵器保有を禁じ、その一方で核の「平和利用」は加盟国の「奪い得ない権利」（同第四条）と位置づけています。国際司法裁判所は、核兵器の使用や威嚇は「一般的に違法」で、全面核軍縮についての交渉完結を求める勧告を出しましたし、国連には「モデル核兵器条約」も提案されています。最近では、非人道性に着目した核兵器廃絶の潮流がより広範で着実なものとなっています。

核兵器は廃絶への方向が示されていることと比較すれば、原発（核の「平和利用」）は全く異なる位置づけがなされていることがわかります。現行国際法のもとでは、核エネルギーの平和利用は禁止されていないどころか権利と位置づけられ、原子力事故に関する諸条約（通報条約や援助条約）はあっても、本質的危険性は法的規制の対象とはされていないのです。ここに、核兵器と原発の法的・社会的位置づけの違いが端的に表れています。

私たちの課題

私たちが、核と人類は共存できないとして、核兵器廃絶と脱原発を求める場合、その位置づけの違いを念頭におかなくてはなりません。原発は「違法な存在」ではなく、その利用は「奪い得ない権利」とされている国際社会の中で、どのような価値観と論理で、脱原発を実現するかが問われています。加えて、原発からの脱却が、電気エネルギーの持続的確保と並行しながら可能であることを指し示すことも必要になるでしょう。原子力利用の危険性を排除し、かつ化石燃料利用による地球温暖化に対処しながら、電気エネルギーを確保することが課題なのです。

分科会の内容

以上の問題意識に基づき、今日の分科会ではまず、今の国際社会、あるいは国際法の枠組みが核兵器と原発をどのように位置づけているのか、その状況を正確に把握していただくために、山田寿則さん（明治大学）には、核兵器と原発（核の「平和利用」）とに関わる現在の国際法（NPT体制）を概観していただきます。また、スティーブン・リーパーさん（元広島平和文化センター理事長）には、核兵器と原発の危険性、相互の関連性、核との共存を拒否する論理と運動の在り方などについて、包括的な問題提起をしていただきます。そして、大いに参考にしたいのが、実際に脱原発を実現した国家の経験です。再生可能エネルギーにシフトして脱原発に舵をきったドイツについては千葉恒久弁護士に、原発稼働を阻止したフィリピンの経験については、ルイシト・ブッチ・ホンゴスさん（フィリピン活動家）に報告していただきます。さらに、伊藤和子弁護士には、国際社会は福島原発事故をどのように見ているのか、脱原発の動きを国際社会に広げるうえで、どのような取り組みが可能なのかなどを語っていただきます。

長丁場になるかもしれませんが、皆さん方と一緒に、核と人類は共存できない、このテーマで分科会をすすめていきたいと思いますので、ご協力のほどよろしくお願いいたします。

（二〇一四年四月六日）

12. 核兵器も原発もない世界を目指して

核兵器と原発の現状

現在、地球上には、一万六〇〇〇発を超える核兵器[1]と四三五基の原発[2]が存在している。

プーチン・ロシア大統領は、ウクライナ紛争に際して核兵器使用計画があったことを明らかにした。[3]インドとパキスタンとの間での核戦争の勃発や、イスラエルのイランへの核攻撃の可能性も指摘されている。[4]核兵器の使用は、冷戦時代だけではなく、[5]現在も画策されているのである。のみならず、意図的ではない核兵器使用がありうるのである。[6]

核兵器が使用されれば、どのような非人道的な結末が発生するかについては、広島・長崎の被爆の実相、核実験による被害の現実はもとより、様々なシミュレーションによっても予測されている。核兵器使用による壊滅的事態を避けるためには核兵器の廃絶しかないのである。このことは国際社会の中で共有されつつある思潮である。[7]

にもかかわらず、核兵器国やわが国を含む核兵器依存国は、核兵器が自国の安全を保障する最終手段であるとの立場をとり続けている。核による威嚇が抑止力となるので、自国と国際社会の安定と平和のために必要不可欠であるというのである。[8]

国際法の世界では、核兵器使用は一般的には違法であるが、国家存亡の危機に際しては違法とも合法ともいえない、というのが国際司法裁判所の多数意見である。[9]

そして、非核三原則の遵守、核兵器の廃絶を目指す、米国の核の傘に依存する、核の平和利用を推進する、というのがわが国の核政策である。[*10]

他方、原発は、NPTの上では、核エネルギーの平和利用として、各国の「奪いえない権利」とされている。[*11] ウラン鉱の採掘から精錬、濃縮、使用、廃棄にいたるまでの、核エネルギーの本質的危険性の排除は、国際法規範の枠内にはない。

わが国においても、福島原発事故の経験があるにもかかわらず、原発は「ベースロード電源」と位置づけられ、[*12] 原発の再稼動が着々と準備されている。原発は、廉価で、二酸化炭素を出さずに、安定的に電気エネルギーを供給できる必要なものである。世界で一番厳しい設置基準を設けているから安全性も確保されているというのである。

推進勢力は、地震や津波や火山活動の危険性、避難活動の困難さ、放射性廃棄物の処理の未確立などにもかかわらず、説得力のない理由づけを根拠に、原発の稼動を優先しているのである。また、この推進の背景には、原発の稼動によって生成されるプルトニウムを核兵器開発に利用しようとする野望が見え隠れしている。

結局、わが国は核兵器にも原発にも依存しているし、依存し続けようとしているのである。核兵器の材料も原発の燃料もウラン鉱である。異なるのは濃縮の度合いだけである。核兵器と原発は同根であることを忘れてはならない。

そもそも、人という種は放射線に対する適応能力を備えていない。にもかかわらず、支配層は人工放射線を殺傷や利潤追求の道具として発生させ続けようとしているのである。

この事態をどのように突破し、核兵器にも原発にも依存しない社会を形成するために何をすればいいのか、それが私たちの課題である。

日本の反核勢力の営み

日本の反核勢力は、核からの脱却と関連して、いくつかの裁判を提起してきた。原爆裁判[*13]、原爆症認定集団訴訟[*14]、原発差止裁判などである。現在は、原発事故被害裁判も提起されている。「原爆裁判」は、核兵器使用を国際人道法違反と断じている。戦争が違法でないとしても、許されない戦闘手段があるとする法規範を採用しているのである。「原爆症認定集団訴訟」は、放射線の人体に対する影響把握にかかわる政府の無責任さを暴き出している。大飯原発差止判決は、人格権の経済活動に対する優越を説いている。共通するのは、被害の深刻さを正面から認定し、人道や正義に裏打ちされた法を適用していることである。高浜原発差止仮処分決定は「審査基準」の不十分さを指摘している。

これらの訴訟において、被告とされた政府や電力会社は、様々な遁辞を持ち出していた。恫喝と詭弁も随所に見られた。けれども、原告は、その障害を乗り越えたのである。

現在の支配的論理と価値を克服するには、事実と道理、すなわち人道と正義に基づく要求と広汎な人々を巻き込む運動が求められているのである。そして、そのことに成功した時、裁判所の重い扉が開かれるのである。裁判所が政治権力や巨大資本を制御した時「司法は生きていた」ことになる。

ヒロシマ・ナガサキからフクシマへ

一般の戦争被害は、戦争の終結によって新たな発生は止まることとなる。けれども、放射能被害は、戦争の終結によって止まらないだけではなく、将来に向かって、被害を発生させ続けたのである。

この特性は、今回の大震災と福島原発事故と相似している。地震と津波によってもたらされた悲劇と不幸は、間違いなく未曾有のものである。けれども、地震と津波は終結している。他方、フクシマ原発事故でのヒバクシャは「直ちには影響がない」かもしれないが、何時発生するかもしれない人体への影響に慄かざるをえないのである。加えて、地域共同体は破壊され、家族共同体も危殆に瀕することとなるのである。この回復は決して容易なことではない。

政府は、原爆症認定集団訴訟の過程で、低線量被曝や内部被曝による放射線被害について、頑なに認めようとしなかった。けれども、低線量被曝や内部被曝という放射線被害は、現実に存在するのである。人類は、未だ、放射線をコントロールする十分な知識も技術も持ち合わせていないどころか、低線量の内部被曝の人体に対する影響の度合いや機序の解明もできていないのである。

福島の原発事故は、核エネルギーと人類社会の関係を根底から問い直す機会となっている。核エネルギーは、人間による意図的な爆発だけではなく、「安全神話」の信仰、ヒューマンエラー、「異常に巨大な天災地変」、「社会的動乱」などによっても暴走し、人間と環境に対して甚大な被害をもたらすことが再確認されたからである。

結び

このような核エネルギーの特性を考えれば、政府は核政策を転換すべきである。けれども、政府にそのような動きはない。その理由は、核エネルギーへの依存政策を継続しようとしているからである。核兵器によって自国の安全を確保するとの「核抑止政策」と原子力発電を「ベースロード電源」とする政策を採っているからである。支配と金儲けのためには手段を選ばない本性がそこにある。

ヒロシマ・ナガサキの被爆者とその要求を知る私たちは「核兵器と人類は共存しえない」との命題を共有している。フクシマを経験した私たちは「地獄の業火による火遊び」と決別しなければならない。

人類は、自らの生存基盤を消滅させる潜在的エネルギーを蓄えてしまっている。その終末エネルギーの顕在化を押しとどめる最も確かな方法は、核と決別することである。

私たちは、核エネルギーに依存する各国政府と、それを支持する勢力とのたたかいに勝利しなければならない。「力による支配」や「財力による支配」を乗り越え「法による支配」を確立しなければならない。人類社会の未来のために。

（注）

＊1　ＮＰＯ法人ピースデポ「イアブック核軍縮・平和」二〇一四年版。ＮＰＴ加盟国の核弾頭数は一万六〇八五発とされている。インド、パキスタン、イスラエル、北朝鮮は別枠になる。

＊2　二〇一四年九月二二日のＩＡＥＡ事務局長報告。なお七二基が建設中。日本原子力産業協会のホームページによる。

＊3　二〇一五年三月一五日のロシアのテレビ番組で、プーチンが語ったと日本でも報道されている。例えば、毎日新聞同年三月一六日付朝刊、朝日新聞同日付夕刊、しんぶん赤旗三月一七日付など。

＊4　ノーム・チョムスキー『複雑化する世界、単純化する欲望』（ラリー・ポーク インタビュアー、吉田裕訳、花伝社、二〇一四年）の第四章 核の脅威を参照。

＊5　ジョン・サマヴィル『核時代の哲学と倫理』（柴田進午、立花誠逸訳、青木書店、一九八〇年）三三頁以下。キューバ危機に際してのケネディ大統領の選択が紹介されている。ケネディは、多くの子どもたちが核戦争で死ぬことを想定していたようである。

＊6　一九六二年のキューバ危機に際して、沖縄の米軍の部隊に核発射命令が誤って出されたという。現場がその命令を拒否したとのことである。毎日新聞二〇一五年三月一五日付朝刊。

＊7　核兵器使用の非人道的結末をテーマとするＮＧＯを含む国際会議がオスロ（ノルウェー）、ナジャリット（メキシコ）、ウィーン（オーストリア）と相次いで開催された。そこでは被爆者の証言や科学者の研究報告が行われ、核兵器使用の非人道的結末が明らかにされてきている。その結果、わが国も、一般論としては、そのような結末を避けるためには、核兵器の廃絶が必要であるとの認識を示すにいたっている。「反核法律家」二〇一五年夏号（八三号）はウィーン会議を特集している。オスロ会議は同誌二〇一三年春号（七五号）で特集。

＊8　国家安全保障戦略（二〇一三年一二月一七日閣議決定）は、「日米同盟下での拡大抑止への信頼性維持と整合性」についた触れ、二〇一四年度以降に係る防衛計画の大綱は（同日閣議決定）は「核兵器の脅威に対しては、

核抑止力を中心とする米国の拡大抑止は不可欠であり、その信頼性の維持・強化のために米国と緊密に協力していく」としている。最終的には核での決着を想定しているのである。

＊9　一九九六年の核兵器使用の違法性に関する国際司法裁判所の勧告的意見。ただし、留保なしで違法とする意見も展開されている。

＊10　日本の核政策は、①非核三原則の遵守、②核不拡散、核軍縮から核廃絶へ、③米国の核抑止力に依存する、④核エネルギーの平和利用、の四政策で構成されている。これを核四政策という。

＊11　NPT四条一項「この条約のいかなる規定も、無差別的にかつ第一条及び第二条の規定に従って平和目的のための原子力の研究、生産及び利用を発展させることについてのすべての締約国の奪いえない権利に影響を及ぼすものと解してはならない。」

＊12　エネルギー基本計画（二〇一四年四月一一日閣議決定）は、原子力は、「燃料投入量に対するエネルギー出力が圧倒的に大きく、……低炭素の純国産エネルギー、優れた安定供給性と効率性を有しており、運転コストが低廉で変動も少なく、運転時には温室効果ガスの排出もないことから、安全性の確保を大前提に、エネルギー需給の安定性に寄与する重要なベースロード電源である」としている。

＊13　一九六三年一二月七日、東京地方裁判所は、被爆者下田隆一ら五名を原告とする国家賠償請求訴訟について、原告の請求を棄却したが、その理由の中で、米国の原爆投下は国際人道法に違反するとの判断をしている。日本反核法律家協会は、二〇一三年一二月八日、「原爆裁判・下田判決五〇年記念シンポジウム」を開催した。その記録は「反核法律家」七八・七九合併号と同八〇号（二〇一四年）に掲載されている。

＊14　この集団訴訟は、広島・長崎の被爆者が、二〇〇三年から、全国各地の裁判所で、自らが苦しんでいる疾

患が、原爆放射線に起因するものであるとして提訴したものである。勝訴判決が相次ぎ、二〇一〇年八月「原爆症集団訴訟の終結に関する基本方針に係る確認書」が政府と間で締結された。『原爆症認定集団訴訟 たたかいの記録』（日本評論社、二〇一一年）参照。大江健三郎さんはこの本を「偉大な本」と絶賛している。

（二〇一五年四月一一日、日本科学者会議福島支部・国際シンポジウム「ヒロシマ・ビキニからフクシマへ、そしてフクシマから世界へ——住民の声と行動のグローバルな交流」（福島市・コラッセふくしま）での報告）

13．第四回「原発と人権」全国研究・市民交流集会第四分科会「核兵器と原発」への問題提起

第四回「原発と人権」全国研究・市民交流集会の第四分科会「核兵器と原発」への問題提起を行います。

二〇一七年七月七日、国連で「核兵器禁止条約」が採択されました。この条約は、核兵器のいかなる使用も「壊滅的な人道上の結末」をもたらすことになるので、それを避けるためには核兵器を廃絶することだとしています。そして、「核兵器のない世界」は、国家安全保障上も、最も効果的な方法であるとしています。「核兵器のない世界」に向けての法的枠組みが強化されたのです。核

兵器の使用が壊滅的な人道上の結末をもたらすことを証言したのは被爆者でした。科学的なシミュレーションで論証したのは、医者や科学者でした。被爆者の体験と科学的合理性が共鳴し、国際政治の良心的勢力と結合し、市民社会のバックアップを受けながら、国際条約の採択に至ったのです。その通奏低音は人道という響きでした。

ところで、核兵器保有国や核兵器依存国はこの流れに反対しています。この条約は世界をより危険な状態にし、国家の安全保障を危うくするというのです。核兵器はその破壊力からして対抗手段がありませんから「最終兵器」です。武力で紛争を解決することが是認されるのであれば、核兵器に依存することは軍事的合理性があるといえるのかもしれません。しかしながら、それが現実に使用されれば「容認し得ない被害と苦痛」がもたらされることになるのです。更に、その相互の使用は「確証的相互破壊」(MAD) をもたらすことになるでしょう。核兵器が人類社会を消滅させ、戦争が文明を滅ぼすことになるのです。人類が核兵器を手に入れてしまっている現代にあって、武力での紛争解決が人類社会の終末をもたらすことは、冷静に考えれば誰にでも理解できることです。であるがゆえに、一九四六年一一月三日に公布された日本国憲法は戦力の不保持を宣言したのです。武力での紛争解決ができないのであれば戦力は不要であるとの論理です。憲法九条二項は、核の時代にあって、人類社会が共有しなければならない価値と論理なのです。

にもかかわらず、日本の支配層はその憲法九条二項を改廃しようとしています。併せて、現行憲法下でも核兵器の使用や保有も禁止されていないとしているのです。彼らにとって、核兵器は禁止されている道具ではないのです。

さて、二〇一八年六月一二日、ドナルド・トランプ米国大統領と金正恩北朝鮮国務委員長は、シンガポールで会談し、「共同声明」に署名しました。声明で、トランプ大統領は北朝鮮の安全を保障し、金委員長は朝鮮半島の非核化を再確認しました。朝鮮戦争の終結と朝鮮半島の非核化への道筋が開かれたといえるでしょう。しかしながら、この共同声明について、二人の首脳のキャラクターや声明に具体性がないなどとして消極的な受け止め方をしている勢力もあります。朝鮮半島での熱い戦争を容認しているかのような論調です。政府は、北朝鮮の脅威に大きな変化はないなどとして、朝鮮半島の不安定さを主体的に改善しようとする姿勢は見られません。今、私たちに求められていることは、共同声明のあら探しをすることではなく、朝鮮半島の非核化に向けて、具体的な協力体制を樹立していくことではないでしょうか。

現在、各地の裁判所で、国や東京電力を被告として、損害賠償裁判が提起されています。国や東電はその責任や損害額などについて争っています。原告が満足できるような判決はまだ出ていません。また、原発の再稼働を阻止するための裁判も提起されています。国は「規制基準」は世界で一番厳しいものであるとし、電力会社は「規制基準」に適合した原発は安全だとしています。裁判所は規制基準の合理性についての判断は避けています。裁判を経由しての脱原発も決して平坦ではありません。

さらに、改定された「エネルギー基本計画」も、原発をベースロード電源であるとしています。政府と業界は、原発の再稼働だけではなく輸出も推進しています。彼らは、原発に依存し続けているのです。

私たちは、核兵器はもとより、原発の持つ危険性を抜本的に解消することはできないし、代替手段はあるとの立場から、核兵器にも原発にも依存しない世界の実現を求めています。そのもっとも大きな障害物になっているのが、日本政府なのです。

そして、もう一つ、念頭に置かなければならないことは、国際法の世界でも、核の平和利用は「奪いえない権利」とされていることです。ＮＰＴも核兵器禁止条約（ＴＰＮＷ）もそのことを前提としています。福島の事故以後もそのことは変わっていないのです。このギャップをどのように埋めていくかも検討課題の一つです。

日本反核法律家協会は、第一回「交流集会」から今回の第四回まで、継続して核兵器と原発の関係をテーマにしてきました。第一回では、原爆被害者やビキニ被爆者、原爆医師の肥田舜太郎先生などにも参加していただきました。第二回には、ドイツの原発廃棄への動きやフィリピンの取り組みなども紹介しました。核兵器廃絶についてはスティーブン・リーパーさんの話も聞きました。第三回では、「日本はなぜ核を手放さないのか」をテーマに、共同通信の太田昌克さんにも参加いただきました。そして、マーシャル諸島の国際司法裁判所への提訴、日本政府の核政策と日本人の反核感情、平和学の立場から被災地の人とどう向き合うかなどの報告も得ました。共通していることは、国内外の方たちや様々な分野の方たちの参加を得るということでした。

今回の交流集会も、核兵器と原発の双方について深いかかわりを持ってこられた鈴木達治郎さんから、概括的かつ示唆に富んだ講演をいただきます。山田寿則さんには、昨年から今年にかけての大きな変動をどのようにとらえ、今後どのように「核兵器のない世界」を実現していくのか。足立修一さんには、韓国を含む諸外国のヒバクシャとの交流を紹介していただきながら、被爆者の救済と「核兵器のない世界」の展望をどう構築していくのか。山根和代さんには、平和学の立場から、核兵器廃絶運動と反原発運動の紹介と、更には平和教育の重要性について報告していただきます。

いささか長丁場になるかもしれませんが、最後までご協力のほどよろしくお願いします。

（二〇一八年七月二九日記。この分科会の記録は「反核法律家」九七号、二〇一八年に収録）

小休止　第1部から第2部への踊り場

「はしがき」にも書いたように、第1部は「核の時代」にある私たちが、憲法、とりわけ九条に依拠しながら、誰と対抗し、何を求めなければならないのかについての提案である。そして、第2部は、「核の時代」に生きる一人の古希を過ぎた「老人」のつぶやきである。第2部の方がより個人的体験が扱われているので、第1部とは論調や筆致にいささかの違いがある。けれども、両方とも、私の想い、例えば、核や平和、民主主義や人権などに触れられているという意味では通底している。だから、どちらに書かれているかということに拘らなくてもいいように思う。

私は第1部で述べてきたように、核兵器も原発もなくしたいと考えている。それらが暴走したとき、私と私につながる人たちだけではなく、同時代を生きる人も、将来世代の人も、その生存の基礎を危うくされるからである。そこには貧富の差も、イデオロギーによる差別もない。人間の多様性や個人の属性とは無関係に存在そのものが全面的に否定されてしまうからである。にもかかわらず、政府も財界もまたマスコミの一部も、核兵器への依存も原発への依存も止めようとはしていない。武力による安全の確保と資本の増殖を優先するからである。そこには「壊滅的人道上の結末」に対する怖れはない。あたかも自分たちだけは生き残れるかのような振る舞いをしているのである。「わが亡き後に洪水は来たれ」と本気で思っているのかもしれない。

けれども、私の周りには、そういう人はいない。凶暴で貪欲で知性のかけらもない権力者を相手にどうすれば一矢報いることができるかを真剣に考えている人たちはいる。そしてまた、幼い子どもたちを抱え、その子たちの未来を少しでも生きやすいように、と思いを巡らしている人たちもいる。受験生を抱え、一緒に苦楽を味わっている親たちもいる。残された人生を有意義に過ごしたいと日々社会的活動に邁進している人たちもいる。私はそういう人たちのために少しでも知恵と勇気を提供できればと思う。だから、憲法を基礎として、核との決別についての方策を微力ながら提示させてもらっているのだ。他方、私という一人の人間がどんな感性を持ちながら生きてきたのかということも知ってもらいたいとも思っている。そのために、折々の出来事や折々の人々との出会いについての随想を第2部に収録した。こんな人間もいたんだと共感していただければ、それに優る喜びはない。

人々の営みは千差万別である。喜びや生きがいを覚える機会もそれぞれであろう。それぞれの人がその可能性を最大限発揮できるような社会と、いつ理不尽な死を迎えるか慄かなければならない社会と、どちらが楽しい人生を送ることができるか、自ずから明らかであろう。

私は、すべての人たちがその可能性を生かせることを相互に尊重し合うことのできる「未来社会」を展望したいと思う。第1部も第2部も、そのためのささやかな営みである。

第2部

随想

パート1　核と平和のテーマ

1．法然上人の教えから非核法の制定へ

「南無阿弥陀仏」を唱える私

信州・川中島に蓮香寺という浄土宗の寺がある。我が家の菩提寺である。私は、この寺に参詣するときや、知人の葬儀では「南無阿弥陀仏」（ナンマンダブ）と唱えることにしている。その寺の御住職にそう勧められているからである。それを唱えると何となく心が落ち着くのだ。「南無阿弥陀仏」というのは「阿弥陀様。お願いします」という意味である。

浄土宗の開祖法然上人は、八〇〇年前、「智者の振る舞いをせずして只一向念仏すべし」と遺言しているという。智者でなくても「南無阿弥陀仏」と唱えれば救われるという教えといえよう。当時、仏教は公家や上級武士の学問の手段とされていて、庶民には縁遠いものであっただけに、多くの民衆が歓迎したであろうことは容易に肯ける。

その法然上人は、上人の身に何かあれば使おうと斧を隠し持っていた弟子（熊谷直実）に「危険なものは持つな、愚かな人間は手に持つと使いたくなる。持たぬがよい。捨てよ」と諭したという。

宗教者九条の会の高僧

浄土宗の総本山知恩院の布教師会長経験者に岩波昭賢さんという方がおられる。「宗教者九条の会」の呼びかけ人の一人であり、「九条の会たつの」（長野県辰野市）の代表の一人でもある。その岩波上人の「九条の会たつの」での講演を紹介する。

「法然上人が浄土宗を開かれた。そのこと自体が平和運動です。法然上人の教えは、人が上下、貴賤の区別なく、平等に阿弥陀様の本願によって救われるということです。そのことと憲法九条を結びつければ、九条があったればこそ、日本人すべてが六〇年間、平等に平和を保たれた。そうなるように政治に制約を与えているのが九条だと思うのです。憲法九条の擁護と法然教学をいかに結び付けて考えるか。それが法然上人の教えを二一世紀に忠実に守っていく道であり、九条を守ることが、坊さんとして、また日本人として、当たり前の道だと思っております。」

その岩波上人は、蓮香寺の法話で、非核三原則について次のように述べている。

「愚かな私ども人間は、持つと使いたくなるという弱点を法然上人は見抜いておられたのです。

『捨てよ』と言われた法然上人の言葉に改めて耳を傾けようではありませんか。刀を持つ手に数珠を持て。憎しみ怨念の心に御仏を。悪口雑言の口に念仏を、と勧められた法然上人の教えは私どもへの訓戒でございましょう。」

憲法九条は平和と平等の思想に基づいている。憲法は政治に制約を与えている。核兵器を捨てろ。憲法九条と非核三原則を守れ、という主張である。私は、深く共感している。

非核三原則と非核法

ところで、核兵器を「持たず、作らず、持ち込ませず」という非核三原則は「国是」とされている。「国是」とは、「国を挙げて是と認めたもの。確定している一国の施政方針」(広辞苑)という意味である。ところが、この「国是」は法的拘束力がないといわれている。確かに、法律として制定されているわけではないからそのような見解も間違いではないであろう。他方、被爆者や反核平和団体が「非核三原則」を踏まえた「非核法」を制定しようと提案すると、政府や与党は、「法律は国会で改正されてしまう可能性があるが、『国是』ならその心配はないので法律にすることはない」などという理屈で、非核法の制定に消極的になるのである。

いずれにしても、政権交代後の政府も与党も、今までの政権担当者と同様に、非核法の制定には消極的あるいは妨害的に振る舞っているのである。そして三原則のうち、「持ち込ませず」については、折あらばそれを曖昧にして、「二・五原則」にしようと企んでいるのである。これでは「国是」

が泣くであろうと思うのだが、現実はそうなっている。その背景にあるのが「核四政策」である。

佐藤栄作首相と「核四政策」

一九六八（昭和四三）年、当時の佐藤栄作首相は、①非核三原則と合わせて、②当面可能な核不拡散・核軍縮から核廃絶へ、③自衛力の堅持と米国の核の傘への依存、④核エネルギーの平和利用の「核四政策」を表明している。この言明は、今日まで、我が国の核政策の基本であり続けている。（なお、この頃並行して、核不拡散条約（ＮＰＴ）への加入手続も進められている。非核兵器国となる選択である。）

この第一政策である非核三原則のうち、「持たない、作らない」は、一九五五（昭和三〇）年の原子力基本法で、核エネルギーは平和目的に限ると法定されている。また、同年、当時の鳩山一郎首相が、国民世論に押される形で、「米国の核持ち込みを認めない」と宣言し、それが後継内閣にも引き継がれることになる。これが非核三原則の出自である。

そして、一九六〇（昭和三五）年の日米安保改定時に、この「持ち込ませず」が「事前協議」を巡って問題となるのである。当時も、政府や与党は、米国の抑止力に依存して我が国の安全を確保しようと考えていた。他方、国内には核兵器の持ち込みに反対する世論も強かった。そこで考え出されたのが「密約」である。入港（エントリー）や通過（トランジット）は持ち込み（イントロダクション）ではないとする「密約」である。それは「密約」ではなく、日米双方の「誤解」あるいは「曖昧化」であるとの見解（波多野澄夫・外務省「密約」調査有識者委員会の副座長）もあるが、日本政府が米国の核兵器に依存しようとしていたことや、核兵器持ち込みを阻止しようとする姿勢に欠けていた事実を消すことはできないであろう。

この非核三原則が、さらに大きな矛盾として顕在化するのが沖縄返還時である。沖縄に存在する核兵器をどうするか。それが佐藤首相（当時）の悩みであった。佐藤首相は、日本の安全保障のために米国の核が必要と考えていた。けれども、国民の「核アレルギー」も無視できなかった。そこに悩みはあるものの、彼は、非核三原則などない方が良かったと考えていたのである。彼は、一九六九（昭和四四）年の対米交渉の席上で「非核三原則は『ナンセンス』と発言し、関係者を困惑させた」そうだし（黒崎輝『核兵器と日米関係』有志舎、二〇〇六年、二一〇頁）、「非核三原則の『持ち込ませず』は誤りであったと反省している」というのである（波多野澄夫『歴史としての日米安保条約』岩波書店、二〇一〇年、二三七頁）。そして、「これは総理にならなければ分からない苦労」だと述懐していたようである（波多野・同前）。

確かに、米国の「核の傘」に依存しながら米国の核を「持ち込ませない」などというのは無理難題であろう。自ら言明した非核三原則による自縄自縛である。けれども、彼は、「核抜き、本土並み」という形で沖縄返還を実現したかったのである。そこで、国会で、「非核三原則の堅持」の決議を上げることを容認し（これが「国是」となった理由である）、他方では「核持ち込みにイエスという密約」を墓場まで持っていこうとしたのである。佐藤首相は、ノーベル平和賞という栄誉を授かったかもしれないが、我が国と核兵器の断絶は闇に葬られたままになったのである。

そもそも、「核四政策」の下で、非核三原則を実現することは背理なのである。そして、米国の核抑止力・「核の傘」に依存するという政策をとり続ける限り、非核法の制定は論外ということになるのである。

非核法を阻む「核抑止論」

佐藤首相が「この苦労」から解放されるためには、「密約」を結んでそれを個人で埋蔵するという方策ではなく、米国の「核の傘」からの脱却を図ればよいではないか、と教えてあげたかったと思う。しかし、核兵器に依存する勢力は、核兵器が相手方の行動を抑止する（はずだ）と信じているのである。これが「核抑止論」である。そもそも、相手がどう考えるかは相手が決めることであって、自分が決められることではないではないか。それに「抑止」などという言葉や行動は、相手から見れば「挑発」でしかない。核で相手国に対抗しようとすれば、相手も核で対抗しようとするのは当然ではないか。なにしろ核兵器は「最終兵器」なのだ。その意味では、北朝鮮の行動は決して没論理的ではなく、日米両国と同様の選択なのである。そして、自国の安全のために核兵器が必要だと相手も考えたら、「核拡散」は止められないし、「相互確証破壊」への道に進むしかないであろう。「核抑止」が機能しなければ、核戦争になるのである。

加えて、中国であれ、北朝鮮であれ、万万が一、わが国に核攻撃を仕掛けた場合、米国が自国の兵士や本土への核攻撃を覚悟してまで、核兵器の使用に踏み切るなどと考えるのもナンセンスである。米国への攻撃がないのに核兵器を使用するなどという政策を、米国議会や国民が容認するはずがないからである。「拡大抑止」という考えはあまりにもナイーブである。

核抑止論を超えて

私は、核抑止論は、道徳的にも、政治的にも愚策中の愚策だと考えている。「拡大抑止論」はなおのことである。あれば使いたくなるのが人情だし、使えなければ巨大な無駄でしかない。お前が持つならおれも持つ、「死なばもろとも」というのも人情であろう。そして、その「愚かな人情」を超えた地平に、人道と正義に基づく法的な枠組みを工夫してきたのも人間の知恵ではないだろうか。それが、「危険なものは持つな。捨てろ」という法然上人の教えの法規範化である。

私には「智者として振る舞う」意思も能力もないけれど、念仏を唱えるだけではないこともしていきたいと思う。それが、非核法の制定や「北東アジア非核地帯」や「核兵器廃絶条約」の実現のための努力だと考えている。そして核兵器をなくしたいと希求している。

最後に少し古い話になるけれど、一昨年九月一三日付毎日新聞歌壇の二首を紹介しておく。

世の中の全ての人を抱きしめてキスをするかも核なくなれば
（本田孝。加藤治郎・選）

二党とも核をどうするこの選挙　非核三原則　壊れゆく中
（真田ふさえ。河野裕子・選）

（二〇一一年一月一一日記）

2. オバマ大統領の広島訪問に想う

二〇一六年五月二七日、オバマ米国大統領が広島を訪問した。彼は、原爆資料館を訪問し、被爆者と会い、原爆慰霊碑に献花し、核兵器に関するスピーチをした。この広島訪問についての感想を記してみたい。

オバマ大統領への要望

日本反核法律家協会は、オバマ大統領に四項目の要望をしていた。①原爆資料館の訪問、②被爆者との面会、③「核兵器のない世界」実現の再度の誓約、④「核兵器のない世界」の実現と維持のための法的枠組作りの開始の四項目である。要望書を提出した理由は、「核兵器のない世界」の実現のための米国の道義的責任を述べたことがある現職大統領の広島訪問を少しでも意義のあるものにして欲しかったからである。

この要望書を提出した五月二三日ころ、オバマ大統領が資料館を訪問することや被爆者と会うことなどは流動的であった。米国内にある「原爆投下正当化論」との調整が未解決だったからである。けれども、最終的には、短時間ではあるけれど原爆資料館訪問は実現したし、日本原水爆被害者団体協議会（日本被団協）のリーダーたちとの面会も実現した。また、「七一年前、空から死が降ってきて、世界が変わりました」で始まり、「広島と長崎は、核戦争の夜明けではなく、私たちの道義的な目覚めの始まりです」で終わるスピーチも行われた。

これらの要望のうち三項目には実現したことになる。もともと、核超大国米国の大統領が、「核兵器のない世界」に向けての法的枠組みの制定の先頭に立つなどと言わないだろうから、私たちの要望はそれなりに受け入れられたことになる。その限りにおいて、私はオバマ訪問をプラスとして評価したい。彼が、広島を無視して何もしなかったことを想定すれば、「謝罪の言葉がない」、「時間が短い」などの非難はあるとしても、この訪問は、一筋の光明と思うからである。

オバマ大統領の行動

オバマ大統領は、原爆資料館に手作りの折り鶴をもって来ていた。それは美しいエピソードとして語られている。けれども、彼と一緒だったのは折り鶴だけではなかった。核兵器発射ボタンが入ったカバンも同行していたのである。平和への願いである折り鶴と核の発射ボタンを同時に持ち歩くのは、オバマだけかもしれない。きっと、プーチンや習近平は折り鶴を持たないだろう。それはともかくとして、彼はこの地球を「猿の惑星」に変えるかもしれない凶器を持ち歩いているのである。そこに、「核兵器のない世界」への使徒の姿を見出すことはできない。

また、彼は、二〇〇九年四月のプラハ演説以降現在まで、核兵器の削減に取り組んで来ている。その退役させた核兵器の数は七〇二発だという。ブッシュ・ジュニア前政権は約五〇〇〇発削減したそうだから見劣りする数字ではある。そして、解体した退役済みの核兵器の数は一〇九発だとされている。一年間の解体数としては、一九七〇年以降最低水準とされている。これが彼の「核兵器のない世界」に向けての実績である。
他方、彼は、保有核兵器の維持と近代化のために、二〇五〇年代まで核兵器を保有し続けることを前提に、三〇年間で一兆ドル（約一〇八兆円）を支出しようとしている。

ところで、近時、国際社会では、核兵器使用の人道的影響に着目して、核兵器廃絶に向けての動きが活発になっている。国連総会では「核兵器の禁止と廃絶のための人道的誓約」決議が採択されているだけではなく、核兵器廃絶のための法的措置を検討する「作業部会」（ＯＥＷＧ）が設置されている。けれども、米国は頑なにこれをボイコットしている。

米国は「核兵器が存在し続ける限り、米国の核兵器の根本的役割は、米国や同盟国に対する核攻撃を抑止することにある」という核抑止政策をとり続けているのである。

私たちは、オバマ大統領のスピーチで語られることと、その実際の行動との乖離をしっかりと認識しなければならない。バラク・オバマのスピーチが美しければ美しいほど、米国大統領としての彼の行動の醜悪さが際立つのである。

核兵器廃絶をオバマ大統領だけに任せるな

私は、オバマ大統領のプラハ演説も広島スピーチも好感を持って受け止めている。そこには、単なる美辞麗句ではない、彼の知性と理想を見て取ることができるからである。何よりも「核兵器のない世界」を実現しようという呼びかけに共感するからである。

そして、その彼の呼びかけを実現するためには、彼の足りなさを言い立てるだけでは足りないと思うのである。「核兵器のない世界」を実現するには、彼だけの力では足りないことは明らかだからである。彼は、その実現は自分の生きている間は無理かもしれないという。それを無責任だと責めるよりも、どうすれば速やかに実現できるかを一緒に考えたいと思う。

核兵器は人間が作ったものであり、人間が使うものである。であるがゆえに、その使用の禁止も廃絶も可能である。政治的意思を形成し、必要な技術的対応をすればいいだけの話である。しかしながらも、それは一人の力では無理である。

私たちは、核兵器が人々に何をもたらしたのかを知っている。また、その使用が何をもたらすのかを予見することもできる。使用の結果を知ったうえで使用を容認する人はいないであろう。

核兵器の使用の禁止も廃絶も決して不可能ではない。任期満了を迎えるオバマさんも含めて、一日も早く「核兵器のない世界」の実現に向けての努力を続けたいと思う。

（二〇一六年六月一三日記）

3.「『兵士の視点』も理解を」が意味すること

中西寛京都大学教授が、毎日新聞二〇一七年一月一五日付朝刊の「核廃絶の理想と現実」と題するコラムで「兵士の視点」も理解を、と主張している。概略以下のとおりである。

兵器は犠牲者にとっては人殺しの道具であるが、兵士にとっては自らと愛する人を守る手段である。核兵器は、平和運動家にとって最悪の非人道的兵器である一方で、軍事戦略家にとってはその脅威によって戦争を回避することを可能にする兵器でもある。核兵器禁止条約に対する日本政府の立場は、まさにこの犠牲者と兵士の視点で引き裂かれている。禁止条約は核兵器廃絶を目指す取り組みであるから、日本政府がこの条約の精神に反対することは困難である。しかし、「兵士の視点」から考えた場合、化学兵器や対人地雷と同列に扱う条約案は現実性を欠くだけではなく、核廃絶にとってもマイナス効果を持つかもしれない。核兵器国は条約に賛成していないから、発効する可能性はないので宣言的文書にしかならない。核抑止は絶対的なものではないが心理的効果を持っており、それは軍事政策全般に及んでいるので、補助的な役割しかない兵器とは根本的に異なる。核兵器だけ取り出して削減する計画は、一定程度進んでも、国際情勢を不安定化するなら大きな揺り戻しをもたらす危険性を持つ。日本人の核廃絶の願いは真摯なものだが、そうであればこそ「兵士の視点」を理解する努力も必要となる。

結局、氏は、核兵器の廃絶はいうけれど、国際環境の現実の中での核兵器の役割を考えれば、核兵器禁止条約は非現実的であるだけではなく、負の役割を果たすことになるとしているのである。核兵器禁止条約の交渉開始に反対している日本政府の姿勢を「兵士の視点」から理解しようという理屈でサポートしているのである。

こういう論稿を読むのは不愉快だけれど、このような議論を乗り越える論理と運動が求められているのであろう。

氏は、兵器は自身と愛する人を守るものだという。そこには、国家によって戦場に送り出された兵士が、兵士相互の殺傷を強制される戦争という不条理についての視点は全くない。「兵士の視点」をなくすという視点がないのだ。

また、戦闘行為において、無差別兵器や残虐兵器などの使用は禁止されているという国際人道法の視点もない。核兵器は平和活動家にとってだけ非人道的兵器であるのではない。核兵器は、無差別なだけではなく、兵士を残虐に殺傷する兵器でもある。こういう「兵士の視点」も必要なのである。

氏は、日本政府は犠牲者と兵士の視点との間で引き裂かれているという。けれども、引き裂かれてなどいない。政府は、核兵器国と非核兵器国のかけ橋の役割を果たすなどというけれど、核兵器国と歩調を合わせ、条約交渉の開始に反対しているのである。氏の議論は政府の態度を免罪するものである。

氏は、禁止条約は非現実的だとか、無意味だとか、マイナスの役割を果たすなどという。もし、この禁止条約の交渉開始が、国際政治の上でその程度の影響しかないのなら、核兵器国としても放っておけばいいだけの話であろう。けれども、米国は、核兵器禁止条約交渉開始決議に反対するよう同盟国に必死に働きかけたのである。米国は交渉が開始され、核兵器を違法としその廃絶を求める条約が成立すれば、核兵器の違法性が確立され、その使用のみならず、配備や移転などにも支障がでることを恐れているのである。このように条約交渉の開始決議は、米国に大きなインパクトを与えているのである。そのこと自体が、この条約の国際政治に与える影響の大きさを物語っているといえよう。氏の議論は、禁止条約の成立に水をかけようとする姑息なものなのである。

氏は、核抑止は絶対的ではないが、心理的影響はあるとしている。絶対的な抑止力などそもそもあり得ないし、核抑止論は心理的要素に依存する「理論」である。そして、氏は、核兵器は「戦争を回避することを可能にする兵器」であるかのように言っている。氏は、典型的な核抑止論者なのである。核兵器は、自分と愛する人を守るものであることを忘れるな、核兵器禁止条約を急いではならない、とお説教しているのである。私は、このような言説に騙されない。

私は、「兵士の視点」をいうのであれば、核兵器の合理化ではなく、見ず知らずの人を殺傷することを強いられないこと、生まれてきたことを呪うような殺され方をしないこと、戦場の体験をトラウマにしなくて済むことなどを考えることだと思う。

そして、氏には、学問研究の成果を、現実のあれこれの説明や政府擁護ではなく、非人道的で不条理な現実を改革し、核兵器の一日も早い廃絶のために生かすことを期待したい。

（二〇一七年一月一七日記）

4. マーシャル諸島・マジュロでのビキニデー

二〇一七年二月二六日から三月三日の日程で、マーシャル諸島共和国の首都マジュロに行ってきた。行きも帰りもグアムで乗り継ぎ、ミクロネシア連邦のいくつかの島を経由するので、マジュロに滞在したのは、二七日の夜から三月二日の朝までの短い時間だった。マーシャルはグアムとハワイの中間の北太平洋にあるいくつかの環礁と島々からなる、人口五万数〇〇〇人の共和国である。私たちが知っている米国が水爆実験を行ったビキニ環礁は、マーシャルの一地域である。

マーシャルの三月一日はNuclear Victims Remembrance Dayとして国民の休日である。もちろん、米国の核実験による被害を忘れないための日である。当日、子どもたちを先頭にパレードが行われ、大統領（ヒルダさんという教育学の学位を持つ女性）はじめマーシャルの要人や、米国や日本の外交官が出席する式典が開催された。私たち日本からの参加者一八名（井上啓、相曽真知子、上柳敏郎、森一恵各団員、笹本潤団員のパートナーの高部優子さんを含む）も、パレードと式典に参加した。大統領の演説は、「核の遺産」を「核の正義」へと呼び掛けるものであった。八月六日広島、九日長崎の平和式典の主催者は市であるが、マーシャルの取組みは国家挙げてのものなのである。

日本でも、三月一日はビキニデーとされ、静岡県焼津市で、市民集会やビキニの核実験の被害者であった久保山愛吉さんの墓前祭などが開かれている。この行事は、焼津市の主催ではないし、もちろん政府も関与していない。今年は、マーシャルの元上院議員も参加し「私たちは、被ばく者として平和と正義の闘士として活動してきました。将来の世代に核のない世界の実現という希望を与えるためです」と発言している。ちなみに、私が初めて参加した反核平和にかかわるイベントは、ビキニデーだった。かれこれ五〇年前の記憶である。

私が、マーシャルに行きたいと思ったのは、そんな個人的な思い出もあるけれど、米国に依存して国家運営を行っているにもかかわらず、米国も含む核兵器国九か国を被告として、国際司法裁判所に、核兵器廃絶交渉を開始しないことの違法性の確認と、交渉の早期開始の義務付けを求めて提訴した国のことを知りたいと思ったからであった。

マーシャル政府が、二〇一四年四月に、このような訴えを起こしたことはあまり知られていない。日本反核法律家協会は、同年七月、在日マーシャル大使館を訪ねて、この提訴を歓迎し、支援する旨のステートメントを届けた。二〇一六年三月には、焼津のビキニデーに参加していたデブルーム外務大臣（当時）に、激励の手紙を手渡すことなどをしていたのである。

この裁判は、昨年（二〇一六年）一〇月、原告と被告（管轄権の問題で、最終的な被告は、英国、インド、パキスタンの三か国）の間に「紛争が存在しない」として却下されてしまった。

日本反核法律家協会は、この判決は国際司法裁判所規定の解釈を誤ったものとの批判声明を発している。私は、この提訴は、「核兵器のない世界」を求めるうえで、貴重な役割を果たそうとしたものと評価している（このあたりの経緯は、日本反核法律家協会のホームページを参照）。

私は、マーシャルに行ったらこの提訴の主導者だったデブルーム元外相に会いたいと思っていたけれど、それは彼の健康状態が悪くて実現しなかった。けれども、核実験被害者の七人の女性たちの話を聞く機会はあった。彼女たちは、ビキニ環礁の東側にあるロンゲラップ環礁の出身者で「死の灰」を浴びた人たちである。彼女たちに政府が国際司法裁判所にこのような裁判を起こしていることを知っているかどうかを聞いたら、二人は知っていた。そして一〇〇パーセント賛成だと言っていた。マーシャルでは政権交代があり、前政権の提訴をスタンドプレーとみるような人もいると聞いていたので、この二人の答えはうれしかった。

あわせて、今、国連で「核兵器禁止条約」の交渉が始まろうとしているけれど、そのことを知っているかを訊ねたところ、一人が「ラジオで聞いたことがある」と言っていた。私より何歳か年上の校長先生の経験もある人だった。

「死の灰」を浴び、いまだ故郷の島に帰れない生活をしている人たちでも、核兵器をめぐる政府の行動や国際社会の動向について、十分な情報を提供されているわけではないようである。かくいう日本でも、広島・長崎の記憶は、過去の出来事になりつつあるし、政府は核兵器に依存し続けている。国連での「核兵器禁止条約」の交渉開始を、核兵器廃絶の歴史的チャンスにするためには、まだまだ愚直な努力が求められているようである。

（二〇一七年三月一五日記）

5. 被爆者は、核時代の預言者である

二〇一七年一一月一〇日、フランシスコ・ローマ法王は、「大量破壊兵器、特に核兵器は、間違った安全保障の観念しかつくり出さない」、「広島・長崎の原爆投下の被害者である被爆者や他の核実験の被害者の目撃証言は、かけがえがないものである」、「彼らの予言的声が、すべての未来の世代への警告となることを願う」と強調したと報道されている(しんぶん赤旗二〇一七年一一月一二日付)。

私は、この記事を読みながら、「被爆者は、核時代の預言者である」との言葉を思い出していた。もっと正確に言うと「被爆者は、時代の人々に、生き残る道を身をもって示した人類の預言者です」という言葉である。これは、ノーモア・ヒバクシャ記憶遺産を継承する会の「核の支配からにんげんの尊厳を取り戻す闘いに勝つための宣言」の一節である。この宣言は、故池田眞規弁護士の起案にかかるものであり、この文言は池田弁護士の座右の銘でもあった(このことについては、池田眞規著作集刊行委員会編『核兵器のない世界を求めて――反核・平和を貫いた弁護士 池田眞規』(日本評論社、二〇一七年)二二五頁以下に詳しい)。

ここには、予言と預言と二つのヨゲンがある。広辞苑によると、予言は「未来の出来事を推測していうこと」、預言は「キリスト教で神の霊感に打たれたと自覚する者が神託として述べる言説」

とある。ローマ法王は予言と言い、池田弁護士は預言と言うけれど、どちらも予言であり、預言でもあるような気になる。

大事なことは、ローマ法王も、被爆者の声に耳を傾けることの大切さを説いていることである。その大切さを言い出したのは、池田弁護士の方が先だということは明らかだけど、今、その前後を問わなければならない理由はない。確認すべきことは、被爆者の声を無視し始めたとき、人類社会は滅亡の淵へと進むことになるという予言や預言が行われているということである。

ローマ法王は、一二億三〇〇〇万人といわれるカトリック教徒の最高位にある聖職者である。ローマ法王庁は、一一月一〇日、一一日「核兵器のない世界と統合的軍縮への展望」をテーマとする国際会議を開催した。日本被団協事務局次長の和田征子さん（長崎の被爆者）は、法王庁に「ヒロシマ・ナガサキの被爆者が訴える核兵器廃絶国際署名」（ヒバクシャ国際署名）を持参し、会議では「原爆を生き延びて」と題する証言をした。その内容は、核兵器がいかに非人道的な兵器か、被爆者の受けた痛み、苦しみ、もし使われれば、同じ苦しみを世界中が負うことになることを伝えたい、ということであった。

核兵器禁止条約前文は、被爆者の「容認できない苦痛と害」について一項目を設けている。バチカン市国は、核兵器禁止条約にいち早く署名している。被爆者の声が、国際社会に届きつつあるといえよう。私は、池田先生の「被爆者は預言者である」との言明が、ローマ法王の「被爆者の予言的声」という形で継承されていることに感動を覚えると同時に、改めて、被爆者の思いに耳を傾け続けなければと決意している。

（二〇一七年一一月一五日記）

パート2　民主主義の在り方

1．比例定数削減と「一票の価値の平等」の関連について

問題の所在

二〇一一年一二月常任幹事会（自由法曹団の定例会議）の報告書が届いた。その中で、比例定数の削減問題について、「民主党が一票の格差是正という方針をとるとき、定数削減の話が一緒にされることの危険性を一般市民は特にわかっていないと思う。一票の格差が是正されれば何でもよいという話ではない」という意見が述べられている。私も、この指摘に共感する。確かに、一票の格差が解消されればそれで事足りるということではないのである。

そして、この比例定数削減問題と一票の価値の関係については、「一般市民」だけではなく、弁護士の中でも「わかっていない」人は決して少なくない。例えば、埼玉弁護士会で、比例定数削減問題についての会長声明を出そうとした時、一票の格差問題と関連付けるべきだし、その人たちと

連携すべきだ、との意見が出された経緯がある。そうでないと、比例定数削減反対の会長声明に賛成できないというのである。ここでも、一票の格差と比例定数削減についての関連性は理解されていなかったのである。

結論的にいえば、（民主党が予定している）完全小選挙区制のもとでも、各選挙区の一票の価値を平等にすることは可能である。けれども、大量の死票を生み出すという小選挙区制の弊害は解消されないのである。一票の価値は平等だが、選挙民の政治的意思は議会に反映されないという現象が生ずるのである。これが選挙権の「投票価値」と「結果価値」の問題であり、一票の価値と比例定数削減の関係なのである。

「投票価値」と「結果価値」

「投票価値」の平等は、代表選出にあたり、自己の投票が平等に数えられることを要請する。「投票価値」の不平等は、例えば、納税額の多い選挙人や学歴の高い選挙人の投票を二票と数えるというような場合だけでなく、選挙区ごとの定数と選挙人の不均衡によって、同様の現象が起きることになる。これが、議員定数不均衡問題である。選挙区制度をとる限り、一定の不均衡が生ずることはありうるし、それが平等原則違反となる場合があることは、その通りである。私たちもそれに着目しなければならない。

小選挙区制の問題点は、民意と議席の乖離である。大量の死票の発生といってもよい。この制度の下では、二人の候補者の場合は、最大で四九・九パーセントが、三人以上の候補者の場合は、半分以上の投票が死票となる場合も想定される。この否定的現象は、「民意の集約」というイデオロギーで合理化されている。選挙民に投票させるが、議席には反映させないという制度である。これが、「結果価値」の問題である。

国民を代表する議会の構成は、選挙民・有権者の意思をできるだけ正確に反映すべきであるという社会学的代表制の考え方からすると、選挙制度は国民世論と近似的な結果を要請する。その意味での憲法適合性が問われることになる。現行の選挙制度は、この批判を避けるために、比例制を並立したのである。

投票価値の平等も結果価値の平等も、比例代表制を採用することによって解消することは可能である。憲法規範論からしても、また、少数者の意見と運動が社会を変えるという歴史観からしても、比例代表制が望ましいと考えられる。

ところで、投票価値の平等は、比例制を排除するものではないが、比例制でなくとも実現することは可能である。一票の価値が平等となるように、選挙区と選挙人のバランスを取ればいいからである。小選挙区制のもとでも、一票の投票価値の格差をなくすことは可能であるが、それによって、小選挙区制の問題点は何ら解決されない。民意が「集約」され、大量の死票が生み出され、民意と議会の乖離が生ずることになるからである。

このように、投票価値の平等の問題と、比例代表定数を削減し、完全小選挙区制度に近づけようとする問題は、国民代表をどのように選出するのか、それは平等原則やその他の憲法規範との整合性はどうなのかという共通性はあるが、全く異なる位相もあるのである。換言すれば、投票価値の問題と関連付けなくても、比例定数の削減問題は設定できるし、また、そうしなければならないのである。

この違いを認識したうえで、比例代表定員削減が、この国の民主主義と参政権という人権に重大な悪影響を及ぼすことになるのだ、ということを主張すべきだと考える。

「一人一票の価値」と新自由主義

加えて、この一票の価値の平等を主張に対しては次のような見解もある。

加藤寛崇弁護士の「『一人一票の実現』を掲げる新自由主義勢力」という論稿である（三重合同法律事務所ニュース二〇一一年一月号）。

結論を紹介すると「大企業側の弁護士が『一人一票』の運動に取り組むのは奇異な動きではなく、むしろ新自由主義的改革を推し進めるためというごく自然な行動である。大都市の大企業であるマスコミがこれを好意的に取り上げるのも当然です。この運動は新自由主義的改革という時流に合致した動きだけに、今後も違憲判決が出て来ると思われますが、あまり前向きなものとばかりは評価できないように思われます」というものである。「地方優遇の選挙制度は、新自由主義的改革に合わなくなってきたからである」というのが論拠である。投票価値の平等を建前として、新自由主義的改革を推し進めるというのも、あながち穿った見方ではないといえよう。もちろん、このような評価については異論もあるであろう。

まとめ

私は、一票の価値の平等は必要なことだと思う、差等選挙など歴史の遺物だからである。けれどもそこで思考を停止させてしまうのではなく、なぜその価値が平等でなければならないのかが問われるべきだと考えている。その平等性は国政参加のシステムとの関連で語られるべきであり、完全小選挙区制を容認したり、比例代表制を無視したりする言説に与することはできない。国民の政治的意思を歪める議会が国民主権国家にあってよいわけがないからである。

民主主義は、単純な多数決原理だけで構成されているものではなく、共通の事柄を決定する上で自由に議論し、その決定に参加する機会が保障されていなければならない。したがって、代議制度の下では、その議会に各個人の意思が反映するように、代表を選出することが要請されることになる。個人の自由を主張するものが、その議会に他の個人の主張が反映しない制度を導入したとしても、それは早晩破綻し、新たな制度が求められるようになるであろう（英国を見よ）。

そして、今、少数派であったとしても、明日の多数派となり、新たな社会を打ち立ててきたことは、歴史的事実であるだけではなく、人々の自然な営みでもあるだろう。少数派の排除は社会の進歩を押しとどめる役割を果たすことにもなるであろう。

私たちは、定数不均衡問題を超えて、比例定数削減に反対しなければならないのである。

（二〇一一年一月一四日記）

2.「政治改革」がもたらしたもの

はじめに

本稿が掲載される「法と民主主義」が発行されるころ、「戦争法案」はどうなっているだろうか。廃案になっていることが一番うれしいけれど、採択されているかもしれない。もし、「戦争法」が制定されているようであれば、この国の有り様は大きく変わるであろう。

多くの国民はこの国会での採択に反対、「戦争法案」違憲であるとしていた。にもかかわらず、この民意は反映されなかったのである。

なぜ、このようなことになってしまったのだろうか。私は、今から二〇年前、「政治改革」の掛け声で導入された小選挙区制と政党助成金にその大きな要因があると考えている。そもそも、小選挙区制は多くの死票を出すことを予定している選挙制度であるし、政党助成金は政党の官営化を狙ったものである。人為的に民意を集約し、政党を経由して議員に国費を提供すれば、議員は民意とかけ離れても存在しうるのである。そして、国会の形骸化が始まる。このような「政治改革」を導入した者たちの罪は重い。

私は、小選挙区にも政党助成金にも反対であった。民意の切り捨ては民主主義の根幹にかかわる愚行だし、「政党への寄付の自由」は政治参加に際しての「思想・良心の自由」の一形態であり、導入されようとしている政党助成金制度は、その自由を侵害するものだと考えたからである。

ここでは、埼玉県飯能市の市民一〇三人を原告として提起した「政党助成法違憲訴訟」について述べることとする。

原告の主張

原告の主張は、政党に寄付するかしないか、どの政党にいくらするかは、国民一人ひとりが自主的に決定することであって、それは、憲法一九条が保障する「思想・良心の自由」の政治的場面における一つの形態であり、「政党への寄付の自由」として保障されなければならない。ところが、現行の政党助成法のシステムは、強制的に徴収した税金を各政党に配分する税金の「自動流出装置」であって、原告の自主的判断が排除されているから、原告の「政党への寄付の自由」を侵害することになる。よって、そのような違憲の政党助成法を制定・執行している国は、原告に対して慰謝料を支払え、というものであった。

東京地裁の判断

東京地裁は、「政党に寄付するかどうか、どの政党にいくらするかは、国民が政治的思想、見解、判断等に基づいて自主的に決定すべき事柄であり、思想良心の自由の一側面として憲法一九条の保障を受ける」としたが、税金の徴収と政党交付金の交付とは、その法的根拠・手続が別のものであるから、原告らは特定の政党への寄付を強制されてはいないとして原告の請求を棄却した。

東京高裁の判断

東京高裁は、「政党への寄付の自由は、思想及び良心の自由（憲法一九条）の一側面であるということができ、このような自由権はすべての個人が享有するものといえる」と、「政党への寄付の自由」という言葉を用い、その根拠を憲法一九条に求め、且つすべての個人をその享有主体とすると踏み込んだ。かつて最高裁判所は、「牛島税理士訴訟」において、政党などへの寄付は「選挙における投票の自由と表裏をなすものとして、会員各人が市民としての個人的な政治思想、見解、判断に基づいて自主的に決定すべき事項である」としていたことと比較すれば、この高裁判決が「政党への寄付の自由」という言葉を用い、憲法一九条の一側面であることを認め、すべての個人が享有する自由としたことは、原告の闘いの成果といえるであろう。しかしながら、東京高裁も、政党交付金の交付は、国民個人に直接何らかの作為又は不作為を求めるものではないから、「政党への寄付の自由」は侵害されていないと結論したのである。

最高裁の判断

ところが、最高裁は、これは憲法問題ではないとしたのである。憲法一九条の一形態とされる「政党への寄付の自由」の保障のあり方が問われているのに、憲法問題ではないというのである。そもそも「政党への寄付」を「市民として自主的に判断すべき事項」として位置づけたのは最高裁であった。強制加入団体である税理士会は、さまざまな政治的見解を持つ構成員がいるのだから、政治献金をしてはならない。なぜなら、政治献金をするかどうかは税理士個人の自主的判断によるべきものだからという論理である。その最高裁判決の射程も問われていたのである。

国家に帰属する国民も政党への寄付は自主的判断でする自由がある。それは「すべての個人が享有する自由」であるというのが東京高裁の判断であった。そうだとすれば、国家が政党に税金を交付することは、個人の「政党への寄付の自由」を侵害するのではないのか。その自由はどのように保障されるべきなのか。これらは典型的な憲法問題である。

最高裁は、税理士会内の「政党への寄付の在り方」については判断するけれど、国民と国家の間の「政党への寄付の自由」問題は判断しないという態度を示したのである。国会による政党助成法の制定と政府による執行が国民個人の「政党への寄付の自由」を侵害するかどうかについて、最高裁は判断を拒否したのである。

これからの課題

しかしながら、東京地裁も東京高裁も、この「政党助成法違憲訴訟」について、被告国の「立法府の行為の違憲性の司法判断は、その違憲性が一見明らかな場合に限る」とか、「『政党への寄付の自由』などは内容不明である」とかという主張に惑わされることなく一定の審理を行い、「政党への寄付の自由」をすべての個人の基本的人権のカタログに加えたのである。その自由の保障のあり方については、全く説得力のない論法で請求は棄却されてしまったとしても、この裁判は一つの到達点を確保したのである。

他方、最高裁は、憲法問題を憲法問題ではないとし、「牛島税理士訴訟」の最高裁判例の射程についても判断しなかったのである。推測するところ、原告がこの訴訟で正面から問いかけた「政党助成法は『政党への寄付の自由』を侵害している」という主張を排除する論理を見出せなかったのであろう。

私は、ここに、最高裁判事たちの、知的限界と政治的忖度を見出している。

（二〇一五年八月三〇日記）

3.「九条があって輝く自衛隊」

この標題は、毎日新聞の「万能川柳」欄に掲載された川柳である。作者は、自衛隊が海外に出て、殺し殺される軍隊になることに反対しているのであろう。九条の下で「専守防衛」に徹すべきだと考えていることが伝わってくる。

皆さんはこの川柳にどんな印象を持つだろうか。「いいね。座布団をあげてくれ」と思うのだろうか。「九条の下で自衛隊が『輝く』はおかしいだろう」と文句を言いたくなるのだろうか。それとも「何ということもない句だ」と思うのだろうか。

自衛隊は九条違反だと考えている人からすれば（私もその一人だが）、九条の下で自衛隊が輝くなどというのは「ありえない」と突っ込みを入れたくなるであろう。また「平凡な句だ」とスルーする人もいるかもしれない。けれども、私は、この句は世相を鋭く切り取っているように思うのである。そして、「戦争法」が制定された状況下において、自衛隊の海外派兵に反対し、九条の縛りをかけようとしているこの作者に賛辞を送りたいのである。

ところで、私は、日弁連の会合で、防衛官僚であった柳澤協二元内閣官房副長官補に「元々、今日の事態を招いたのは、自衛隊を合憲としてしまったからではないのですか」と質問をしたことがあった。本当にそう思っているからである。彼の答えは「私はその自衛隊で禄を食んできたものです。だから、違憲だとはいえません。けれども、私も今回の法案には反対しているのです」というものであった。今、日本共産党は、日本は「非常事態」にあるとして「国民連合政権」の樹立を呼びかけている。平和主義も立憲主義も民主主義も踏みにじられて、安倍政権の独裁政治が横行しているからである。そして、その危機感は、決して共産党だけのものではない。本来であれば、政権批判などするはずもない元内閣法制局長官や元最高裁長官や多くの学者たちも声を上げているのである。それは、自衛隊を違憲としている人だけではないのである。

「非常事態」というのは決して大げさな表現ではないのである。

私は、自衛隊は違憲の存在と考えている。日本国憲法の非軍事平和主義は一切の戦力の放棄を規定している。「丸腰の日本が責められたらどうする」という問いかけも含めて、憲法制定権者はそういう選択をしたのである。私は、改定権者として、その選択を尊重し続けたいと思う。殺傷力と破壊力の強弱で物事を決めることは危険で野蛮だからである。

けれども、自衛隊は合憲だけれど、海外に派兵することに反対だとする人たちとの共同もしたいと考えている。

今、私たちに求められていることは、「戦争法」を廃止する国会の形成と、「集団的自衛権」を容認した閣議決定を撤回する政府を樹立することである。そのためには違いの強調ではなく、共通項を大切にすることだと思う。多数派の形成が求められているのである。

（二〇一五年一二月八日記）

4. 権力は腐敗する。絶対的権力は絶対的に腐敗する。

二〇一六年一〇月六日に福井で開催された日弁連人権シンポジウムの第一分科会「立憲主義と民主主義を回復するために」に実行委員の一人として参加した。毎日新聞特別編集委員岸井成格さんの基調講演、フリージャーナリスト西谷文和さんの「中東の現状」の報告、岸井さんと山田博文群馬大学名誉教授（経済学）、植野妙実子中央大学教授（憲法学）、奥本京子大阪女学院大学教授（平和学）によるシンポジウム（コーディネーターは群馬の赤石あゆ子弁護士と茨城の尾池誠司弁護士）などが主な内容であった。いずれも勉強になったけれど、特に印象に残っているのは、岸井さんが「権力は腐敗する。絶対的権力は絶対的に腐敗する」という言葉を引用しながら、ジャーナリズムの権力監視の役割を強調していたことである。

私も、立憲主義の必要性を話すときにこのフレーズを用いていたので、「そうか、岸井さんはジャーナリズムの役割で、この言葉を引用するのだ」と共感したのである。そんな共感があったので、この言葉の出典はモンテスキューだと思い込んでいた私だけれど、改めて確認したいと思って調べてみることとした。そうしたら、このフレーズは、イギリスの思想家・歴史家・政治家であるジョン・エメリク・エドワード・ダルバーク＝アクトン（一八三四〜一九〇二年）という人が、一八八七年に使用したとのことであった（ウィキペディア）。私はこのアクトン卿という人は知らなかったけれど、改めて「いいことを言う人だな」と思った次第である。

ところで、私がモンテスキューが出典だと思っていたのは、「権力を担当する者がすべて権力を濫用しがちであるということは、永遠の経験の示すところである。権力が濫用されないようにするためには、権力が権力を抑制するように事態を定めておかなければならない」（『法の精神』一七四八年）が念頭にあったからである。ちなみに、このことを教えてくれた杉原泰雄先生は、このモンテスキューや「われわれにとって明証された真理がある。人間は、本来傲慢に作られており、高位につくと必然的に専制に向かっていく」（ヴァレル『社会状態における人間の権利の厳粛な宣言』一七九三年）を引用しながら、権力が濫用されがちな性向を持つことは公理ともいうべきものであるとしている（『現代立憲主義の展開・上』有斐閣、一九九三年）。

権力の濫用と権力の腐敗は、例えば、「戦争法」の執行や沖縄での基地建設工事の強行と政治活動費の横領や白紙領収書の授受のような違いはあるかもしれないけれど、被統治者の側からすれば、容認できない行為であることとしては共通している。立憲主義は、権力の濫用や暴走だけではなく、その腐敗も防止する装置と位置付けることはできるのではないだろうか。人民の負託を受けた権力者が、濫用であれ怠慢であれその則を超えてはならないのは、人民の自由と財産を確保するためには必要なことだからである。

岸井さんは、この国は既に軍国主義の道に入っている。安倍首相の超長期政権が続くようなことを許してはならないと熱く語っていた。そして、私はジャーナリストとしての役割を果たすと腹を括ったと覚悟を語っていた。私たちも、権力者の濫用も暴走も腐敗も許さないためのたたかいを継続しなければならないであろう。

（二〇一六年一〇月一〇日記）

5. 質問時間の制限と少数者の権利

自民党が、与野党の質問時間の割合を、従来の二対八ではなく、五対五にすると言い出した。三時間の質問時間をこの割合で計算すると、例えば、共産党は七分から八分、社民党は約一分ということになる。これでは質問するなということと同じであろう。衆議院規則は「委員は、議題について自由に質疑し及び意見を述べることができる。」（四五条一項）としているけれど、こんな時間配分では、この規定は有名無実となってしまう。

このことについて、菅義偉官房長官は「質問時間も議席数に応ずるのは国民からすればもっともだ」としている。政府高官が国会の質問時間についてとやかく言うのは越権だけれど、野党の政府追及時間を減らしたいという本音は透けて見える。


この提案が、野党の議会における活動を制約することは明らかである。そもそも、政府が国会に提案する議案は事前に与党内で調整されるので、与党議員には、提案前に質疑し意見を述べる機会は提供されている。与党議員が、議会で行うことは、政府への馴れ合いの質問をすること、下手なお経を読むこと、などに加え賛成票を投ずること位なのである。そこには新たな提案などはありえない。議会における質問時間は、反対意見や異なる提案を持つ野党議員のために確保されてこそ意味があるのである。

だから、自民党の提案や菅官房長官の発言は、議院内閣制ひいては議会制民主主義の基本を無視する極めて乱暴な言動なのである。こんな言動が、白昼堂々、あたかも一理あるかのようなにまかり通ることは「いやはや。おやまあ。絶句という言葉をここまで実感することもあまりない」という浜矩子さんのいうとおりなのである（「危機の深層」毎日新聞二〇一七年一一月一八日付）。

確認しておくと、野党議員が政府に対して質問し反対意見を述べることは、国民の少数派が政府をチェックする基本的な仕組みだということである。換言すれば、政府も議会の多数派も、好き放題できるわけではなく、主権者である国民を代表する野党議員の質問に答え、意見に耳を傾けることは、議会制民主主義の要諦だということである。
そこで問題は、なぜ、そのような政治原則が求められるのかである。

ドイツの国法学者ゲオルク・イェリネクは、一八九八年の『少数者の権利』のなかで次のようにいう。「いつの時代でも、新しくて偉大な思想、世界を動かした理念は支配権力の妨害に対抗して道を開かなければならなかった。この妨害は、民主制社会では、他の社会よりも百倍も大きい。というのは、民主社会では、国家よりもはるかに大きな権力を持った世論が、無制限かつ絶対的に支配しており、しかも、その世論は、政治的権力とならんで、社会的力を行使する多数者に他ならないからである」、「創造的な社会的行為は、常に個人の自由な行為であった。他方、社会による強制は決して創造的に働くことはない」、「支配と自由との間の果てしなき闘いは、来るべき幾世期の民主社会においても闘われるだろう。…われわれが期待し信ずることは、社会が荒廃した精神的倫理的軽薄さと退廃から自分を防御する唯一可能な道は、少数者の権利の承認である」(『少数者の権利』日本評論社、一九八九年)。

要するに、時の多数者の意見だけで国家意思を形成し、少数者の意見を排除するならば、社会は荒廃と軽薄さにあふれ、創造と進歩から遠ざかるというのである。

この論文の訳者である森英樹さんは、一九八九年五月三日付のあとがきの中で、「およそ百年前のしかもドイツという特殊な政治風土で書かれたものが、時間と空間を超えてストレートにつながるものではないが、……現下のアクチュアルな課題と接合しうる内容を含んでいる」としている。確かに、昨今の安倍政治の軽薄さと退廃を目の当たりにしていると、一三〇年前のイェリネクの論述が圧倒的リアリティをもって迫ってくる。

浜矩子さんは、「これは『一強のおごり』ではない。『一怯《いっきょう》の怯え』だ。卑怯者が怖気づいて、追及から逃げようとしている。それが、『議席数に応じて』主義の不都合な真実なのではないか」と喝破している（前同）。私も同感である。

けれども、私は、それだけではない恐怖にも似た気分に襲われている。国政を私物化し、憲法を無視する政治家が、この国の民主主義の下で多数派を根拠として支配者となり、更に少数者の権利を踏みにじろうとしているからである。少数者の権利の承認は、国家権力から個人の自由を守るための防波堤の一つである。その防波堤の一つが突破されているかのような危機感である。安倍政治を恐れるつもりはないけれど、侮ることもしてはならないと思う。当面の多数派を凌駕するためには、支配権力の妨害を乗り越えなければならない。更なる努力が求められている。

（二〇一七年一一月一九日記）

6. ゲッペルスのプロパガンダを表現の自由で擁護してはならない
——国民投票CM規制との関連で

はじめに

憲法改正は国民投票で投票総数の二分の一以上の賛成を得なければならない。だから、賛成派はあらゆる手段をとるであろう。もちろん、反対派も負けるわけにもいかないから、国論を二分する激しい国民投票運動が展開されることになる。その期間は、憲法改正が発議されてから六〇日から一八〇日の間に国民投票が行われるので、最大一八〇日ということになる。この間、賛成・反対派は、それぞれ知恵を絞った運動を展開することになる。ところが、投票日の一四日前から投票日までの間は、放送事業者の放送設備を使用しての国民投票運動は禁止されるのである。運動する側からいえば、投票日の一四日前からという最も大事な時期に、テレビやラジオでのCM（有料広告放送）は禁止されるのである。その理由は、特にテレビCMについては、洗脳とはいわないまでも、国民の感情に訴え、キャッチフレーズを多用して強い印象付けをするという基本的性格があるので、一定の規制が必要であるということにある。確かに、テレビCMの影響力は無視できないので、何らかの規制が必要であるといえよう。けれども、この措置に問題がないわけではない。そもそも、そういう規制が表現の自由や言論の自由との関係で許されるのかということと、逆にその影響は一四日前からだけにとどまらないだろうという問題である。現行法は、それらの問題を内包しつつも、規制はするが、それは一四日前からということになっているのである。そして、その裏返しとして、一四日よりも前は規制されておらず、テレビCMは自由ということになっているのである。

問題の所在

こうして問題は、その最短四六日、最大一六六日の間、テレビCMに対する規制が必要かどうかということになる。規制は不要という説、規制すべきという説、民放各社の自主規制に任せるという説などがある。自民党は、放送法の範囲内でやればいいことで、言論の自由を制約する規制はかけられないとしている。立憲民主党は、無規制はまずいとして改憲論議の前に規制方法についての議論をすべきだとしている。なお、かつての民主党は有料広告放送を全面禁止としていた。そして、日本民間放送連盟（民放連）は表現の自由を放送事業者が自主規制するのは避けるべきだとして、自主規制を拒否している。

日本弁護士連合会（日弁連）は規制が必要という立場である。その理由は、有料広告放送は表現の自由という優越的地位を有する人権として尊重されなければならないが、電波は有限であり誰でも使えるわけではなく、利用するには多大な費用を要し公平な手段とは言えないので、有料広告放送をすべて自由市場に委ねた場合には、実質的不平等・不公平をもたらすことになるので規制が必要ということである。機会の不平等を理由として自由を制約する。利用できない「弱者」がいるので、利用できる「強者」の自由を制約するという論理である。所有権絶対、契約自由、そして過失責任という資本主義の下での大原則に修正を加えてきた近現代の法制史と通底しているといえよう。

規制がない場合、どのような事態が想定されるか

安倍政治の特徴は憲法無視と国会蹂躙と行政の私物化である。その手法は、単なる強引にとどまらないで、隠蔽・改竄・捏造にまで及んでいる。自民党総裁選の対立候補は「正直と公平」をスローガンとし、国民の多くは「首相の人柄が信じられない」としているところでもある。そもそも、自民党の改憲案は天賦人権思想を認めず、九条二項の平和主義はユートピア思想だとしている。そこにあるのは個人の価値を国家の下に置き、軍事力によらない平和や安全など不可能としている発想である。日本国憲法の基礎にある価値と論理に対する正面からの対抗である。そして、忘れてならないのは、安倍首相の盟友である麻生太郎副首相は「ある日気づいたら、ワイマール憲法が変わって、ナチス憲法に変わっていたんですよ。だれも気づかないで変わった。あの手口学んだらどうかね」などとナチスの手口を信奉していることである。

こういう彼らが、資金力をバックに、我田引水的な宣伝作戦を展開することは容易に想定できるところである。そして、民放や電通などが、そのビジネスチャンスを見逃すはずがないであろう。こうして、自衛隊賛美と安全保障環境の悪化を理由とする自衛隊強化、米軍との共同行動の必要性が、手を替え品を替え、「改憲しても何も変わらない」という嘘とないまぜになって、人々の前に垂れ流しされることになる。そして、自民党とそれに同調する勢力は「支持上げるちょろいもんだぜ民なんて」(万能川柳) とほくそ笑むであろう。

ゲッペルスと自民党の共通性

バウル・ヨーゼフ・ゲッペルスは、ヒトラー率いるナチスの政権掌握とその維持に辣腕を発揮した人物である。「プロパガンダの天才」と言われ、宣伝全国指導者、国民啓蒙・宣伝大臣などを務めている。彼は、ナチスが初めて第一党として選挙に臨んだ一九三三年二月三日の日記に「我々は国家組織を動員できるようになったので運動は容易である。新聞とラジオは意のままである。我々は政治宣伝の傑作を作るつもりだ。金は有り余っている」と書いている。安倍首相のマスコミ各社幹部との会食や自民党に交付される政党助成金の額からすれば、何とも、現在の日本と似ているようである。

さらに、ゲッペルスは、同年五月、図書館からユダヤ人の書いた書物を押収して焼き払っている。焚書である。反ナチの本にとどまらず、マルクスやフロイト、ハイネなどの本も焼かれたという。その時、彼は「今や学問は栄え、精神は目覚めつつある。この灰の中から新しい精神が不死鳥のように舞い上がるであろう」と演説している。今、日本では「梅雨空に『九条守れ』の女性デモ」という句が公民館報に掲載されないという不寛容がはびこっている。焚書される以前に活字にもならないという状況がそこにある。

ゲッペルスにとって、政治宣伝は何の制約もかかっていないだけではなく、有り余る資金があったのである。その状況は今の自民党にとっても同様である。彼らの政治宣伝は何の制約もないのである。一市民の思いのたけの句が日の目を見ないこととの非対称性は明らかである。

小括

私は問いたい。自民党の野放図な政治宣伝を表現の自由とか言論の自由とかいう美しい言葉で擁護していいのか。それに対する何らかの規制は不要なのか。そして、一市民の想いを掲載することもできない公民館報でいいのか。もっと自由な言論空間、表現の場を確保するためにこそ、これらの自由は語られるべきではないのかと。そもそも、言論の自由というのは、抑圧された人々が「奴隷の言葉」で語らなくてもいいように、そして、その言動によって生きたまま埋められてしまうなどということがないように、命をかけたたたかいによって確立されてきたものである。他方、権力者の言う表現の自由などというのは、金にものを言わせて、自分たちの支配を永続させたいだけの醜悪な呪文でしかないのである。

今、私たちに求められていることは、表現の自由や言論の自由の意味をはき違えないことと、たとえ間接的であれ、平和と自由を制約する安倍流改憲という政治宣伝の協力者にならないことである。

（二〇一八年一〇月一八日記）

パート3　朝鮮半島のこと

1. 地図の上　朝鮮国に黒々と　墨を塗りつつ　秋風を聴く（石川啄木）

今、国連では「核兵器禁止条約」が議論されている。この原稿が掲載される頃、核兵器の非人道性を確認し、ヒバクシャのたたかいに言及する、核兵器の開発、実験、製造、移転、配備、使用などを包括的に禁止する「核兵器禁止条約」が採択されているであろう。「核兵器のない世界」が実現するためには、核兵器国の参加が不可欠であるけれど、国際法に新たな一歩が築かれることになることは間違いない。この後の一歩が求められることになる。

けれども、日本政府は、この条約に反対している。「北朝鮮の脅威がある状況で、『核の傘』から出るような決断はできない」というのである。北朝鮮の核とミサイルには過剰とも思われる反応をするのに、日本は核に依存するというのである。自分は核兵器の有用性をいいながら、他国にはそれを認めないという主張は、身勝手この上ない没論理的なものでしかないことに気が付いていないのだろうか。

この日本の論理と行動について、こんな見解を紹介したい。長い間、朝鮮民主主義人民共和国は、東北アジア唯一の非核国でした。ロシア、中国、米国、その米国の核の傘に依存する日本と韓国。周りは核だらけです。韓米は大規模な共同軍事演習を毎年やっている。北朝鮮が人民と国を守るために、生き残るために核開発に走ったわけです。昔から、朝鮮民族は白い服を好む白衣民族です。その服を外からの暴力により墨で塗られたという怨念があります。一つは、「地図の上　朝鮮国に黒々と墨を塗りつつ秋風を聴く」と啄木が詠った幸徳秋水の大逆事件の頃です。もう一つは、一九五七年五月二〇日、朝鮮半島に核が持ち込まれたことです。これ以前に、朝鮮半島が核で汚されたことはありませんでした。これは、高演義先生（朝鮮大学校教員）の見解である（「反核法律家」九〇号、二〇一七年新春号）。少し注釈を加えておくと、啄木のこの歌は、一九一〇年に発表されており、この年は、大逆事件の検挙があり、朝鮮が併合された年でもある。一九五七年五月二〇日は、高先生によると、米軍によって、朝鮮半島に原子砲と地対地核ミサイル・オネストジョンが配備された日である。

樋口陽一先生は、一九一〇年五月の検挙に始まり翌年にかけての大逆事件裁判と大量処刑は、同時代の知識人に強い衝撃を与えていた。……国内のことだけではない。「地図の上　朝鮮国に黒々と墨を塗りつつ秋風を聴く」と詠んだ石川啄木は、「韓国併合」によって加速する日本のアジア膨張政策が憲法の立憲的運用を暗く押しつぶすことを、予見していたかのように思わせる、としている（『今、「憲法改正」をどう考えるか』岩波書店、二〇一三年）。

今から一〇〇年前、この国で起きていたことと、もちろん形態に違いはあるとしても、現在の状況と通底しているものがあるように思うのは、私だけだろうか。朝鮮を出汁にして核兵器の禁止に背を向け、非軍事平和憲法を改廃して自衛隊の海外展開を目論見、内心の自由に踏み込む監視社会を形成しつつあるこの国の現在を見つめ、将来のために、やらなければならないことは多い。核兵器という「絶対悪の兵器」（被爆者の言葉）に依存しながら、国家の安全を確保するという為政者は、人民の個人としての生命や自由や幸福は、国家の独立と安全に劣後すると考えているのである。基本的な国家の役割を認めないで、不満を言い立て、抵抗を共謀する連中は、社会から排除しなければならない、と彼らは考えているのであろう。個人の上に国家を置き、武力での紛争解決を容認する彼らとの闘争は決して単純ではない。愚直に挑み続けることにしよう。

（二〇一七年六月一九日記）

2. 朝鮮半島での武力行使は絶対に避けなければならない

二〇一七年一一月一一日、日本反核法律家協会は、「朝鮮半島の非核化のために」と題する意見交換会を主催した。韓国の弁護士の崔鳳泰氏、朝鮮大学校教員の高演義氏、在日三世の弁護士金竜介氏、明治大学（国際法）の山田寿則氏、立命館大学（平和学）の山根和代氏をパネリストとしての討論がメインである。

核兵器禁止条約が採択され、「核兵器のない世界」に向けて、画期的な一歩が踏み出されているが、他方では、米国と朝鮮民主主義人民共和国（北朝鮮）の対立が激化し、朝鮮半島での核兵器の使用も含む武力衝突が懸念されている状況の中で、私たちが何なすべきかを探求しようという試みであった。

ここで紹介したいのは、朝鮮半島での武力衝突が起きれば、「全てが破滅する」という、崔さんと高さんの一致した意見と、金さんの「日本国内で、朝鮮人に対するジェノサイドが起きる」という懸念の表明である。文在寅韓国大統領と被爆者を当事者とする事案で共同代理をしたことがあるという崔弁護士も、北朝鮮の主張をよく知る高さんも「全ての破滅」を予想しているのである。金さんは、日本人による在日同胞に対する大量虐殺を本気で心配しているのである。

私は、この不安や恐怖を杞憂としてスルーすることはできない。なぜなら、私は「三光作戦」、「原爆投下」、「ベトナム・ソンミ虐殺」、「イラク・ファルージャ虐殺」など戦時における無差別な残虐行為を知っているからである。また、関東大震災時の「朝鮮人虐殺」を小池都知事が無視しようとしていることを目の当たりにしているからである。そして、私は、狂気の集団が在日の人たちを襲撃する事態は起こりうると思うし、起きてしまえば、私にはそれを止める力はないからである。

トランプ米国大統領は、核兵器発射装置の入ったかばんを持ち歩きながら、「北の核」を非難し、日本や韓国に大量の兵器を購入させている。米国の軍事産業の株は上がっているという。安倍首相は「トランプ親子の靴をなめた」などと揶揄されながら、米国の方針を丸呑みしている。「国難」をいいながら、ゴルフ場のバンカーでコケている姿を外国メディアに晒すような人物が、日本国の最高政治権力者なのである。そして、日本の軍事費は毎年増加している。

私たちは、どんなことがあっても、朝鮮半島での武力行使を止めなければならない。それは、私たちが被害者になるかもしれないというだけではなく、再び、加害者になることを意味するからである。具体的には、自分では直接手を下さないとしても、米国の情け容赦のない殺戮と破壊を支えるという形や、偏狭と狂気にからめとられた日本人グループの在日朝鮮人に対する暴虐を阻止できないという形での加害行為に及ぶことになるのである。

さらに問題がある。仮に朝鮮半島での武力行使が起きなかった場合、その理由を北朝鮮が核兵器を持ったからだということにしてはならないということである。もし、その論理が普遍性を持つようなことになれば、核兵器は安全保障の切り札ということになってしまうからである。「核抑止論」が正夢になってしまうことは避けなければならない。そうならないためにどうすればいいか。武力行使を止めるための運動と核兵器をなくすための運動を同時に進めることである。ここでも、憲法九条の非軍事平和主義の完全実施と核兵器廃絶運動の融合が求められている。「核の時代」に生きる私たちに課せられた二つの任務である。

（二〇一七年一一月一四日記）

3. 米朝首脳会談に寄せて

二〇一八年六月一二日、シンガポールで、ドナルド・トランプ米国大統領と金正恩朝鮮民主主義人民共和国（北朝鮮）国務委員長は会談を行い、共同声明に署名した。

共同声明の内容

共同声明によると、トランプ氏と金氏は、新たな米朝関係の構築と朝鮮半島の平和体制の建設について意見交換を行い、トランプ氏は北朝鮮に安全の保証を与え、金氏は朝鮮半島の完全な非核化を再確認している。二人は、新たな米朝関係の構築が朝鮮半島、ひいては世界の平和と繁栄につながると確信し、相互の信頼醸成が朝鮮半島の非核化を推進するとの認識を示している。

その上で、①双方の国民の平和と繁栄を希求する意思に基づき、新しい米朝関係を構築する。②朝鮮半島の永続的かつ安定的な平和体制の構築に共同で努力する。③「板門店宣言」を再確認し、北朝鮮は朝鮮半島の完全な非核化に向け努力する。④既に身元が確認された人を含め、戦争捕虜や行方不明兵の遺骨回収に努める、と声明している。

二人は、米朝首脳会談は画期的な出来事であり、両国の何十年にも及ぶ緊張と対立を克服し、新しい未来を拓くためのものであり、共同声明の条項を完全かつ迅速に実行に移すことを約束したのである。

私は高く評価する

私は、この共同声明を高く評価する。「ちびのロケットマン」、「狂った老いぼれ」と罵りあい、核兵器の応酬までちらつかせていた二人が、話し合いのテーブルにつき「新たな米朝関係の構築」と「朝鮮半島の完全な非核化」を「完全かつ迅速に実行に移すことを約束」したのである。その具体化のために、工夫と時間が必要なことは避けられないとしても、共同声明に盛り込まれた目標については何人も異論を挟めないであろう。新たな米朝関係の構築は、最後の冷戦状態を解消し、世界の平和と繁栄につながるからである。そして、朝鮮半島の非核化は、北東アジアの非核地帯化や「核兵器のない世界」の一歩となりうるからである。

朝鮮戦争再燃の回避

私は、最も避けなければならない事態は、朝鮮戦争の再燃であると考えていた。朝鮮の人々が殺戮と破壊の坩堝に投げ込まれることや、北朝鮮による日本への攻撃、日本国内における在日朝鮮人に対するジェノサイドなどを恐れていたからである。

「完全で検証可能で不可逆的な核廃絶」、拉致被害者の帰国、中短距離ミサイルの廃絶なども解決しなければならないテーマではあるけれど、最優先は朝鮮戦争の再燃阻止と完全終結であると考えていたのである。トランプ氏や金氏のキャラクターや、具体性がないことなどを理由として、この共同声明の意義を過小評価しようとする意見も散見されるけれど、朝鮮半島における武力衝突の危険を遠ざけたという意義は、何にもまして評価されるべきであろう。

「合意は拘束する」(Pacta sunt servanda)

そもそも、米国と北朝鮮を代表する二人が共同声明に署名したということは、両国の意思が合致したことを意味している。トランプ氏と金氏が、私的な取引をしたということではなく、国家間の政治的合意の成立を意味しているのである。そして、「合意は拘束する」という格言は、国際法の分野でも通用する原理原則である。共同声明は、政治的宣言にとどまらず、米朝両国を拘束する国際法上の意味を持つのである。

トランプ氏は「北朝鮮の安全の保証」を、金氏は「朝鮮半島の非核化」を約束した。それぞれ、相手方に対してカードを付与し合ったのである。このことは、「両国の何十年にも及ぶ緊張と対立を克服し、新しい未来を拓く」ための大きな礎となるであろう。この合意に冷水を浴びせなければならない理由はない。

トランプ氏の約束

トランプ氏は、北朝鮮の安全を保証するとしている。一見、重大な譲歩をしているようではあるが、極めて当たり前のことを約束しているだけである。元々、米国に北朝鮮を攻撃できる根拠など存在しない。国連に加盟するすべての国の主権は平等であるし（国連憲章二条一項）、すべての加盟国は、その国際紛争を平和的手段によって国際の平和及び安全並びに正義を危うくしないように解決しなければならない（同二条三項）とされているからである。そして、北朝鮮が米国に武力攻撃を仕掛けたという事実もない。米国は、自分が気に入らない国家に対して、武力攻撃を仕掛け、政権を転覆してきた。そのような行為はもともと許されていないのである。禁止されていることをしないと約束するのは当たり前のことであって、大きな譲歩をしたというものではないのである。私は、トランプ氏の今回の言明を過小評価するつもりはないけれど、その内実についても着目しておきたいと思う。

金氏の約束

金氏は、朝鮮半島の完全な非核化を約束した。北朝鮮の言うことなど信用できないという言説もあるけれど、金氏も「合意は拘束する」という格言から免れることはできない。元々、北朝鮮が核兵器を開発してきた理由は、核兵器を持っていないと米国によって政権転覆されてしまうという恐怖からである。その米国が「安全の保証」をしてくれるのであれば、核兵器保有の動機は霧消することになる。北朝鮮の核保有の動機を解消することができるのは、米国だけなのである。他方、米国も、北朝鮮の大陸間弾道ミサイルによる反撃を恐れなくて済むようになった。金氏とトランプ氏は大きな取引をしたのである。そして、私たちも、米朝間の核戦争の悲劇から解放されるという成果を得ているのである。

どのように非核化するか

現在、核不拡散条約（ＮＰＴ）が存在している。米国は加盟国である。北朝鮮も加盟していたが、現在は脱退している。また、核兵器禁止条約（ＴＰＮＷ）も採択されている。「核兵器のない世界」

に向けての法的枠組みは存在しているのである。北朝鮮が核不拡散条約に復帰する条件を整えれば、北朝鮮の核についての問題は解決するのである。核兵器廃絶の具体的手法は、核兵器禁止条約四条に規定されている。この条約の発効を急がなければならない。

ただし、それだけでは他の核兵器国の核兵器は残ったままである。世界には一万四四五〇発の核弾頭があり、うち北朝鮮は一〇発から二〇発と推定されている（長崎大学核兵器廃絶研究センター）。「核兵器のない世界」の実現のためには、北朝鮮の核だけを問題にすれば事足りるということではないのである。そのためには、「俺は持つおまえは捨てろ核兵器」という不公平この上ない論理と、核兵器に依存しての国家安全保障政策（核抑止論）を乗り越えなければならない。ヒロシマ・ナガサキ・ビキニの核兵器被害体験を持つ日本はその運動の先頭に立つ責務があるといえよう。

（二〇一八年六月一五日記）

4.「半島が平和になると困る人」

これは仲畑流万能川柳の一句である（毎日新聞二〇一八年七月一七日付）。いやあ傑作だと思わずニヤリとしてしまった。まず浮かんだのは、安部晋三首相、河野太郎外務大臣、小野寺五典防衛大臣の顔である。彼らからすれば、北朝鮮の脅威という「国難」が消えてしまえば、内政におけるでたらめを覆い隠す材料が減ってしまうことになる。それは困ることになるだろう。おまけに、

「一〇〇パーセントともにある」としていたトランプ米国大統領が、「国難」の親玉金正恩国務委員長と笑顔で握手してしまったのである。彼らからすれば青天の霹靂といったところであろう。

けれども、彼らは「北の脅威」は消えていないとしてイージス・アショアの配置を継続しているのである。イージス・アショアは二基で総額六〇〇〇億円を超えるし、使用する新型迎撃ミサイルは一発三〇億円から四〇億円で、二基で数十発単位が想定されているという（産経新聞二〇一八年七月二三日付）。トランプ大統領は、金がかかるからとして米韓共同演習を中止したけれど、日本政府はまだこんなことを続けているのである。この費用の支払先は、もっぱら米国の軍需産業だろうけれど、特需の恩恵を受ける日本企業もあるだろう。平和になると困るのは目くらましの材料がなくなる政府、存在意義を問われることになる軍関係者、金儲けの機会が減る資本家だということがよくわかる。

さらに困るのはそういう連中だけではない。北朝鮮を悪者に仕立てて、自分の意見を述べてきたマスコミや学者も困るのである。金体制の独裁や非人道性を材料にして、核兵器依存や武力行使の不可避性を主張してきた手合いがいる。北朝鮮は危険な存在だから、まずは北朝鮮に核を放棄させろ、けれども日本は米国の核の傘に依存して安全保障を確保すべきだ、軍事力の保有は必要だとしてきた諸君のことである。毎日新聞は、米国に「核の傘」を外すのは止めてくれとしていたし（二〇一〇年一月四日付）、南北首脳会談は北朝鮮を利するだけだから惑わされるなとしていた

（二〇一八年二月一一日付）。中西寛京大教授は、北の脅威に直接触れているわけではないけれど、核兵器は自分と愛するものを守るものであることも忘れるな、核兵器禁止条約など意味がないとしていた（毎日新聞二〇一七年一月一五日付）。こういう人たちは、北朝鮮に対する核攻撃が可能な米軍爆撃機の護衛に自衛隊戦闘機を提供することにも、北朝鮮のミサイル発射実験に過剰なまでに警戒警報を発令することにも無批判なのである。

こういう発想の人たちは、南北会談や米朝首脳会談の成果について懐疑的になるのである。いわく、この会談や声明は抽象的で具体性がないから核廃絶に役に立たないとか、北にまた騙されることになるとか、北の独裁体制を許容することになるとか、トランプのパフォーマンスはノーベル平和賞狙いだとか、拉致被害者が帰って来るわけではないなどとして、首脳会談や共同声明の意義を過小に評価するのである。

彼らは、トランプ大統領と金委員長が「ちびのロケットマン」だとか「狂った老いぼれ」と罵りあっている状況の方が性に合っているらしく、「新しい米朝関係」、「恒久的で安定的な朝鮮半島の平和」、「完全な非核化」などというアジェンダには興味を示さないようである。

強烈な個性の二人が、兎にも角にも会って話し合いをしたのだ。その協議が継続されている限り、朝鮮半島での戦闘や北朝鮮の日本への攻撃や日本人の在日朝鮮人への虐殺が避けられるであろう。私は、それは大変な成果だと思うのである。けれども、彼らはその成果を確認できないようである。

北朝鮮に先行的な核兵器放棄を求めることは「俺は持つお前は捨てろ核兵器」という見勝手な論

理であるし、対話以外の解決策として武力の行使を容認することは核兵器の使用を誘発する恐れがあるし、国交もないままに「拉致問題」の解決は不可能であろう。出来もしないことをやってはならないことをやれやれと騒いで、南北間や米朝間の「善意」や「信頼」の形成に水を差す言説は、朝鮮半島や日本でのカタストロフィーを容認する無責任で軽薄この上ないものであろう。「北朝鮮の脅威」を消滅させるためには、無理筋の圧力をかければ済むという問題ではないことは、少し冷静に考えれば理解できることであろう。永遠の五歳であるチコちゃん（NHKの番組のキャラクター）に言わせれば「ボーっと生きているんじゃねえよ……」というところであろう。

今求められていることは、南北首脳会談や米朝首脳会談の到達点と今後の課題を適確に分析し、トランプ大統領や金委員長に対する適切な批判や激励を忘れないようにして、「朝鮮戦争の終結」、「朝鮮半島の非核化」、「北東アジア非核兵器地帯」、「平和共存可能な朝鮮半島」、「北東アジア共同体」などを展望し、可能な事柄から地道に積み上げていくことであろう。

（二〇一八年七月二五日記）

5. トランプ大統領と金委員長は、なぜ会談し共同声明を出したのか

はじめに

私は、南北首脳会談や米朝首脳会談とその成果を高く評価している。その理由は、朝鮮半島での武力衝突の再燃を避けているからである。仮に衝突が起きれば、多くの南北朝鮮の人々が死傷し財

産を失うことになるだけではなく、北朝鮮による日本への攻撃も想定されるし、日本国内での朝鮮人虐殺という事態も現実となるかもしれない。私たちが、再び、加害者となり被害者となる事態が避けられているだけでも大きな成果だと思うのである。

けれども、これらの会談や共同声明の成果を限りなく無意味なものとしようとする勢力が存在する。日本政府や日米のマスコミである。ただし、日本政府は、あからさまに非難することはしない。「一〇〇パーセントともにある」トランプ大統領がしたことだからである。彼らからすれば、軍事力強化の根拠にしていた北朝鮮の脅威が消えるのは嫌だけれど、トランプ大統領の機嫌を損なうことも避けなければならないのである。だから、右往左往することになる。

そして、日本においては政府寄りのマスコミだけではなく朝日新聞や毎日新聞なども、米国においては反トランプのマスコミが、米朝首脳会談の成果を評価せず、両首脳の属人的要素（独裁者・不動産屋という資質や経歴）や声明の抽象性などを言い立て、その成果が水泡に帰するのを待っているかのようである。

なぜ、彼らが、かくも消極的な態度をとるかといえば、日本のマスコミは、北朝鮮を敵視し憎悪を掻き立てる政策をとる政府批判の視点が弱かったし、自らも北朝鮮の体制を嫌ってきたからであろう。そして、米国のマスコミの論調には、とにかくトランプ嫌いという姿勢が反映しているのであろう。

私には、これらの態度はいかにも無責任で好戦的な姿勢と映るのである。

二人はなぜ「変心」したのか

それはさておき、いまにも核兵器の応酬までするかのように罵り合っていた二人が、なぜこのような「変心」をしたかについて、二人の口からその理由は語られていない。だから百家争鳴となるのである。そして、私にもこの「変心」の理由は、文在寅韓国大統領の存在と行動は別論として、よくわからない。ただ、こんなことは推測できる。

金委員長からすれば、米国が北朝鮮敵視を止め、朝鮮戦争が終結すれば、核兵器を保持し続ける動機は解消する。そして、核兵器を放棄すれば制裁は解除されるし、核兵器開発に向けていた資源を他の政策に回すことができる。そう考えれば、金委員長が首脳会談に臨む動機付けは理解しやすい。だから、この会談は、金委員長にとっては「渡りに船」だという説も出てくるのである。その船を出してしまったトランプ大統領の軽薄さを指弾し、この会談の勝者は金委員長だとする議論の背景にはこのような理解があるといえよう。

他方、米国は核兵器先制使用政策を維持したままだし、今年二月の核態勢見直し（NPR）では、核兵器使用の敷居を下げている。そして、その気になれば、フセインのイラクをそうしたように、金体制の北朝鮮を世界地図から抹消することも不可能ではない。にもかかわらず、トランプ大統領は金委員長との会談を選択したのである。武力での問題解決ができるのにそうしなかったトランプ大統領の弱腰を指摘する声にはこのような背景があるのであろう。

そして、私もこの選択とトランプ大統領の他の政策との整合性はどこにあるのか不思議に思っている。彼は、環境問題・イラン問題・移民問題・関税問題などで強硬姿勢を示している。にもかかわらず、軽薄だの弱腰だのという非難にもめげずに「北朝鮮との融和」を選択したかである。とても我慢できないような批判に耐えても獲得したかったものは何かという疑問である。

この不思議な現象はなぜ起きたのか。もしかすると、トランプ大統領は「不動産屋」らしい感覚で「取引」をしただけで、体系的な配慮などなかったのかもしれない。どこの不動産にいくらの投資をするかは、別に、体系的思考などいらないからである。けれども、この選択について、米国民の七割が評価しているという。トランプ大統領は政治的には勝利を手にしているかのようである。

なぜ米国市民がこの選択を支持しているのかについて、米国市民の「厭戦気分」が背景にあるという説がある（渡辺治さん）。現在、米朝首脳声明に基づき、朝鮮戦争で死亡した兵士の遺骨が返還され始めている。米韓共同軍事訓練も中止されている。「戦後」という言葉のない米国にあっても、戦争が避けられることは歓迎されているのかもしれない。けれどもそれは結果であって原因ではない。米国民の「厭戦気分」がトランプ大統領のこの選択を後押ししているとの直接的証拠の有無にかかわらず、また「瓢箪から駒」であれ、この米国市民の反応は大いに歓迎すべきものであろう。

他方、日本国内においては、この会談と声明を積極的に評価し、主体的に朝鮮戦争の終結と朝鮮半島の非核化を進めようという意見は少数派のように見える。毎日新聞は「今まで北朝鮮は約束を何回も反故にしてきました」という文言を先行させた上で、今回の共同声明に対する評価を聞くアンケートをしている。その結果七〇パーセントの人が「核・ミサイル問題は解決できない」と回答している。

日本共産党を除く政党も「沈黙」を守っているかのようである。日本反核法律家協会は、この会談と声明を評価し、朝鮮半島の非核化から北東アジア非核兵器地帯、「核兵器のない世界」を展望するとの見解を表明している。最近では、原水爆禁止世界大会でも同様の決議が発せられているが、まだ世間の大勢にはなっていないようである。北朝鮮は怖いし信用できないとの擦り込みの影響は依然として残っているのである。

朝鮮民主主義人民共和国（北朝鮮）と米国の両首脳が正式に会談を行い、共同声明を発出しているのである。その内容は朝鮮戦争の終結と朝鮮半島の非核化である。これに水を差さなければならない理由はない。むしろ最大限活用する方策を考えるべきであろう。

トランプ大統領と金委員長の性格や主観的思惑にかかわらず、朝鮮半島の問題解決策として、武力の行使など論外であり、平和的な対話と合意しか方法はないことを忘れてはならない。

（二〇一八年八月八日記）

6.「少女像」の影はハルモニだった

二〇一八年一一月一八日から二一日まで、韓国に行ってきた。笹本潤弁護士が企画した「憲法と米軍基地と南北問題を知る」という研修旅行だ。懇談した弁護士・学者・活動家は五人、訪問した博物館・記念館などは五か所、平沢《ピョンタク》米軍基地、南北境界線近くの「自由の橋」や烏頭山《オドゥサン》統一展望台などにも行ってきた。統一展望台からはリムジン河を挟んで北朝鮮の農村風景を望むことができた。何とも強行軍だったけれど、大いに勉強にはなった。

そもそもの動機は、板門店で文大統領と金委員長がしたように南北境界線を行き来したいということだった。かつて、東西ドイツが統一されたとき、ベルリンの壁の破片を買ってきたことと重ね合わせて、歴史の転換点に立ち会えるような気分でいたのだ。けれども、板門店はすべての人に開放するための工事中ということで行けなかった。

このところの南北関係の展開は目を見張るようである。あのトランプ大統領と金委員長との間にも信じられないような変化が生じている。「ちびのロケットマン」と「狂ったおいぼれ」が、朝鮮半島の平和と非核化を語り合ったのだ。もちろん、楽観も油断もできないけれど、間違いなく良い方向に向かっているといえよう。

他方、日韓関係はぎくしゃくしている。一九六五年の日韓請求権協定には「完全かつ最終的に解決」という文言が、二〇一五年の日韓両外相共同記者発表（「慰安婦」合意）には「最終的かつ不可逆的に解決」という文言があるにもかかわらず、韓国大法院は「徴用工」の日本企業に対する損害賠償を認め、韓国政府は「和解・癒やし財団」を解散するとしているからである。外交関係にひびが入るのはやむを得ないであろう。私たちが真剣に考えなければいけない課題である。

これらの問題を考える上で、今回の韓国行きは必要な視点を提供してくれた。特にそれは、民族問題研究所対外協力チーム長の金英丸《キムヨンファン》氏との交流であった。日韓両国語を自由に操る氏は、あの二〇〇万人の「キャンドル革命」の背景事情について語ってくれただけではなく、開館したばかりの「植民地歴史博物館」を案内してくれた。

氏によると、「キャンドル革命」によって弾劾された朴大統領が何より大きな批判を浴びたのは、被害者の人権を踏みにじった二〇一五年「慰安婦」合意と歴史教科書の国定化だという。「慰安婦」合意というのは「日韓両外相記者発表」のことをいい、国定化というのは、彼女の父の朴正熙《パクチョンヒ》大統領が「独裁者」として書かれている歴史教科書を「経済発展の英雄」と書き換えようとしたことを意味している。

朴正熙は独裁者というだけではなく、「皇軍」として日本帝国主義に積極的に協力し、自身の独裁体制を明治維新と重ね合わせて「維新体制」と名付けた代表的な「親日派」だという。日本の支配下にあった朝鮮で、抵抗した人もいたけれど、積極的に協力した「親日派」（今は親米派）の人たちも存在しており、現在でも各界各層に隠然たる力を持っているという。李明博《イミョンバク》大統領や朴大統領（娘）を当選させた勢力はそのような人たちであり、彼女はその勢力の代表として、日本政府と慰安婦問題で妥協し、歴史を修正しようとしたのであろう。ちなみに、日韓条約（請求権協定を含む）の締結は朴正熙時代である。韓国社会には、戦前・戦中に日本帝国主義とどのように向き合ったか、戦後は、米国とどのように付き合っているかによる分断が牢固として存在するようである。それが、政治の大きな振幅として現れるのであろう。

ところで、「植民地歴史博物館」は、日本帝国主義の植民地支配の実情、それに抵抗した独立運動家と協力した親日派の生き方の比較、強制動員被害者と遺族の声、そして過去を克服するために取り組んできた日韓市民連帯の歴史などが展示されている。

金さんは、強制動員被害者のケースとして「慰安婦」のことも話してくれた。二〇一五年の「慰安婦」合意の一番の問題点は被害者の声をまともに聞かなかったことだという。合意に基づいて設立された「和解・癒やし財団」の担当者が役人とともに高齢になった元「慰安婦」を訪ねて見舞金を渡そうとした時、彼女は「あの時も、役人が来て、いい話があるからと言って私を連れて行った」と言って受領を拒んだという。彼女にとって、その「見舞金」は彼女の人生を狂わせた「うまい話」と同義なのであろう。元「慰安婦」の方たちは、国や自治体の援助があり、お金には困っていないという。彼女たちが求めているのはお金ではないのだろう。金さんがそのハルモニのエピソードを語った時、その声に涙がこもっているように、私には聞こえた。

日程の最後に、日本大使館の前にある「少女像」に会いに行った。多分皆さんも写真やテレビなどで見たことがあるだろう。オカッパ頭のいたいけな少女の像だ。その像の隣には椅子が置いてある。私はその椅子に腰をかけた。そして、「従軍慰安婦」の存在を知った時のことを思い出していた。一九九三年、私は、妻と高校一年生の次女と一緒に、実名でその体験を語った金学順《キムハクスン》さんの話を聞いた。私の記憶に間違いがなければ、次女は、金さんの母に編んでもらった黄色いセーターが日本兵によってボロボロにされた話を聞き、「金さんに黄色いセーターをプレゼントする夢を見た」と言っていたように思う。

「少女像」には影がある。その影はハルモニである。いたいけな少女たちが、遠い異国で、荒くれた兵士たちの慰み者にされていたことなど、できれば信じたくない。けれども、それが事実であるとすれば、私は何をすればいいのだろうか。

日本の朝鮮での植民地支配は未清算なのだと思う。とりわけ被害者個人の人権が軽視されているといえよう。それは、単に日本政府だけの姿勢ではない。韓国における「親日派」の意向も働いているのであろう。加害者は水に流したいかもしれない。けれども、石に刻まれた被害者の苦しみを癒すことは簡単ではないであろう。「最終的な解決」、「完全な解決」などという言葉をもてあそんではならないと心底から思う。

（二〇一八年一一月二四日記）

パート4　折々のこと　折々の人

1．世界社会フォーラムに参加して

二〇一一年二月五日と六日、セネガルのダカールで開かれた世界社会フォーラム（ＷＳＦ）に参加してきた。

参加の動機は、このフォーラムの意義も由来も知らないままに、アフリカに行ける、しかも、パリ・ダカール自動車ラリーのゴールやオプションであのカサブランカにも行ける、という単純なものだった。過酷なことで有名な耐久レースはテレビで見たことがあるし、イングリット・バークマンとハンフリー・ボガードの「昨日？　そんな昔のことは忘れた」というセリフを名画座で見たことを思い出したので、即断即決したのだった。

参加者を募ったのは、大阪の梅田章二団員である。もちろん彼が団長格である。関東からは宮坂浩団員と笹本潤団員のパートナー高部優子さんと私の三人。その余は関西勢（上山勤・中森俊久両団員を含む）の総勢一三人。楽しくかつ有意義な旅であった。

世界社会フォーラムについて少し解説しておく。このフォーラムの合言葉は「もうひとつの世界は可能だ」というものである。新自由主義とグローバリゼーションがもたらした格差と貧困を解決したいという運動である。先進資本主義国の代表者で構成される世界経済フォーラム（ダボス会議）の向こうを張ろうというのである。二〇〇一年にブラジルのポルト・アレグレで開催されて以来、インドのムンバイ、ケニアのナイロビなどで開催されている。多い時には、一五万人という参加者があったという。今年の参加者は五万人といわれている。目立ったのは、地元セネガル（高校生たちも大勢参加していた）を除けば、ブラジル勢だった。ルラ元大統領も参加していたとのことである。発祥の地がブラジルであることからして当然のことなのかもしれない。

私たちが何をしてきたかを報告しておく。まず、揃いのTシャツを着た。胸には「日本の約束」と書かれている。背中には、白クマと氷山がデザインされている。温暖化に対する問題意識であることはいうまでもない。その上に、これまた揃いの法被《はっぴ》（丈夫な紙製）を着こんだ。その背中には憲法九条がデザインされている。これが日本メンバーの参加理由なのだ。このコスチュームで、パレードと会場（ダカール大学）で、団扇《うちわ》とチラシを配るのだ。団扇とチラシの主張は日本国憲法九条の平和主義だ。チラシは英語とフランス語だ。セネガルの公用語はフランス語だし、配布されたプログラムもフランス語だ。開催されたセッションもフランス語だけというものもある（平和教育のセッションを覗いてみたが、何が何だか判らなかった）。団扇の「平和」という漢字は「ピースだよ」と説明しながら配布したものだ。

それにしても、団扇とチラシの捌かれ方は半端ではない。次から次へと真っ黒（セネガルの黒人は本当の黒人なのだ）で体格の良いご婦人方（彼女たちの辞書には、ダイエットなどという言葉は絶対ないであろう）や子どもたち（セネガルの人は全体に人懐っこいのだ）が群がって欲しがるのだ。二〇〇〇本、二〇〇〇枚など瞬く間になくなってしまう。中には「その法被をよこせ」（多分）と身振り手振りで迫ってくる女性もいた。この迫力にかなう日本人は、関西グループの女性陣（私は最強の人たちと思っていたのだが）も含めて、いなかったのだ。中森君の法被は彼女の体には少し小さかったようであるが、よく似合っていた。宣伝効果は抜群であろう。

私にとっての初体験は、パレードの参加者の数の多さとその多様さである。粛然と行進するわけではなく、踊ったり、歌ったり、楽器（太鼓やブブゼラ風）を奏でたりの、思い思いの行進なのだ。先導車も音楽を流している。まるで街頭でのディスクジョッキーを聞くようである。この迫力に対抗できる支配者はまずいないであろう。民衆のエネルギーは無限であると再認識したものだ。

帰国してみたら、エジプトのムバラク大統領が辞任するということだった。ギロチンで首を切られるとか、車で引き回されるようなことはないと思うけれど、民衆の苦しみに無頓着なままに驕り高ぶる者は、いつの日かその命運を絶たれるであろう。「驕れる者は久しからず」という言葉を思い出す。

ダカールの後、モロッコに行った。ジブラルタル海峡を見て、世界遺産の古い街並みに寄り道をして、カサブランカにも一泊してきた。バー・カサブランカは予約がないと入れないということだった。映画カサブランカの例のシーンはハリウッドのセットを利用しているのだから入れなくてもいいやなどと、イソップの葡萄を取れなかった狐の心境で、その外観だけを眺めてきた。

世界社会フォーラムは、体制側からは社会民主主義者から無政府主義者までの雑多な左翼運動だといわれ、左翼政党からは、実践的アイデアも少なく、新自由主義や帝国主義に対する批判が明確でないといわれ、無政府主義者からはコミンテルンのようだといわれているという。それはそれでそうなのかもしれない。「何をやったって、誰かが文句を言う」というのはその通りだからである。

私としては、世界は広いし、人々の営みは過去も現在も偉大だと確認でき、何を信じて未来を語るかが見えたような気がしただけでも、この時間と費用は無駄でなかったように思う。

（二〇一一年二月一二日記）

2. パレスチナ断想

二〇一二年三月一日から九日迄、イスラエルに行ってきた。関空からイスタンブール経由でテル・アビブ空港までは十数時間だ。到着して早々に雪と雹と雨にたたられた。イスラエルの雪、いわんや雹などは全く想定していなかった。エルサレムは四年ぶりの雪だという。初日に訪問予定の国連人道問題調整事務所（ＯＣＨＡ）も閉鎖されていた。「嘆きの壁」も雨に打たれていた。安物の折り畳み傘など役に立たなかった。同行した自称「雨男」を恨めしくも思ったが、慢性的水不足にあるパレスチナの人には恵みの雨なのかもしれないと我が身を慰めたものだ。

それでも、荒れた天候は二、三日だった。死海に浮かぶこともできたし、ゴラン高原を映すガリラヤ湖にも行けたし、ヨルダン川や地中海の青さを目にすることもできた。うまいワインも石榴の生ジュースも飲めた。パレスチナの人々の置かれた状況の深刻さと、一人で帰国する時の不安（イスラエルの入出国手続きは厳格なのだ）を除けば、充実した日々だった。

イスラエルに行くと言い出した時、事務所のメンバーから「何をしに行くのか?」と、そもそもの疑問が投げかけられた。イスラエルは危険なところだという先入観があるようで（現に、私が帰ってくる日、イスラエル空軍はガザ地区を空爆している）、明確な目的がないままに行くのは止めるべきだという言外の非難が込められていたのだろう。

明確な目的とか重大な任務があったわけではない私は、「行ったことがない所だから」とか、「(昔、教科書で見た)死海に浮かんでみたい」とか、「(キリストゆかりの)ナザレやベツレヘムに行ってみたいから」などと取ってつけたような理由を並べ立てていた。旅程表はあったけれど、忙しさにかまけていて、どこに行くかも、誰と会ってどんな話を聞くかも、事前の準備は何もしてなかったのだ。平和学を専攻している研究者からの知り合い同士の「気楽な旅」だからという誘いに乗ってしまったのだ。そして、当初の旅程には死海ルートがなかったので、無理を言って組み入れてもらったのだ。

泊まったところを整理すると、エルサレム、ナブルス、ナザレ、ベツレヘムということになる。ジェリコ、ラマラ、ハイファ、ヘブロンという街にも行った。(途中で、何度もイスラエルの検問にあうことになる。パレスチナ地域では、外国人は基本的にフリーパスだが、イスラエルに入るときには、手荷物まで開けさせられた。)

もちろん、名前も知らない街がほとんどだ。この特徴は、ヨルダン川西岸即ちパレスチナということになる(この地域も、パレスチナ自治政府が行政権と警察権を持つ地域、行政権を自治政府、警察権をイスラエルが持つ地域、イスラエルが両権限を持つ地域に三区分されている)。これらの街のあちこちでいろんなものを見、いろんな人と会った。イスラエルの植民政策と対抗しているパレスチナの人たちがほとんどだった。まるで「パレスチナ問題」のスタディツアーだ。

イスラエルの植民政策は、国際法など無視した、強権的で、狡猾なものだというのが彼らの主張だった。パレスチナの人々は、毎日の移動の自由やその他の基本的人権がないどころか、その生活の基礎である土地や水を、何時根こそぎ奪われるか分からない状況に置かれているようだ。現に、炊き出しに群がる屈託のない子どもたちにも会ったし、青年たちの閉塞感も聞かされたし、非暴力でイスラエル兵と対峙している人にも会ったし、「行政拘禁」にハンガーストライキでたたかっている人の話も聞いた。米軍が、国際法を無視し、銃剣とブルドーザーで、沖縄に基地をつくった時の状況や、治安維持法下の「予防拘禁」制度を彷彿としながら、彼らの話に聞き入ったものだ。地域を隔てる壁やかみそりの刃を組み込んだフェンスをつぶさに見たり、イスラエル兵の対応を体験すれば、彼らの主張に偽りはないと確信できるであろう。

ユダヤの人々がナチスドイツを典型例とする迫害に遭ってきたことを考慮に入れても、イスラエルの行動は看過することのできない所業といえよう。「パレスチナ問題」ということは聞いたことはあるとしても、その実態についてはほとんど知らなかった自らを恥じなければならない。

けれども、パレスチナの人々は、決して手を拱いているわけではない。毒入りの放水や催涙弾の水平撃ちにめげずに定期的にデモを繰り返す村人、「行政拘禁」の被拘束者の支援のためにたたかう女性弁護士、法律家になることを目指す若い女子大生、水も電気も止められた中で、二〇年間も土地所有権（主張の根拠は、オスマントルコ、大英帝国、ヨルダンなどの承認書だ）を主張して法廷闘争をしている農民、パレスチナの子どもたちにアラビア語（話し言葉はともかく、書き言葉は難しいという）や英語を教えている青年、逮捕されたこともある米国の学位を持つ大学教授、パレスチナの人々と連帯しようとするイスラエル人、人道支援の限界を覚えつつも努力する国連職員、「自由劇場」で青年を励ます人々、話好きでたばこを吸う鉄道労働組合（昔は、イスタンブールからカイロまで鉄道が続いていたという）の元幹部などなど、人々は、決してやられ放題ではなかった。インティファーダのエネルギーはマグマのように蓄積されているのだろう。

滞在中に、一〇年前の原子炉の事故が、最近、明らかにされたという話を先の大学教授から聞いた。イスラエルは、核不拡散条約に加盟していない、非公然の核兵器保有国である。「敵国」に包囲され、パレスチナを抱えるイスラエルは、決して核兵器を放棄しないだろうと、あるイスラエル人（彼はパレスチナ人を敵視していないのだが）は断言した。神に選ばれた自分たちの国が崩壊する時は、これ即ち「世界の終末」が訪れる時だと、シオニストたちは考えているのだろうか。なんという発想だろうか。イスラエルには、そんな暗澹たる気持ちを乗り越えなければならない課題が伏在しているようである。

（二〇一二年三月二一日記）

3．追悼　肥田舜太郎先生

肥田舜太郎先生が、二〇一七年三月二〇日、肺炎のため亡くなられた。享年一〇〇歳であった。

本当に惜しい人をなくしたと思う。伊藤直子さん（被団協の事務局員）、池田眞規弁護士に引き続いての訃報である。私は、二〇一一年秋、伊藤さん、池田先生、肥田先生と四人で、熱海に泊まって楽しい時間を過ごしたことがあった。あの時はみんな元気だったのにと懐かしく思い出す。

私は、一月二九日、先生の百寿の会を兼ねた埼玉の被爆者団体である「しらさぎ会」の新年会に参加していた。その時の感想を自由法曹団通信に寄稿しておいた。次のとおりである。

百歳は通過点!!

先日、肥田舜太郎先生の百寿の祝いに、事務所の村山志穂弁護士と参加した。肥田先生は、軍医をしていた二八歳の時、広島で被爆している。極度の貧血などに苦しめられたこともあるけれど、戦後一貫して、被爆者の治療と、核兵器廃絶のために、たたかってきた人である。その超人的な奮闘に畏敬の念を抱いている私は、「先生は化け物ですね」と言ったことがあったけれど、先生は「僕は化け物じゃないよ」と笑って受け流されてしまった。

埼玉県の被爆者の会である「しらさぎ会」のメンバーから薄いピンクの羽織と帽子を送られた先生は「私にとって一〇〇歳は通過点に過ぎない。被爆者は一〇五歳、一一〇歳と長生きをする必要がある。皆さんも自分の命を大事に、目標に向かっていっぱい花を咲かせてください」と呼び掛けていた。九八歳になる堀田シズエさんは「肥田先生に勇気をもらった。私も一〇〇歳まで生きる。

一緒に歩いてきた被爆者はどんどん少なくなっていくけど、最後の一人になるまでに核廃絶を実現したい」とスピーチしていた。肥田先生や被爆者にとって核廃絶は「私たちの使命」なのである。

一〇〇歳になった肥田先生は、私の父と同じ一九一七（大正六）年の生まれである。私の父は八三歳で他界しているけれど、先生は使命を語り、お酒をたしなみ、カラオケをやるのである。三〇年後、私も生きていれば一〇〇歳になる。その時、私は何をしているのだろうか。私はどんな使命感を持っているのだろうか。酒は飲めるのだろうか。カラオケはどうだろうか。


ところで、「草木国土悉皆成仏《そうもくこくどしっかいじょうぶつ》」という言葉がある。梅原猛先生によれば、鎌倉仏教の前提となった日本思想の本質であるという。その梅原先生は、「自然を破壊して多くの生物を殺した人間が、人間同士の殺し合いである戦争を行うのは必然的であったと考える。そして殺人兵器の技術が進歩し、ついに原爆、水爆の開発に至った。そのような人間の運命を変えなければならないと私は思う」と言っている。そして、この「草木国土悉皆成仏」の理念は新しい人類の理想になるべきだという。しかしこれは序論であって、西洋哲学を厳しく批判する本論を完成するまでには、まだ十年ほどの時間が必要である。一〇年たつと一〇〇歳を超えることになるが、少なくとも一〇〇歳までは生きて、新しい哲学を創らなければならないと思っているという（随想「人類哲学の使命」学士会報No.919）。ここでも「核と人類は共存できない」という思想が共有されているのである。

私は、この梅原先生の提案を新しい人類の理想にふさわしいかどうかについてにわかに同意することはできないけれど、一九二五（大正一四）年生まれの梅原先生が、「核の時代」を迎えてしまった人間の運命を変えるために、少なくとも一〇〇歳までは生きて、新しい哲学を創り出すことを使命としている姿勢には、心からの敬意を覚えるのである。

私は七〇歳になったけれど、村山志穂はまだその半分である。二人とも、肥田先生や梅原先生の年までは時間が残されている（私と村山を同列に置くのはいかがかと思うけれど、行論上の成り行きなので大目に見てほしい）。

私たちは、何を使命とするのか。核兵器廃絶のために何ができるのか。三〇年後もまだ同じ使命を抱えているようなことにはなって欲しくない。それまでには核兵器をなくしていたいものである。私は、「核兵器問題は、外交問題のあれこれの一部分ではなく人類にとっての死活的な緊急・中心課題である」（日本共産党二七回大会決議）という時代認識を共有しながら「核兵器禁止条約」の実現のために尽力したいと思う。

この文章は、二〇一七年二月九日に書かれているので、それから一か月と一〇日余りで、肥田先生の訃報に接したのである。もちろん、私は、肥田先生がなくなるなどということを予測などしていない。当時、国連では、核兵器の廃絶を展望して、核兵器を禁止する法的枠組みに関する交渉が始まろうとしていた。核兵器使用の非人道性に着目して、核兵器国や核兵器依存国の反対にもかかわらず、「核兵器のない世界」に向けて「核兵器禁止条約」を制定しようという試みである。私は、日本反核法律家協会だけではなく、日本弁護士連合会（日弁連）にも、主体的に関与してほしいと考え、新倉修弁護士や森一恵弁護士に、ニューヨークに行ってもらう準備をしていた。

この「核兵器禁止条約」制定の試みは、七月七日、一二二か国の賛成（反対一、棄権一）で、条約案が採択されるという形で、実を結んでいる。核兵器は、単に、非人道的、非道徳的というにとどまらず、違法な兵器であることが確認されたのである。もちろん、「核兵器のない世界」は、核兵器国が核兵器を廃絶しなければ実現しない。現状で、彼らは核兵器を放棄するなどということは毛頭考えていない。むしろ、核兵器禁止条約には冷たい視線を向けているのである。

けれども、彼らの反発が強ければ強いほど、この条約の存在意義は大きいのである。伊藤さんも、池田先生も、肥田先生も、この条約が採択されたことを知れば、大歓迎するであろう。私は、この三人と、この条約ができたことを喜び合いたかった。

そして、この三人が生きていれば、きっと、こう言うであろう。この条約ができたからといって、自動的に「核兵器のない世界」が訪れるわけではない。日本政府や核兵器国の姿勢を改めるたたかいは残っているのだ。条約に魂を吹き込め、と。

（二〇一七年七月二三日記）

4. 大学生たちとの対話

長崎大学核兵器廃絶研究センターの中村桂子ゼミの学生から三つ質問された。

(1) 広島の慰霊碑に刻まれた「安らかに眠ってください、過ちは繰り返しませんから」について、どうお考えですか？
(2) 核保有国に対する有力な法律拘束を作ることは難しいでしょうか？
(3) 核兵器をなくすためにあったらいいのになと思う法律はありますか？

どうしてそんなことに関心を持つのか聞いてみたら、「核廃絶についての授業で、ICANを知りました。ICANのノーベル平和賞受賞について、ほかのNGOがどういった考えをお持ちなのか気になり、調べてみました。そこで見つけたのが、日本反核法律家協会でした。核兵器禁止条約の締結に深く関わっていらっしゃることもわかりました。核兵器廃絶について考えていた中で出てきた疑問が先ほどのものです」とのことだった。

それではということで、私なりの回答を寄せることとした。

(1)について：被爆を原因として亡くなられた方たちへの鎮魂の言葉として重く受け止めていま

す。突然、日常生活を奪われた人たちがたくさんいます。死を免れた方たちにも筆舌に尽くし難い困難が待ち受けていました。核兵器禁止条約の前文で、被爆者の「容認しがたい苦痛と害」と表現されているとおりです。ただし、私たちには、安らかな眠りを祈るだけではなく、このような事態が二度と起きないようにするための努力が求められています。また、誰が過ちをおかしたのかについて曖昧です。投下したのは米国です。意図的な行為であって過失ではありません。また、米国はそのことについて反省も謝罪もしていません。日本政府は、被爆も他の戦争被害と同様に「受忍すべきもの」としています。投下の遠因となっている侵略戦争についての反省も不十分です。そういう意味では、鎮魂は必要ですが、この言葉の立ち位置に留まっているだけでは、本当の意味での鎮魂にはならないと考えています。

(2)について：国際社会において、各主権国家を拘束するのは、各国の意思だけです。国家を法的に拘束することについては、その国の同意が必要だということです。合意のみが法的拘束力の源泉となるのです。だから、核兵器禁止条約が発効しても、核兵器国が、その条約に加入しない限り、それらの国を法的に拘束することはできません。それらの国にその気になってもらわなければ、核兵器はなくならないのです。ただし、その国の意思を決定するのは、各国の選挙民です。だから、選挙民である市民にその気になってもらえば、その国の意思を変えることができます。それが民主主義です。

(3)について：日本には、核兵器を作らない、持たない、持ち込ませないという「非核三原則」があります。これは、国是とされています。国是とは、国の根本原則だという意味です。この「非核

「三原則」を「非核法」という法律にしようという考えがあります。日本弁護士連合会でもその検討が行われています。この「非核法」について、政府や自民党は反対しています。法律よりも「国是」の方が上なのだという理屈です。法律なら変更可能だが、国是はそうではないというのですが、本音のところでは、核兵器に依存して安全保障を確保しているので、いざというときには、米国の核兵器を持ち込むことを禁止する法律は邪魔になるという考えです。非核三原則も見直すべきだという議論が出されているのは、米国の「核の傘」に依存し続けるという選択なのです。

学生たちの返信はこうであった。

(1)に関して、私は主語が無いことに対する異議しか持っていませんでした。しかしサーロー節子さんの文章の中で、「慰霊碑の文が被害者の誓いとなり、そうしてこそ愛する人たちの正視に耐えない死も無駄死ではなかったことになる。そうあってこそはじめて生き残ってきた人々も生き残っていることに意義をもつ」という内容が書かれており、ハッとし、本当に被爆者の気持ちで考えられていなかったのではないかと反省しました。そして今回の大久保さんのご見解から、「鎮魂」の本当の意味について考えさせられました。

(2)に関しては、「やはりそうか」という気持ちが正直なものです。各国に委ねられているという点がなかなか話を進めることが出来ない要因だと改めて分かりました。しかし、最後の文で民主主義を活かす方法に気づかされ、だからこそ私たちも一人の国民としてきちんと問題に向き合い、自分の意見を持ち、さらに発信することが大切だと分かりました。

(3)に関しては、弁護士の方々の中で非核法にしようという動きがあることなど初めて知り、良い考えだなと思いました。しかし国はやはり米国の「核の傘」から出ることを恐れるしかないのかと再び感じました。この件については特により思考を深めて行きたいと思います。

私は、ここのゼミ生とは、昨年もやり取りをした。創価大学の国際法のゼミ生とも会話の機会がある。核兵器禁止条約について議論されているニューヨークに明治大学の学生二人を同行した。採択の瞬間の彼らの感動は半端ではなかった。彼らとその友だちは、反核法律家協会の総会や意見交換会をアシストしてくれている。

被爆者の体験を継承する主体を形成しなければならない。私は、これらの学生たちとの交流の中にその可能性を見出している。

（二〇一七年一一月一九日記）

5. 白南風や午前にちょっとキスをして

白南風《しらはえ》というのは、梅雨明けの頃に吹く、からっとした南風のことで、梅雨の終わりと本格的な夏の到来を告げる風だという。これは、その白南風の吹く午前に軽くキスをしたという句のようである。私はこの句を見つけた時、なぜかすごくうれしい気持ちになった。

この句の作者坪内捻典さんは「快い白南風が吹いて、窓のレースのカーテンを揺らす朝、そばに相棒がいたらキスをしたいではないか。実際にするかしないかはともかくとして……」という想いでこの句を作ったという。けれども、周辺では「そんなこと思わないよ」という人が圧倒的だったという。そして、「いい年をしてよく作ったなあ。恥ずかしくない？」と言われたそうである。坪内さんは私より三歳年上の一九四四年生まれだけれど、こんな句が作れるのである。私は「何という感性だろう」と羨ましく思うのだ。

坪内さんには「睡蓮へちょっと寄りましょキスしましょ」という句もある。「キスしましょ」と題をつけた一連の句だという。坪内さんは、七〇歳や八〇歳になってもキスをするそんな老人になりたいという憧れが、このような句を作りだしているというのである。私は、その憧れを共有したいと思う。もちろん、実際にキスするかしないかは別問題であるけれど……。

この睡蓮の句が雑誌に掲載されたとき「助兵衛爺のたわごとにすぎない」という意見もあったという。けれども、ある先輩が「寄りましょキスしましょ」の対句的表現が日常（常識）を超えているのがよいと言ってくれたという。加えて「睡蓮はきりっと咲く花、助兵衛的ではない。この句を口ずさむと睡蓮になれる気がする。自分もこんな句を作りたい」と評価してくれたというのだ。その先輩の俳句仲間は八八歳だという。

私には、こんなドキドキするような句を作ることはできないけれど、坪内さんやその先輩のキスに対するこだわりは分からないでもない。もちろん、キスにはあいさつ代わりもあれば、敬愛の表現としてのものもあるだろうし、情欲の発露としてのものもあるだろう。いずれにしても、親愛や興味関心や恋愛感情の表現であることには違いない。キスしたいと思うのは「助兵衛爺の妄想」ではない場合もあるのだ。きりっと咲いている睡蓮やそれと似た存在に惹かれることもあるのだ。

八八歳になる先輩は、紙おむつの着用などを気にして人前には出なくなったけれど、坪内さんに「今年もまたキスしましょ、の季節がやってきました」と手紙をくれたという。

私も、紙おむつをするようになるかもしれない。その時、こんな手紙を誰かに書く感性があるかどうかはわからない。できれば持っていたいような気もするし、あったら怖いような気持ちもある。皆さんはどうだろうか。

（「ねんてん先生の文学のある日々㊶・キスしましょ、の季節」〈しんぶん赤旗二〇一八年七月六日付〉を読んで。二〇一八年七月八日記）

6. 相良倫子の名を心に刻む

相良倫子《さがらりんこ》さんは、沖縄県浦添市港川中学校の三年生だ。彼女は、六月二三日、沖縄慰霊の日に、平和の詩「生きる」を朗唱した人だ。「私は、生きている」で始まり「私は今を生きていく」で終わるこの詩を読んだとき、ぼくは、涙が出そうになった。そして、動画で彼女の朗唱を見聞きしたとき、本当に涙が出た。こうして、この文章を書いているときにも熱いものがこみあげてくる。ぼくは、この美しいものに触れたことにより、生きてきたことの意味を確認し、生きることの意欲を掻き立てられているのだと思う。「人間は決して捨てたものじゃない」と大仰に感動しているのだ。相良倫子で検索すれば、詩も動画も出てくる。ぜひ読んで欲しいし、視聴して欲しい。きっと心が洗われるだろう。

もう半世紀以上も前になるけれど、大学一年生のぼくは、「一〇・二一ベトナム人民支援・国際反戦デー」のストライキに入った国鉄労働者の支援という大義で、仙台駅に座り込んでいた。当時の国労は政治ストを打てたのだ。ストライキを成功させて構内をデモ行進する国鉄労働者の姿や、ぼくらと一緒に座り込んでいた日雇い労働者の集団を今でも髣髴できる。そんなぼくらは、機動隊の手によって排除されてしまった。一〇月下旬の仙台の払暁は寒い。そんな時だった。誰かの歌声が聞こえてきた。「有明の海のその深く地底に挑む男たち……」で始まる荒木栄の組曲「地底の歌」だ。いいテノールだった。それが導きとなって大きな合唱になっていった。ぼくはまだその歌を知らなかった。けれどもその歌声に感動することはできた。朝靄の中で、熱いものがこみ上げてきたことを覚えている。そして「イヤーうめえ。この歌がわからん奴は人間じゃねー」というツルゲーネフの「猟人日記」の一節を思い出していた。以来、ぼくは、歌声のもつ力を疑っていない。

もう一つ思い出話をさせて欲しい。一九七〇年代初頭、ぼくが公務員生活を始めたころの東京は美濃部都政だった。ぼくは学生時代の後輩と新宿駅東口の街頭演説に参加していた。社共両党の幹部や労働組合の指導者のスピーチが続いていた。もちろんその内容などは忘れてしまったけれど、ある弁士が「みのべ、みのべ……」というコールを始めた。その美濃部コールが、群衆の中に広がっていったのだ。ぼくも後輩ももちろんその唱和に加わった。半端ないエネルギーを感じたものだった。きっと革命の盛り上がりとはこんな風になるのかもしれないとナイーブだったぼくは思っていたのだ。この時も熱いものが沸き上がっていた。後から聞いたところでは、その弁士は予定していたことをしゃべってしまったのにまだ美濃部候補が来ないので時間稼ぎにコールをしたのだという。それはそうだったのかもしれないけれど、ぼくはあの熱気を忘れていない。

革新の核心は、人間の理性に確信を置き、理想郷を作ることができると考えていることにある、とぼくは考えている。そのためには体系的な思想形成が必要なのだ。他方、保守には体系的な思想は不必要である。「そんなこと無理だよ」、「人間なんかこんな程度だよ」と革新の足を引っ張り、冷笑していればいいからである。けれども、体系的思想を身に付けることも、めげずに運動することも決して簡単なことではない。限界を覚え、怠け心に誘惑されるからである。だからこそ、心を洗い、勇気を与えてくれる何かが必要なのだ。

相良倫子さんは呼び掛ける。

「私は今を生きている。みんなと一緒に。そしてこれからも生きていく。一日一日を大切に。平和を想って。平和を祈って。なぜなら、未来は、この瞬間の延長線上にあるからだ。つまり、未来は、今なんだ」

ぼくは、相良倫子の名を心に刻むことにする。

（二〇一八年七月一四日記）

7. 吉永小百合さんの決意

二〇一八年九月二四日、明治大学リバティーホールに、吉永小百合さんの姿があった。私との距離は一〇メートルと離れていない。至近距離とはいえないけれど、サユリストである私には十分な近さだ。その清楚な美しさは、永年イメージし続けていたとおりのものだった。

ぼくが小学生のころ「赤銅鈴之助」というラジオ番組があった。彼女は、その番組で「さゆり」という役柄だった。もちろん顔など見えない。そんなことにかかわりなく、ぼくは「さゆり」が好きだった。以来、彼女の映画は何本か見た。「青い山脈」の中の「変しい変しい新子さん」という場面は今でも思い出し笑いをしてしまうほどだ。「寒い朝」のデュエットは持ち歌の一つでもある。もちろん、彼女が原爆詩の朗読をしていることは承知している。

彼女は、核兵器廃絶日本NGO連絡会（被団協、原水協、原水禁、ピースボート、ピースデポ、原子力資料室、YWCA、市民生協、宗教者、法律家などで構成）が主催した「核なき世界へ向けて――被爆国の役割を考える」のイベントに参加してくれたのだ（共催：国連広報センター、協力：明治大学、ヒバクシャ国際署名連絡会）。

彼女は、川崎哲さん（ノーベル平和賞受賞団体ＩＣＡＮの国際運営委員）とのトークの冒頭、「私は、原爆詩の朗読などをしているけれど、こういう場所に出て来る機会はありませんでした。けれども、今日は思い切って、この場に臨ませていただきました。それは、川崎さんや森瀧さん（注：森瀧春子さんは広島の著名な反核活動家）から熱烈なお手紙をいただいたからです」とあいさつしていた。

このイベントは、その表題のとおり「核兵器のない世界」を求めるためのものである。被団協の代表委員である田中熙巳さん（長崎の被爆者）が基調講演を行い、パネリストの一人として参加している外務省の担当課長が「針のむしろに座らされているようです」と自虐的に枕を振るようなイベントなのである。彼女にとって、いわば政府に喝を入れるようなイベントに参加することは、決して日常的な出来事ではなかったのであろう。

けれども、彼女の主張は明快であった。川崎さんの「昨年（二〇一七年）採択された核兵器禁止条約は画期的なものだったと思いますが、核兵器をゼロにするために何をするかが問われていますね」という提起に、「もっと日本の人たちが禁止条約を知って、核兵器なんかない方がいい、『核の傘』なんかいらないと思ってくれるように、友だち同士で話し合えるようになればいいですね」と応じているのである。そして、「日本は唯一の被爆国で、どんなに沢山の人が亡くなり、つらい思いをしているかを考えれば、核兵器は絶対にやめましょう、と自ら言うべきではないかと思う」、

「大事なことは発言すること。そして、核兵器が二度と使われないことをみんなで作り上げていくことだと思うんです。核兵器禁止条約がせっかくできたんだから、私たちが声を出して、政府に働きかけて、私たちと一緒にやりましょうよと言いたいですね」としているのである。あわせて、確認しておきたいことは、原発をなくす決断をしたオーストリアの姿勢について感銘を受けたとしていたことである。

彼女は、六〇年間の俳優人生の中で、原爆を題材にした三本の作品に出演したという。大江健三郎さんの『広島ノート』の一節にあるエピソードを題材にした「愛と死の記録」が最初だったと話していた。ほかの二つは「母と暮らせば」と「夢千代日記」であろう。彼女は、それらの作品への出演や、原爆詩の朗読などで、被爆者や核兵器のことを、私たちの想像を超えるレベルで考えたことであろう。

今、七〇歳以上の人にアンケートを取ると最も人気のある女優は吉永小百合さんだという（ちなみに、男優は加山雄三さん）。そういう国民的人気のある彼女が、俳優としての演技や詩の朗読という形ではなく、一人の「核の時代」を生きる人間として、自らの言葉で、政府に注文を出しながら、友だち同士で語り合う大切さを語ったことの意味は限りなく大きいのではないだろうか。彼女は、ギャラを受け取る女優としてではなく、核兵器廃絶に取り組む市民社会に共感する一人の人間として、私たちと共通の時間を持ったのである。私は、そこに吉永小百合さんの「核兵器のない世界」を作ろうとする強い決意を見て取るのである。

吉永さん効果もあって、イベントの参加者は立ち見の方も含めて五五〇名だった。高校生から八六歳までの方たち二〇〇名がアンケートを寄せてくれた。すごく勉強になったけど、私は何から始めればいいだろうか、という声がいくつかあった。新鮮な情報を提供できたのだと、主催者の一人としてすごくうれしい気持ちを味わっている。

ＮＧＯ連絡会の主催イベントとしては空前の規模での成功だったといえよう。必死に取り組んでくれたすべての人たちに感謝すると同時に、決して絶後にしないようにしたいと思う。まだ、核兵器は一万五〇〇〇発も残っているのだから。

（二〇一八年九月二六日記）

8．日本国際法律家協会と私

はじめに

基本的事実関係を確認しておこう。国際民主法律家協会（ＩＡＤＬ）の創立総会は一九四六年一二月、国際民主法律家協会日本支部準備会発足は一九五四年四月、国際法律家連絡協会の創立総会は一九五七年四月である。日本国際法律家協会（ＪＡＬＩＳＡ、国法協）の発足はこの時とされているので、すでに六一年間活動していることになる。

私の生まれは一九四七年一月、東北大学に入ったのが一九六五年四月、法務省に入ったのが一九七一年四月、弁護士になるのが一九七九年四月である。来年で弁護士生活四〇年ということになる。

国法協は、その前身までさかのぼれば、私の生まれる前から存在していたのである。

私が、国法協の企画に初めて係るのは、一九九〇年三月の第一三回IADL総会（スペイン・バルセロナ）である。その後、米国のナショナル・ロイヤーズ・ギルド（NLG）や中国の法律家との交流、アジア太平洋法律家会議（COLAP）への参加などで協会と係わり続けることになる。三〇年近いお付き合いである。

そもそもの入会の動機は、「国際法律家協会」という名前に魅かれたことにある。当時（今もそうだけど）、私は、世界のあちこちに、何か目的を持って出かけてみたいという願望を持っていた。そういう私からすれば「国際法律家」の一員になることは、なんとなくステータスを得たような思いになれたのである。簡易裁判所すらなかった（今はあるけれど）所沢で仕事をしている私にとって、国法協は世界への入り口のようなものだったのである。

バルセロナで見聞きしたこと

バルセロナでのIADL総会に参加したときのことを記しておく。この時の団長は小林孝輔先生だった。議題は、「現代の国際社会における相互依存、矛盾、人権及び人民の権利――二一世紀の法秩序に向けて」というものだった。私は、「現在の国際経済秩序の下における発展の権利と環境問題——公平で公正な法の支配の確立のために」という分科会に参加した。三〇年前の私には、何が議論されるかそのイメージがわかなかったことを思い出す。

それでも、せっかく参加したからにはということで、報告文は書いておいた（インタージュリスト四八号、一九九〇年七月一日）。要約するとこうである。

スイスの代表は、発展の権利とは「食事ができ、生活ができ、自国の資源が使えることだ」と定義していた。「砂漠化が進んでいるが、わが国には農業用水も肥料もない」（セネガル）、「大洪水による影響が深刻である」（バングラデシュ）、「第三世界の現実は飢えと貧困と失業だ」（ＮＧＯ）、「発展とはイデオロギーを超えるものだ」（キューバ）などといわれると、この定義はまさに正鵠を射ているようだ。生命を維持すること、即ち、食べて、働いて、子どもを産み育てることは原点なのだ。この現実を作り出したのは「対外債務によるものだ」という（ＮＧＯ）。南アフリカの代表は「アフリカの開発はどのような形態をとったとしても、コングロマリットが利益を得るようになっている」と言い、キューバの代表は「不公平な交易は飢えと貧困と失業の原因である」と指摘していた。そして、発達した資本主義国の途上国への援助など「政治的・軍事的枠組み優先の受け入れ国の利益にならないひも付き援助である」とされていた（佐分晴夫先生）。

そして、彼らの問題意識は「対外債務問題を社会的経済的問題としてだけではなく、国際法レベルで検討する必要がある」ということになる（アルゼンチン）。イギリスの学者は、「借りた金を返すのは当然と考えている人たちを説得する論理として、例えば、返済能力を超えて貸したのだから無効（履行不能を承知して貸したのだから返済を主張できない）、不平等契約だから無効、政府の変更は法人格の変更だから返済の必要はない、すでに見返りは得ているのだから支払い済み、などという契約法レベルでの積極的な提案をしていた。サラ金問題と共通しているな、などと妙な感心をしていたら、「契約無効などは裁判所が判断すること。果たしてそのような判断を裁判所はしてくれるだろうか。理論的アプローチも大事だが、第三世界の窮状に基づいて自国の政府に圧力をかけて欲しい」と優れて現実的な発言をガーナの代表がしていた。

最後に心に残ったのは「資本主義国の支配層は、その国の人民を支配するだけではなく、植民地・半植民地の人々も支配する。私たちの目標は人間の社会を作ることだ。そのことに、法律家はどのようにかかわりあうことができるのだろうか」(南アフリカ)という発言だった。

今から三〇年前の会議の報告を読み返しながら、当時提起されていた課題が解決されたわけではなく、むしろ足踏みをしているか、後退しているのではないかと心配になってしまうようである。しかしながら、決してすべての面において退歩しているわけではないということは、次のエピソードで明らかになるであろう。

国法協の核戦争防止・核兵器廃絶の取り組み

〈原水禁大会との提携〉

国法協の発足が一九五四年四月であることは冒頭に書いた。この年は、ビキニで水爆実験が行われ、久保山愛吉さんが死亡し、反核運動が盛り上がりを見せる年である。翌一九五五年八月には第一回原水禁大会が開催されている。国法協は、当初から、原水禁世界大会に法律家として参加している。ＩＡＤＬ代表として外国人法律家が参加することもあれば、日本の法律家が代表として参加することもあったようである。一九八五年八月の被爆四〇周年・八五年原水爆禁止世界大会には、当時の沼田稲次郎会長、小林孝輔副会長たちが代表委員を、中田晋事務局長たちが実行委員を務めている。国法協の原水禁世界大会とのかかわりは深いものがあるといえよう。

〈国際的あるいは国内での活動〉

国法協は、アジアやアフリカを含む法律家と、核兵器禁止をテーマとする交流を続けてきている。一九五五年一月のアジア法律家会議では「全ての原水爆兵器その他大量破壊兵器の禁止に関する決議」が採択されている。その後も、原水禁大会の法律家会議、アジア・アフリカ法律家会議、ＩＡＤＬ大会などで、累次にわたって、核兵器の完全・全面禁止、核兵器の使用禁止に係る宣言・決議・アピールが採択されている。

国内においても、一九八一年一〇月、国法協は、全弁護士に対する「核問題に関するアンケート」を行った。翌年二月、「核兵器廃絶をめざす法律家の集い」が開催され、歴代日弁連会長や立命館大学、法政大学の総長などを呼びかけ人として、「核兵器のない平和な世界のための署名の訴え」が出されている。その訴えは、先に国法協が行った全弁護士に対するアンケートによると、ほとんどの弁護士がわが国には米国の核兵器が持ち込まれており、米ソの核戦争が起これば我が国もこれに巻き込まれるという回答を寄せ、核戦争と日本の運命に対する大きな危惧を表明しているとして、核兵器使用禁止協定の速やかな締結、非核三原則の順守、アジア・太平洋地域を非核地帯とすることなどを求めている。同年三月には「核兵器廃絶を求める法律家運動連絡会」が結成されている。

一九八三年七月には「反核・平和法律家シンポジウム」、一九八五年八月には「核時代と法律家シンポジウム」が開催されている。一九八六年一〇月の理事会では反核法律家運動についての討議が行われている。

「日本国際法律家協会の歩み」によれば、一九八七年からは第四・拾年期とされる時代となる。この年の七月、国法協は、ショーン・マックブライド国際平和ビューロー（ＩＰＢ）名誉会長が提唱する「核戦争に反対する法律家アピール」運動に取り組むことを決定する。その母体は「核兵器廃絶を求める法律家運動連絡会」とされた。

このように、国法協の反核運動は、国内外において、営々と積み上げられていたのである。

〈国際反核法律家協会の設立〉

一九八九年九月二二日から二四日の間、ハーグ（オランダ）で、国際反核法律家協会（IALANA：International Association of Lawyers Against Nuclear Arms）の創立総会が開催されている。日本からは核戦争、核兵器その他の大量破壊兵器に反対する法律家の国際組織が発足したのである。日本からは松井康浩団長を始めとして、池田眞規、椎名麻紗枝、安原幸彦、内藤雅義、根本孔衛、中西裕人、井上正信、横山茂樹、成見幸子の各弁護士と、被爆者の山口仙二さんが参加している。国際反核法律家協会は、核兵器とその他の平和を脅かす国際法侵犯に反対するたたかいに全世界の法律家を動員すること、世界平和と核兵器廃絶に貢献する軍備管理条約や他の国際協定を支持することなどを目的としている。

帰国後、創立総会に参加した有志によって、関東反核法律家協会が創立された。同協会は、世界法廷運動などの活動を経て、一九九四年八月、広島で、日本反核法律家協会として発展することなる。

私は、ハーグの創立総会には参加していないけれど、関東反核法律家協会や日本反核法律家協会の発足には参加している。そして、今日まで日本反核法律家協会の活動を担ってきている。

おわりに

私は、この「国法協と私」の原稿を書くまで、国法協の核兵器廃絶をテーマとする活動をほとんど知らなかった。その不明を恥じなければならない。今回その活動を知るに及んで、先人たちの努力に深い共感を覚えたところである。このような先人たちの営みが、昨年七月七日の国連での核兵器禁止条約の採択につながったのだと、私は確信している。

現在、核兵器禁止条約の批准国は一五か国である（九月五日現在）。五〇か国が批准すれば、九〇日後に発効することになる。発効したからといって、核兵器国がどのように動くかは不透明である。

私が国法協の一員として最初に参加したＩＡＤＬのテーマは、今風に言えば、格差と貧困である。

戦争と貧困の廃絶は持ち続けたいテーマである。私にとって、国法協は、私の持ち続けたいテーマの実現に必要な知恵と勇気を与えてくれる存在であり続けることであろう。

（二〇一八年九月一四日記）

あとがきに代えて
――一度だけの七〇歳を迎えて

はじめに

「十七も七十歳も一度だけ」という川柳がある。私はいたくこの句に魅かれている。きっと、七〇歳を迎えたからだろうと思う。腰痛で世話になったマッサージ師は「築七〇年も経てば、あちこちにガタが出てくるもんですよ」と慰めてくれた。事務所の新・旧メンバーは、新年会に合わせて古希祝いの色紙と花をプレゼントしてくれた。九四歳になる母は「いとし子が古希を迎えて今生きる」との句を贈ってくれた。「古稀になっても母親がいることは幸せなことだよ」という言葉も添えてである。いとし子などというのは何か面はゆいし、幸せかどうかはこっちが決めることだろうと思うけれど、幼くして母を亡くした母だからこその感慨だろうと受け止めている。なんやかんやで、七〇歳は一七歳とは違うのだとしみじみ思う。

出生から高校まで

生年月日は一九四七（昭和二二）年一月一日である。本当の誕生日は前年一二月二四日だという。当時は、満年齢ではなく数え年だったのでそのように届けたそうだ。

出生地は、長野県更級郡中津村である。中津村はその後、昭和村、川中島町となり、現在は長野市の一部となっている。

父親は国鉄労働者。労働組合の活動家であり、社会党左派のメンバーでもあった。国鉄労働組合の地方幹部をやっていた。衆議院旧長野一区から社会党公認で立候補したこともある。この選挙区には、故富森啓児団員も立候補していた。晩年は、「赤旗」読者となり、共産党に投票していたようである。一七年前、八三歳で他界している。私の青い議論に付き合ってくれた父を懐かしく思い出す。

母親は一九二三（大正一二）年生まれだけれど、矍鑠《かくしゃく》としている。「おまえたちは、いつまでたっても私の子どもだよ」という気持ちが勝り、「老いては子に従え」などという言葉は彼女の辞書にはないようである。ピンピンコロリで逝ってくれよと「ピンコロ地蔵」のお守りを渡したら、「私もそのつもりだよ」などと応えていた。多分、一〇〇歳は通過点になりそうである。

地元の昭和小学校、川中島中学校、長野高校と進学した。田舎の学校ではまあまあ成績優秀者ではあった（笑）。高校時代はバドミントン部に所属していた。一年生の時、山形・鶴岡でのインターハイに参加したけれど、補欠だったので試合には出ていない。ほろ苦い想い出となっている。三年生（一七歳）の時には東京オリンピックがあった。女子バレーの活躍などが懐かしい。

大学時代

一九六五（昭和四〇）年四月、東北大学法学部に入学した。立てばパチンコ、座れば麻雀、歩く姿は千鳥足なんていう姿を晒していたことを反省している。目を通した活字の数は、同時代の誰にも負けないという気負いもあったけれど、底の浅いものだったらしく、「彼は勉強していないね」とある教授に指摘されていたらしい。

楽しい思い出といえば、三年生の夏、七大学定期戦（旧七帝大戦）のバドミントン団体戦で優勝をしたことである。優勝カップで飲んだビールはうまかった。

活動家になるのは、三年生の後期からである。一年生の時、「東北大学自治侵害事件」といわれる事件（岩村智文団員が、傷害事件の被疑者として指名手配された事件）が発生し、全学集会に参加したことはあるけれど、それは流れに乗っただけだった。

当時、バドミントン部の部室の近くに法学部自治会室があった。山田忠行、鷲見賢一郎、須藤正樹、塩沢忠和団員などが出入りしていた。自治会のテーマは、ベトナム人民支援が最大のものであった。「ベトナムに平和を」ではなく、「ベトナム人民支援」というところが気に入っていた。カンパの目標額を決め、一食抜いてカンパに回し、ベトナムの地図にその達成度の印をつけていったりしたものだ。アメリカ帝国主義の本性と民族解放闘争の意義を学ぶいい機会であった。自治会の活動に係わり、民青に入り、共産党からの誘いを受けた。四年生の時に入党しているから、もうすぐ五〇年党員ということになる。

少し遅れて活動を始めた私は、もう一年、学生時代を送ることにした。親には「大学でやり残したことがある」などと嘘ではないがいい加減な理由を告げておいた。けれども、問題が生じた。就職先がないのである。ある先輩が「大久保、就職はあきらめろ」と宣告してくれた。自治会の役員をしていることがばれているので、普通の会社は無理だというのだ。「そんな馬鹿な」と思ったけれど、それが現実である。「石流れ　木の葉沈む　日々に」(三菱樹脂採用拒否事件)の主人公高野達男さんは、東北大学の先輩である。

そこでどうするかである。民青や共産党の機関で働くことも考えたけれど、そのような任務にはふさわしくないと自分でも思ったし、相手も同様だったようで、そんな話はこなかった。大学院進学を考えたけれど、それには学力が追いつかなかった。仕方がないから、もう一年大学に残ることにした。そして、司法試験と公務員試験に挑戦することにした。それまで、そんなことは考えたことがなかった。司法試験は無理と端から思っていたし、役人になることなど裏切り行為だとさえ思っていたからである。政府に逆らうことが正義だと確信していたのだから無理もない。司法試験は歯が立たなかったけれど、公務員試験には合格した。法律・上級職甲の合格である。「大久保さん。やればできるじゃない」と後輩が褒めてくれた。

法務省時代

法務省入省は、一九七一(昭和四六)年四月である。公務員の道に進むとなれば、入省先を選択しなければならない。宮沢俊義著『憲法Ⅱ』を読んでいたら、法務省に人権擁護局があると書いてあった。「これだ」と迷わなかった。ここなら「裏切り者」呼ばわりされなくて済むと思ったのである。私は、首尾よく、人権擁護局で働くことができるようになった。日比谷公園の松本楼が焼き討ちされた日、公園に入ろうとしたら誰何された。法務省人権擁護管理官付という名刺が有効だった。その後、帰化、不動産登記、訟務などで、四年間本省に勤務し、その後二年間は横浜地方法務局で登記実務に携わった。法務省に入って二年目、二三歳の時、二二歳の古山恵子と結婚した。司法試験に合格するのは一九七六（昭和五一）年一〇月である。この年の六月、長女が生まれている。

本省に勤務しているとき、全法務の本省支部再建が行われた。私は、その再建大会に参加した。上司はいい顔をしなかったし、組合からも歓迎されているとは思えなかった。どちらからも「はねっかえり」と思われていたのかもしれない。

訟務部にいたときは、ちょうど、「長沼事件」の控訴審が係属していた。私は、コピー取り要員だった。いくつかの事件で国側代理人として出廷したこともある。私は、国家公務員として働く人たちの真剣さと思想を身近に見ていた。

修習生時代

一九七七（昭和五二）年四月、私は司法修習生（三一期）になる。実務修習地は福島だった。福島には妻の実家があった。妻と一歳の誕生日前の長女との、義父が手配してくれた市営住宅での生活が始まった。前期と後期の研修所での修習は馬橋の寮住まいだった。

研修所では、前期も後期もクラス連絡委員会の委員長を務めた。任官拒否問題や落第問題などがテーマだった。任官拒否問題で研修所所長と交渉した際に、彼は「任官を拒否されても、弁護士ルートで、最高裁に入ることも可能だ」と言っていた。そこが問題じゃないだろうと突っ込みたかったけれど、深入りはしなかった。落第問題について、「落第を脅しに締め付けることには反対だけれど、そんなことでビビるな。遅れても最大一年だろう」と言ったら、仲間に「ふざけるな」と本気で怒られた。

どこで弁護士をやるかが問題だった。希望されればどこにでも行くつもりだった。「人間至る処青山有り」の気概である。選択肢として、埼玉・川越と福島・いわきが残った。私と広田次男団員がどちらかを選ぶかということになった。彼は池袋の出身なので、川越は近すぎるとして、いわきを選択した。こうして私は川越で弁護士を始めることとなった。川越は地縁も血縁もないところだったけれど、不安などは全くなかった。その代わりに、根拠のない自信だけはあった。一九七九(昭和五四)年四月のことである。前年一〇月に生まれた次女を伴っての新天地だった。

弁護士として

一年後に、川越から所沢に移った。所沢共同法律事務所を立ち上げた。そのころ、所沢には簡易裁判所もなかった。加藤雅友団員や故小林和恵団員と一緒だった。そして、一九八三(昭和五八)年八月に独立した。事務局長は妻だった。以来、個人事務所のまま今日まで来ている。その間、鍛治伸明団員、小原千代弁護士、近藤宏一弁護士、天野麻依子弁護士、田部知江子弁護士たちが一緒に仕事をしてくれた。今は、村山志穂団員が支えてくれている。独立後三四年で、相談受付件数は六千数百件となっている。刑事事件や債務整理事件、破産管財人や成年後見人などは別枠だから、それなりに仕事はしてきたと思う。

いくつかの記憶に残る事件を列挙しておく。

沖電気の整理解雇事件。活動家の排除を整理解雇の形態を借りて強行した事案である。私は、同世代の原告を担当した。故小島成一先生が弁護団長だった。小島先生はいつもノートに、当事者や若い弁護士たちの言葉をメモしていた。すごく大事な姿勢を伝えられたように思っている。「埼玉北部信書弾圧事件」という事件があった。埼玉県議選で、当選可能な候補者支援のために、秩父地方（埼玉県北部）から有権者に信書を出したことが公職選挙法違反だとされた事件である。東京から応援に来ていた渡辺脩団員が、「被疑事実が構成要件を充たすかどうかから検討すべきだ」と言っていたことを覚えている。国労の整理解雇事件で、東所沢電車区分会の組合員を担当した。「国労バッチとゲスラーの帽子」という文章を「国労文化」に掲載してもらった。組合員が国労バッチを外さないのは、ウィリアム・テルがゲスラーの帽子に敬礼しないのと同じで、不服従の証だという物語である。私の処女出版『憲法ルネサンス』に収録されている。

政党助成金違憲訴訟も提起した。強制的に徴収された税金が、自分の意思にかかわらず政党に配分されるのは、思想・良心の自由の一形態である政党支持の自由を侵害するものだという憲法裁判である。最高裁は、思想・良心の自由にも民主主義にも関係がない。したがって憲法問題ではないとして排斥した。当時、最高裁の人権感覚や民主主義観を心から情けなく思ったし、以来、彼らの志は低いものだと思い込んでいる。弁護団は、私と松井繁明団員と上条貞夫団員の三人だけだった。沖縄反戦地主の代理人として、土地収用委員会の公開審理や裁判にもかかわった。何回か沖縄に通った。沖縄を知る機会を得た。沖縄の返還を求めて、米国国務省の担当者と話をしたこともあった。一九九六年のことである。その時の主張は『新版・憲法ルネサンス』に収録してある。

市民活動家として

弁護士としての仕事と市民的活動とを截然と区別する必要はないかもしれない。けれども、仕事というのは、誰かからの依頼を処理して、報酬を受け取り、生活の糧を稼ぐことだと定義すれば、自発的に行う社会的・政治的行動は、仕事とはいえないだろう。だから別項目で記述する。

今も、日弁連や埼玉弁護士会以外に、多くの団体や組織に帰属している。自由法曹団、日本反核法律家協会、日本国際法律家協会、日本民主法律家協会、日本環境法律家連盟、青年法律家協会、ヒューマンライツ・ナウ、ニュー・ディプロマシーなどの法律家団体。核兵器廃絶日本NGO連絡会、非核の政府を求める会、ノーモア・ヒバクシャ記憶遺産を継承する会、原発と人権ネットワーク、AALA（日本アジア・アフリカ・ラテンアメリカ連帯委員会）や共産党の後援会の役員もしている。日本国民救援会や生活と健康を守る会や九条の会などとは事務所ぐるみで付き合っている。いずれも、全くの無報酬どころか、会費だカンパだと完全に持ち出しである。私は、これらは「趣味」か「道楽」だと割り切っている。自分が好きでしていることなのだから、時間やお金を使うことは全く惜しくないし、達成感も味わうことができるからである。その典型が、今回の「核兵器禁止条約」の採択に立ち会えたことである。

このような活動をしていれば、いろいろなテーマで海外に行くこともある。二〇一七年は、マーシャル諸島とニューヨークに行った。毎年どこかに行っている。なんだかんだで、これまで四〇か国くらいに行っている。カトマンズで英語のスピーチをしているときに原稿がなくなったことがある。これには焦った。上海でボラれたこともある。持ち合わせがなかったらどうなっていただろう。ニューヨークで置き引きにあったこともある。パスポートは無事だった。けれども、楽しいことや目新しいことも山ほどある。いずれにしても世界は広い。多分これからもあちこちに行くだろう。「核兵器禁止条約」を梃子に「核兵器のない世界」を実現したいからである。

自由法曹団通信やいくつかの媒体であれこれのことを書いてきた。書き過ぎだという声もあるし、私の主張、とりわけ、北朝鮮に対する姿勢に対して、反対意見のあることも承知している。けれども、「君の論稿は必ず読んでいるよ」などという声を聴くと、また元気になって書きたくなってしまうのだ。一九八八年に『憲法ルネサンス――パンと自由と平和を求めて』を上梓して以来、共著も含めれば、七冊の単行本を出してきた。まだまだ出したいという意欲はある。

いろいろなところでの講演も引き受けてきた。日の丸を背にして話したこともあるし、一〇〇〇人近い高校生たちを前に話したこともある。心がけていることは、嘘はつかないこと、誤魔化さないこと、押し付けないこと、わかり易くすることなどである。「人を見て法を説け」という言葉を忘れないようにしている。それと、「自分の主張を聞いてもらう場合には、謝礼は求めない」ということである。もちろん、頂けるものは頂くけど、その場でカンパしてしまうこともある。

書いたりしゃべったりもするけれど、イベントを企画することもある。いつもうまくいくわけではない。五〇〇人からの会場に数十人ということがあった。お呼びした人たちに申し訳ないやら恥ずかしいやらで泣きたくなったこともある。逆に、えっと思われるような人が参加してくれたこともある。自分の思い通り事態が進むことは、ごくまれだということを実感することもできる年ごろになってきた。

もうそろそろ字数制限である。これ以上の長広舌はやめることとする。ここまで付き合ってくれてありがとう。最後に、私もあやかりたいと思っている川柳を紹介しておく。

「これまでは助走だったと言う七〇」

（二〇一七年九月七日記。この論稿は、自由法曹団の古希記念表彰の際にしたためたものである）

大久保賢一先生のご紹介

村山　志穂

一　先生との出会い

私と大久保賢一先生との出会いは、二〇〇七年に私が大久保先生の事務所で弁護修習をした時からで、そのまま同事務所へ就職することになり、今年で早一〇年目になります。歳の差は三三歳なので、依頼者の方からは親子と間違われることも少なからずあります。

私が弁護修習をした当時は、他に鍛治伸明先生（団員）と、近藤宏一先生が事務所に所属しておりました。そこで、当時、一番歳が近かった兄弁である近藤先生に「大久保先生はどんな人ですか」と尋ねたところ、「懐の深い先生です」と言う言葉が返ってきた記憶があります。この「懐の深い先生」という言葉の意味を、一〇年目になって改めて実感しているところです。

二　事務所について

大久保先生は、生まれも育ちも長野県ですが、縁もゆかりもない埼玉の地に落下傘として派遣されたそうで、その後、一九八三年に所沢で大久保賢一法律事務所を設立し、現在事務所は三四年の歴史があります。大久保先生の、親しみやすく、誰とでも分け隔てなく付き合う、飾らない人柄から、今では、所沢周辺の土建組合、地区労、民商、九条の会、生活と健康を守る会、救援会、共産党各市議団などなど挙げれば切りがありませんが、様々な市民団体の方々と深い付き合いがあり、「大久保賢一法律事務所」という文字通り、大久保先生を頼って、日々様々な相談・依頼が舞い込みます。

前述の鍛治先生と近藤先生は、数年前に事務所から独立されましたが、今でも両先生とは家族ぐるみの付き合いがあり、毎年事務所の新年会で顔を合わせます。まるでかつての事務所メンバーが大家族のようで、これも大久保先生の人柄からだと思います。

現在、弁護士は大久保先生と私の二人で、事務局メンバーも皆女性なので、大久保先生以外は女性だけの事務所になってしまいました。その間、私が長男を出産し、育児との両立が始まったりと、少人数の事務所体制からすれば、少なからず負担をかけてしまっていると思いますが、大久保先生は嫌な顔一つせず、長男を孫のように可愛がってくれます。

事務所のビルには「くらしに憲法を生かそう」という看板が掲げられていますが、今現在女性の多い事務所というのも、人々のくらしを大切にする大久保先生ならではだなと思ったりもします。

三　日々の業務について

大久保先生は、日々の業務（事件処理）に関しては、傍で拝見していて、どちらかと言うと、ガチンコ対決＝白黒つける、というよりは、仲裁型の事件処理が多いように感じます。ここにも、清濁併せ呑む「懐の深さ」が現れているように思いますが、労働者側からの相談依頼はもちろんですが、使用者側からの相談も多く、使用者側の立場で団体交渉をすることもしばしばあります。長年、所沢簡易裁判所の調停委員を務め、最近まで同調停協会の会長を務められていたのも、このような人柄の現れのような気がしています。

法律相談の際には、独特の長野弁の混じった親しみやすい語り口調で、親身になって相談にのることから、最初は不安な面持ちで訪れた相談者の方が、最後には「気が楽になった」と満足げな表情で帰られていく場面を何度も見ました。弁護士になる前に法務省に数年間勤務されており、その際法務局で登記実務に携わった経験から、不動産登記にまつわる知識にも長けておられ、また、長年の事務所経営の経験からか、中小零細企業の経営者からの信頼も厚く、いつのまにか法律相談から、人生、経営相談に変わっているのではないか、と思うことも多々あります。

四　公益活動について

公益活動では、特に憲法問題と核兵器廃絶のための活動に注力されてきました。

日弁連や埼玉弁護士会の憲法委員会での活動はもちろん、毎年、埼玉弁護士会で主催する「市民集会（憲法と人権を考える市民のつどい）」でも、長年、企画運営で中心的な役割を担い、市民の方々と、その時々の時勢における憲法的な視点を共有してきました。私がまだ本事務所に就職する前ですが、飯能市民の方々と提起した政党助成金違憲訴訟も担当されました。

反核運動では、日本反核法律家協会の事務局長を長年務め、様々な国内の国際法学者や憲法学者の方との交流や、国際反核法律家協会を通じて各国の法律家とも交流し、視野の広い研究・活動を続けてこられました。今年国連で採択された「核兵器禁止条約」は、そのような地道な活動の悲願が、一つの形を見た歴史的な出来事でした。

毎年八月には広島、長崎の被爆地のいずれかを訪れるのを恒例にしており、全国で原爆症認定集団訴訟が提起された際には、埼玉の原爆症認定訴訟の弁護団長を務められました。被爆医師の故・肥田舜太郎先生とも深い交流があり、『肥田舜太郎が語る　いま、どうしても伝えておきたいこと――内部被曝とたたかい、自らのいのちを生かすために』（日本評論社、二〇一三年）という肥田先生との共著も発行されました。また、憲法問題と反核運動の大先輩であられる故池田眞規先生とも世代を超えた友情を築かれ、池田先生の「被爆者を世界記憶遺産に」という悲願の実現のため「NPO法人ノーモア・ヒバクシャ記憶遺産を継承する会」の立ち上げにも尽力され、理事として活動されています。

なぜそこまで、憲法と反核運動にエネルギーを注ぐのかと不思議に思うこともありますが、「くらしに憲法を生かそう」という事務所の看板を見る度に、人々のくらしを何より大切にし、それを最も蹂躙する戦争＝核兵器を廃絶したいという大久保先生の純粋な信念が、ひしひしと伝わってきます。

五　大久保先生がよく引用する言葉の一つに「人民の中に身を置く者を、人々は飢えさせることはない」と言う格言があります（すみません、よく聴いているくせに、出典が分りません）。

これからも、大久保先生は、人々の中に身を置いて、そのくらしを守るために活動を続けられるのだと思います。まだまだ学ばせて頂きたいことがたくさんありますので、どうかいつまでも健康でいて下さい！

（本稿は、自由法曹団二〇一七年古稀表彰記念論文集に収録されたものである）

資料

資料1.　原爆投下と日本国憲法九条　抜書き

この抜書きは、原爆投下と憲法九条との関係についての資料です。現時点で、私が収集できたものを整理しています。今後もこの問題意識に基づいて文献を紹介していきたいと考えています。

「核時代」となった今日、人類が核戦争と核兵器によって絶滅され、地球の墓地で死の永遠平和を弔われることを拒否し、生き残って発展する生の永遠平和を確立する。（深瀬忠一他編『恒久世界平和のために――日本国憲法からの提言』勁草書房、一九九八年、八頁）

幣原喜重郎の答弁（一九四六年八月貴族院）

① 改正案の第九条は、戦争の放棄を宣言し、わが国が全世界中最も徹底的な平和運動の先頭に立って指導的地位を占めることを示すものであります。今日の時勢になお国際関係を律する一つの原則として、或る範囲での武力制裁を合理化、合法化せんとするが如きは、過去における幾多の失敗を繰り返す所以でありまして、もはや我が国の学ぶべきところではありませぬ。文明と戦争とは結局両立しえないものであります。文明が速やかに戦争を全滅しなければ、戦争がまず文明を全滅することになるでありましょう。（参議院事務局編〔原版の編集〕『復刻版　分類帝國憲法改正審議録　戦争放棄編』新日本法規出版、二〇一七年、二八八頁）

② 我々は今日、広い国際関係の原野に於きまして、単独にこの戦争放棄の旗を掲げて行くのでありますけれども、他日必ず我々の後についてくるものがあると私は確信しているものである。……原子爆弾というものが発見されただけでも、或戦争論者に対して、余程再考を促すことになっている、……日本は

今や、徹底的な平和運動の先頭に立って、此の一つの大きな旗を担いで進んで行くものである。即ち戦争を放棄するということになると、一切の軍備は不要になります。軍備が不要になれば、我々が従来軍備のために費やしていた費用はこれもまた当然に不要になるのであります。(同右三二〇ないし三二一頁)

当時の日本政府の解説

① 一度び戦争が起これば人道は無視され、個人の尊厳と基本的人権は蹂躙され、文明は抹殺されてしまう。原子爆弾の出現は、戦争の可能性を拡大するか、または逆に戦争の原因を収束せしめるかの重大な段階に達したのであるが、識者は、まず文明が戦争を抹殺しなければ、やがて戦争が文明を抹殺してしまうことを真剣に憂へているのである。ここに、本章(二章・九条)の有する重大な積極的意義を知るのである。(「新憲法の解説」〔一九四六年一一月〕高見勝利編『あたらしい憲法のはなし 他二篇』岩波現代文庫、二〇一三年)

② 現代戦争(国際的には世界戦争、国内的には全体戦争、形態としては核戦争)の段階においては、平和が第一義的目標になった。どのような地上の理想も、世界平和を犠牲にしてまで追求するには値しない。よって、戦争を最大の悪とし、平和を最大の価値とする理想主義的立場は、戦争が原子力戦争の段階に到達したことによって、同時に高度の現実主義的な意味を帯びるように至った。(平和問題懇談会「三たび平和について」一九五〇年〔愛敬浩二「立憲・平和主義の構想」『立憲的ダイナミズム』岩波書店、二〇一四年、二五一頁から引用〕)

マッカーサーの回顧

(以下、河上暁弘『日本国憲法第九条成立の思想的淵源の研究――「戦争非合法化」論と日本国憲法の

平和主義』専修大学出版局、二〇〇六年から引用）

①　もし世界がこの種の戦闘（二度の大戦）を行うとすれば、現代文明の自殺行為となるであろう。（一九五一年五月五日・上院軍事外交委員会でのマッカーサーの発言、同前三六二頁）

②　当時の賢明な幣原首相は私を訪れ、日本国民は国際的な手段として戦争を廃絶すべきであると要請した。私がこれに同意すると、彼は私の方を向き直って、「世界は我々が実際に即さぬ夢想家のように言って嘲り笑うでしょうが、百年後には我々は予言者と言われるようになっているでしょう」と言った（一九五五年一月二六日・マッカーサーのロサンゼルスでのスピーチ、同前三五九頁。マッカーサーは『マッカーサー大戦回顧録』〔ダグラス・マッカーサー著、津島一夫訳、中公文庫、二〇一四年、四五七頁〕の中でも同様の事を書いている）。（丸山眞男は、「憲法第九条をめぐる若干の考察」〔一九六五年〕で、「幣原は熱核時代における第九条の新しい意味を予見した」と書いているという〔木庭顕『憲法九条へのカタバシス』みすず書房、二〇一八年、八頁から引用〕。これによれば、幣原は百年を経ずして、二〇年後には予言者と評価されていたことになる。）

③　私は兵器の発達史を目撃してきた。世紀の転換期には、ライフルか銃剣か軍刀によって一人の敵を倒すことでした。それから十数人を殺すよう設計された自動小銃が現れました。その後重砲は数百人に死を降り注ぎ、さらに数千人を撃つ空爆に続いて、原子爆弾による殺傷は数十万に達しました。……しかし科学的全滅の勝利――この発明の成功――こそが、国際紛争の解決手段としての戦争の可能性を破壊したのです。（一九五五年一月二六日・マッカーサーのロサンゼルスでのスピーチ、同前三六二頁）

時系列で整理したいくつかの見解

①　日本国憲法が平和的生存「権」と規定したのは、平和的生存のための戦争という論理を否定する意味がある。政策に対抗し、政策を制約するのが、本当の憲法上の権利である。また、権利主体が「全世界

の国民」とされていることも、「正義の戦争」の想定の下で相手国国民の生命の犠牲はやむを得ないとする論理と整合しない。それは、言うまでもなく、四〇〇〇万人から五〇〇〇万人の死者を出した第二次世界大戦における戦争被害と、ナガサキ、ヒロシマにおける絶対悪としての核戦争の経験からきている。（浦田一郎『現代の平和主義と立憲主義』日本評論社、一九九五年、一一五頁）

② 「ヒロシマ・ナガサキ」の体験は、核兵器の巨大な破壊力により、ひとたびこれが使用されれば、政治や政策の手段としての戦争が、それによって達成すべき目的までも破壊してしまうことをリアルに明らかにした。その意味で、日本国憲法は、「核時代」の歴史的刻印を帯びている。（水島朝穂〔浜林正夫他編『歴史の中の日本国憲法――世界史から学ぶ』地歴社、一九九六年、一五五頁〕）

③ 憲法九条の規範は、戦争による惨禍を経てきた人類が、武力によらざる国際紛争の解決への道を模索するなかで到達した最良の規範である。特にそれは、核兵器の登場した時代における人類が生き残るため唯一道を示す規範であり、普遍的価値を有する。（池田眞規「平和憲法訴訟の軌跡」法律時報六八巻二号、一九九六年）

④ 憲法は、国連憲章の目的と原則にしたがいつつ、国連加盟国一般より先んじた平和の原則を採用した。徹底した不戦体制にふみ切ったのは、原爆戦争の惨禍が決定的であった。（深瀬忠一「恒久平和のための日本国憲法の構想」『恒久世界平和のために』四五頁）

⑤ 第九条は、広島・長崎以降においては、軍隊と戦争が伝統的意義を失っていることを確認するものであった。（杉原泰雄「憲法九条の現代的意義――『現在』におけるその必然性について」同右一〇七頁）

⑥ 国連憲章が一九四五年六月二六日、サンフランシスコで作成されたとき、人類はまだ核兵器が何を意味するのか知らなかった。その国連憲章が最終的には武力による平和という考え方に立脚していたのに対し、八月六日（広島）と八月九日（長崎）という日付を挟んだ後の一九四六年日本国憲法にとっては、「正しい戦争」を遂行する武力によって確保される平和、という考え方をもはや受け入れることはでき

なくなった。……核兵器に訴えてまで遂行されるべき「正しい戦争」はもはやあり得ないという説明は、確かに一つの説明となるだろう。とはいえ、それだけでは十分ではない。「ハイテク戦争」や「きれいな戦争」を演出して行われるとき、「正しい戦争」を否定する論理は出て来ないからである。……一九四五年を「正しい戦争」を担った連合国の勝利とみるオプティミズムではなく、「聖戦」の虚偽性が暴露されたとして受け止めるペシミズムとリアリズムが、非武装平和という選択の基礎にある。このペシミズムとリアリズムは、権力への徹底的な懐疑の上に成り立つという意味で、近代立憲主義を一番深いところで継承する。（樋口陽一「立憲主義展開史にとっての一九四六年平和主義憲法――継承と断絶」同右一四〇～一四一頁）

⑦　究極の暴力というべき核兵器をコントロールすることは、立憲主義・民主主義にとっての最大の課題というべきであろう。（君島東彦「核廃絶とNGOの役割」浦田賢治編『非核平和の追求――松井康浩弁護士喜寿記念論集』日本評論社、一九九九年、一二頁）

⑧　憲法九条が「正しい戦争」という観念それ自体を否定しているのは、立憲主義展開史の中での断絶を画そうとしているのです。一九四五年六月（国連憲章）と一九四六年一一月（日本国憲法）の間には、一九四五年八月の広島・長崎という人類史的体験があったことが、ここで思い出されるべきでしょう。さらに、大日本帝国自身が冒した国内での抑圧と国外での侵略の体験に照らして、九条は神権天皇から象徴天皇への移行（一条）及び政教分離（二〇条・八九条）とともに、日本社会をタブーから解放し、権力批判の自由を作るものとして不可欠だったのです。（樋口陽一〔憲法再生フォーラム編『改憲は必要か』岩波新書、二〇〇四年、一六頁〕）

⑨　日本国憲法は、徹底した平和主義を採用しました。あえて不器用なまでに平和にこだわった背景には、人類初の「核兵器を使った殲滅戦」の経験、ヒロシマ・ナガサキの経験がありました。いったん戦争や武力の行使、戦力といった「手段」の有効性を認めれば、軍の論理の自己増殖は最終的に核武装へと逢

着する。日本はその体験と認識に立って、徹底した平和主義を採用したわけです。(水島朝穂〔同右一五四頁〕)

⑩ 戦後日本の国の形を作り上げていたものに平和主義があったが、この平和主義は一五年戦争の悲惨に対する深刻な反省並びに広島、長崎の被爆体験から生まれた「体験的平和主義」であった。(千葉眞「立憲主義の危機と市民政治の将来――試練の中の平和憲法と平和陣営」法律時報七六巻七号、二〇〇四年)

⑪ 憲法九条は非核・平和の国際的課題を達成するうえでも積極的意義を持つものといえよう。核兵器の廃絶は人類共通の課題であり、とりわけ広島・長崎の体験を持つ日本はこの課題に世界の先頭に立って取り組むべき使命を持っている。(山内敏弘「平和主義と改憲論」全国憲法研究会編『法律時報増刊 憲法改正問題――いま、憲法学から改憲論議を問う』日本評論社、二〇〇五年、一二頁)

⑫ 憲法九条の成立をもっぱら右のような偶然の契機(日本政府、占領軍司令部、極東委員会の天皇の地位をめぐる三つ巴の関係。毎日新聞のスクープで急がなくてはならなくなったことなど)の重なり合いに過ぎないと見るのは大きな誤りである。そこには日本国民の長い戦争体験、とくにヒロシマ・ナガサキの原爆の受難、サイパンや満州や沖縄のように国民を巻き込んだ壊滅的な戦闘、東京を始めとする大空襲などが、生々しい傷口を広げたまま、人々の生活の中に息づいていた。……強大な軍事力が国民を守らず、逆に国民の生活をも幸福をも奪うものだという痛烈な認識を共有していたのである。あのような馬鹿げた戦争は二度としたくないという日本国民の実感は、まさに憲法九条に具体化されたといってよい。(小林直樹『平和憲法と共生六〇年――憲法九条の総合的研究に向けて』慈学社、二〇〇六年、一〇七頁)

⑬ (⑧を引用したうえで)特殊日本的な歴史的事情と結びつけて、憲法九条をとらえる視座こそ、立憲主義展開史の中で生じた断絶を認識し、今後同じ過ちが繰り返されないように立ち上がり、啓蒙する主体として、日本国民を導くものとなるであろう。(麻生多聞『平和主義の倫理性――憲法九条解釈にお

ける倫理的契機の復権』日本評論社、二〇〇七年、二〇一頁）

⑭ 原爆体験は、憲法前文と第九条の非軍事平和思想に被爆者の魂を吹き込んだ。被爆者の絶対的非軍事平和思想で人類と日本の安全を守る道を探求する。被爆者は核時代の預言者であり、人類の宝である。（「ヒバクシャ九条の会呼び掛け文・二〇〇七年三月」池田眞規著作集刊行委員会編『核兵器のない世界を求めて――反核・平和を貫いた弁護士 池田眞規』日本評論社、二〇一七年、二八七頁）

⑮ 第二次世界大戦末期には、核兵器が開発され、広島、長崎だけでも三十数万人の死傷者を出している。以降、世界は、周知のごとく、「人命」を大量虐殺する兵器の出現で確実に、「核」の脅威にさらされる時代に入っている。人類が学ぶべき最高の教訓は、各国が「軍事力による安全保障方式」を完全に放棄し、世界平和実現の英知と人類共生の理念の下、あらゆる国際的な平和政策または制度を模索し、構築することが必要である。（上田勝美「世界平和と人類の生命権確立」深瀬忠一他編『平和憲法の確保と新生』北海道大学出版会、二〇〇八年、五頁）

⑯ 原子爆弾の出現によってもはや文明と戦争は両立できなくなった。文明が戦争を抹殺しなければ、やがては戦争が文明を抹殺してしまう。それならば文明の力で戦争を抹殺しよう。戦争を放棄し、陸海空一切の戦力を放棄しよう。それを世界に先駆けて実行しよう。ここから私たちが誇る、世界に誇る日本国憲法九条が生まれたのです。（志位和夫『綱領教室第三巻』新日本出版社、二〇一三年、一〇〇頁）

⑰ 一切の戦争、武力行使・威嚇を否定した上で、それを手段レベルにまで徹底して、武力の不保持と戦力行使を支える交戦権を否認するという選択を行ったのである。そこには、憲法九条と「広島・長崎の核ホロコースト」との間の「直接的連関」が存在したとみることができよう。（水島朝穂「安全保障の立憲的ダイナミズム」『立憲的ダイナミズム』四頁）

⑱ 国家組織における広い意味での権力分立を維持することによる「自由」の確保の要請に加えて（国内平和）、最終兵器としての核兵器が存在する以上、戦力は中長期的には国際紛争の解決や安全保障のた

めの有効な手段とはならない、という安全保障政策としての選択とによって根拠づけることによって、九条解釈論を維持することの方が、「安全」の供給につながるはずと、いい続けてきたのが戦後憲法学の歩みであり、戦後の統治力学のもとでは、護憲派の光栄ある使命であった。（石川健治「軍隊と憲法」同右一二九頁）

⑲　国連憲章と日本国憲法は多くの共通点があります。第二次世界大戦を踏まえ、戦争をなくそう、武力行使をなくそうとしていることです。一方で、平和実現の方法に違いがあります。国連憲章は最後の手段として武力の行使を認めています。重要な違いの理由として、核兵器の存在、使用の経験の問題があります。大部分の連合国が原子爆弾を知らない段階で憲章の原案は作成され、採択したのも広島・長崎への投下前です。核戦争は想定していないということです。原爆の存在は人類の存続を脅かすという認識は武力を徹底的に否定する論理の基礎になったと思います。（松井芳郎・しんぶん赤旗二〇一六年八月一五日付）

⑳　ヒロシマっていうのは、まさにホロコーストの場になってしまったわけですが、ホロコーストの犠牲を負ってしまったことの意味を紡いでいかなきゃいけない。犠牲になってしまったけれども、九条ができたというのは非常に大きな物語になっているわけで、このことを抜きにして憲法を作ることはできなかった。（石川健治「憲法施行七〇周年、今、ヒロシマができること――なぜ、今の憲法を守る必要があるのか」と題する講演（広島弁護士会、二〇一七年七月二二日））

㉑　原子爆弾の出現で、もはや文明と戦争は両立できなくなった。文明が戦争を放棄できなければ、やがては戦争が文明を抹殺してしまう。戦争を放棄し、陸海空軍一切の戦力を放棄しましょう。世界に先駆けて実行しようと九条が生まれたのです。（笠井亮・前衛二〇一七年九月号、一一七頁）

㉒　一九四五年六月に署名された国連憲章では、戦争を原則否定しましたが、その後に原爆が使われました。その惨状を知った日本が作ったのが九条二項です。侵略戦争は禁じるが自衛戦争は許すとの従来の

考えをさらに進め、戦争の目的ではなく、戦争の手段である戦力を保持させないことによって一切の戦争を放棄することにしたのです。（伊藤真他『九条の挑戦――非軍事中立戦略のリアリズム』大月書店、二〇一八年、六二頁）

㉓「核廃絶と憲法九条」の関係は、憲法九条を生み出した大きな要因の一つが核兵器の出現であり、同時に九条・平和的生存権の世界的樹立の物質的基盤は核兵器廃絶を求める「世界の平和を愛する諸国民」の連帯した運動にあるという弁証法的関係にある。（和田進「日本国憲法九条からみる北東アジアの非核化」法と民主主義二〇一八年一〇月号、九頁）

（二〇一九年三月三一日現在）

資料2．「核兵器のない世界」の実現のために

――ＮＰＴ再検討会議に向けての日本の法律家の提言

私たちは、唯一の被爆国日本の法律家として、また、一人の地球市民として、「核兵器のない世界」の実現のために、ＮＰＴ再検討会議に向けて次のとおり提言します。

記

第一　私たちの課題

一　各国政府と市民社会は、二〇二〇年までに、「核兵器のない世界」を実現する。

二　各国政府は、「核兵器全面禁止条約」の協議を、即時、開始する。

三　各国政府は、核兵器の使用および使用の威嚇が、違法であることを再確認する。
四　核兵器国は、速やかに、非核兵器国への核兵器不使用を約束する。
五　各国政府は、非核地帯を拡大する。

第二　提案の理由と根拠

一　核兵器と人類は共存できない

一九四五年八月の広島・長崎への原爆投下は、被爆者に「この世の地獄」をもたらしました。その「地獄絵図」の全てを知ることはできません。なぜなら、瞬時に死亡した被爆者は語る機会がありませんでした し、生存被爆者がその体験を語ることは、自分自身の崩壊に直面せざるを得なかったからです。

しかも、その被害は、被爆六四年を経た現在も、継続しているのです。被爆者は、現在も、被爆体験のトラウマとして、また、放射線の影響による「原爆症」として、その心身を痛めつけられているのです。核兵器は人間に耐え難い苦痛を与え続けるのです。

核兵器はいかなる理由があろうとも使用してはならない「最終兵器」なのです。私たちは、このことを思考と行動の原点としなければならないのです。

二　核兵器の使用や威嚇は国際法に違反する

一九九六年。国際司法裁判所は核兵器の使用や使用の威嚇は「一般的に国際法に違反する。ただし、国家存亡の危機においては、違法とも合法とも判断できない」としました。しかしながら、私たちは、戦闘員と非戦闘員の区別もなく、無差別大量に、しかも残虐に人間を殺傷する核兵器は「絶対的に」国際人道法に違反すると考えています。

一九六三年。日本の裁判所は、被爆者が日本政府を被告として訴えた裁判において、「米国の原爆投下は、国際法に違反する」と判決しています。

二〇〇七年。「原爆投下を裁く国際民衆法廷」は、トルーマン元米国大統領などを戦争犯罪・人道に対する罪で有罪としています。

核兵器の使用が国際法に違反するということは、国際司法裁判所でも、日本の裁判所や「国際民衆法廷」でも、既に確認済みのことなのです。

三　被爆者と反核・平和勢力のたたかい

広島・長崎の被爆者は、「この苦しみは自分たちで最後にして欲しい」との思いから核兵器廃絶運動の先頭に立ってきました。また、原爆被害をできるだけ小さく見せようとしてきた日本政府との「原爆症裁判」も展開してきました。

一九五四年。ビキニ環礁での米国の水爆実験を契機に、日本での原水爆禁止運動が高揚し、今回の再検討会議には、数千人規模の代表団が六〇〇万人規模の署名を携えて、ニューヨークに結集しています。

私たち法律家も、被爆者や市民運動と連帯して、「核兵器のない世界」の実現のために尽力してきました。

四　今、求められていること

今、求められていることは、核兵器の拡散防止にとどまらず、核兵器の廃絶です。元々、ＮＰＴは、核兵器国の核独占を容認する不平等条約です。国際司法裁判所も、「核軍縮交渉の完結」をＮＰＴ六条から導かれる法的な義務であるとしています。

すでに、「モデル核兵器条約」が提案され、国連総会においては、核兵器条約の実現に向けての早期の交渉開始が決議されています。

私たちは、核兵器の必要性を認める「核抑止論」は「核兵器のない世界」の妨害物であると考えます。「核抑止論」を乗り越え、相互の信頼を醸成し、非核地帯を拡大し、核兵器の使用禁止にとどまらず、核兵器全面禁止を実現しようではありませんか。

以上

二〇一〇年三月
日本反核法律家協会

資料3．核兵器廃絶のために、私たちに求められていること——COLAPⅥへの問題提起

はじめに——問題の所在

現在、地球上には約一万五七〇〇発の核兵器が存在するとされている。[*1] これらの核兵器が、意図的であれ事故であれ、また限定的であれ全面的であれ、一度使用されれば「壊滅的な人道的結末」がもたらされることは誰の目にも明らかである。[*2]

一九四五年八月、広島・長崎で被爆し、その実相を知っている人々は「原爆は人間として死ぬことも、人間らしく生きることも許さない、絶滅だけを目的とした絶対悪の兵器です。」とし、「核兵器廃絶に向けての国際交渉を直ちに開始するよう求めます。」としている。[*3]

また、今年（二〇一六年）四月に、広島で開催されたG7外相会議の「広島宣言」は「原子爆弾投下によるきわめて甚大な壊滅と非人間的な結末」という表現をしているし、「すべての国家間での核軍縮・不拡散に関する有意義な対話を促進できる実践的かつ現実的なイニシアチブに関する協働」を呼び掛けている。[*4] この宣言からは、自分たちが率先して核軍縮に取り組むという姿勢は見て取れないけれど、核兵器

のもつ非人道性を認め核軍縮に取り組むということは言っているのである。

また、オバマ米国大統領の広島訪問も実現する可能性が高くなっている。[*5]

国際社会では、核兵器使用による壊滅的人道的結末や核兵器廃絶の必要性についての共通認識は形成されているが、核兵器廃絶に向けての具体的で現実的な取り組みは始まっていないのである。その交渉が開始されない理由は、核兵器国や核兵器依存国が、核兵器が自国の安全保障に不可欠であるとの政策（核抑止論・拡大核抑止論）を取っているからである。彼らは、核兵器という「絶対悪の兵器」を、自国の安全保障の「切り札」だとする政策の非倫理性と没論理性の呪縛に囚われたままなのである。

私たち日本反核法律家協会は、核兵器の使用を禁止するだけではなく、その製造、実験、配備、移譲、使用を全面的に禁止し、その廃棄を含む法的枠組みを形成したいと考えている。そして、そのための国際交渉を速やかに開始することを求めている。

その立場からすれば、現在の課題は、核兵器国を核兵器廃絶に向けての交渉の場につかせることである。

この報告では、核兵器国に核軍縮交渉の場につかせるために有益と思われる二つの取り組みを紹介しておくこととする。一つはマーシャル諸島政府の「核ゼロ裁判」であり、もう一つは国連核軍縮公開作業部会（OEWG：Open Ended Working Group）についてである。併せて、私たちに求められていることについて述べることとする。

マーシャル諸島政府の「核ゼロ裁判」

マーシャル諸島共和国政府は、二〇一四年四月二四日、核兵器国九か国（米国、英国、フランス、ロシア、中国、インド、パキスタン、イスラエル、朝鮮民主主義人民共和国（北朝鮮））を相手国として、核軍縮交渉を開始しないことの違法性の確認とその開始の命令を求めて、国際司法裁判所に提訴した。その根拠は、核不拡散条約や慣習国際法である。これが「核ゼロ裁判」である。

マーシャル諸島政府は、一九五四年の水爆実験による悲惨な体験を請求の基礎として、核兵器国に核兵器の廃絶に向けての努力を求めているのである。もちろん、この訴えが成功するかどうかは不明である。

そもそも、国際司法裁判所は加盟各国に対して強制管轄権を持っていないので、その管轄権の有無が最初の論点となる。現状では、英国、インド、パキスタンが応訴しているが、他の六カ国は、そもそも応訴すらしていないのである。

現在、英国、インド、パキスタンとの間での管轄権をめぐる手続きは終了し、判決を待っている状況にある。

これら三か国は、自国は核軍縮を支持しており、核兵器のない世界の必要性についても同意するとしているものの、インドはこの手続が進行している期間に弾道ミサイルの実験を行い、英国は自国に不利な判決が出るということは「片手で拍手しろというようなもの」だと陳述し、パキスタンは口頭弁論には出席しなかった。

マーシャル諸島政府は、「一九九六年、国際司法裁判所の勧告的意見は、核兵器が地球上のすべての文明と生態系を破壊する潜在力を持つと述べた。マーシャル諸島は、『法の支配』を信じ、またそれに依拠するがゆえにこの裁判を提起した。国際司法裁判所が管轄権を保有し、この請求が受理可能だとの宣言を求める。」としている。[*6]

国際司法裁判所の管轄権についての判決は今年七月頃に予定されている。この判決がどのような内容になるのか予断はできないが、マーシャル諸島のような小国が、核兵器国を相手として、このような訴訟を提起したことは、大小各国の同権を基礎とする国際社会において「法の支配」を確立することに貢献するであろう。

国連核軍縮公開作業部会（OEWG）

二〇一五年のNPT再検討会議は最終文書を採択できなかった。しかしながら、「核兵器のない世界の達成と維持に必要な法的条項の効果的措置などを熟議する公開作業部会（OEWG）」を設置しようとの機運が高まり、同年秋の国連総会で正式に設置されることとなった。

この作業部会は、ジュネーブで今年二月に第一会期がもたれ、五月に第二会期、八月に第三会期が予定されており、秋の国連総会で報告と採択がなされることになっている。

この会議には各国政府だけではなく、市民社会も「作業文書」を提出できることとなっている。国際反核法律家協会も作業文書の提出を予定している。

ところで、核兵器のない世界の実現のために、どのようなアプローチをとることが効果的なのか、現実的なのかなどについていくつかの意見がある。その意見の相違は、核兵器国が納得できる形で進めるべきだという考え方と、核兵器国の協力なしでもできることから始めるべきであるという考え方の違いである。核兵器国が核兵器を廃棄しない限り核兵器のない世界は実現しない。他方、核兵器国が核兵器に依存している限り核兵器は永遠になくならないのである。だから、核兵器国の意向を尊重しようという考え方（日本政府もこの考え方である）は、本気で核兵器をなくすつもりはないと非難されるのである。

その意見の違いをどう乗り越えていくのか、まさにそのことが問われているのである。この作業部会を実り多いものにすることが求められている。

私たちに求められていること

核兵器のない世界を求めているのは、被爆者や私たちだけではない。核兵器国も「核兵器のない世界」は必要だとしている。任期が終わるオバマ大統領もそのことを宣言したし、広島でそのことを想起するであろう。

そうすると私たちの課題は、核兵器国や核兵器依存国に、核兵器のない世界に向けた、現実的かつ具体的一歩をどう始めさせるかということになる。すでに、NPT六条は、加盟各国に核軍縮義務を課している。これは、単に軍縮だけではなく、核軍備の解消義務を命じていると理解できるであろう。核保有国も含め、この義務の履行のための交渉を開始し、それを完結させ、それを達成し維持するための法的枠組みを形成することが求められているのである。

現在、核兵器国が核兵器を手放さないのは、核兵器が自衛の手段として必要かつ有効であると考えているからである。また、国際司法裁判所も、自衛の極端な状況の下での核兵器の使用や使用の威嚇を違法とはしていない。この国際社会や国際法の限界を乗り越えるための思想と運動の構築が求められているのである。

そのために活用されるべきは、核兵器使用がもたらす壊滅的人道上の結末を土台とする「人道アプローチ」を再確認し、そもそも、自衛のためであっても使用を禁止される方法手段があることを想起することである。国際人道法の核兵器への適用である。

その作業を進めるうえで不可欠なことは、原爆投下をはじめとして、核実験などの現実の核被害の実相を知ることであり、核戦争についてのシミュレーションを研究することである。私たちは、そこに、現在と将来の人間の生存を脅かす結末を見出すであろう。

核兵器がもたらす結末を容認する法的価値は存在しない。国家の安全保障のために核兵器を使用することはもとより、その製造・保有・配備も禁止されるべきである。

私たちは、人類とその社会の滅亡をもたらす兵器を権力者たちに委ねているのである。

全世界の民衆が恐怖と欠乏から免れ、平和のうちに生存する世界を目指す私たちは、このような「核の時代」から、一日も早い脱出を目指さなければならない。

（注）

＊1　長崎大学核兵器廃絶研究センター「世界の核弾頭一覧」。

＊2　この表現は、二〇一〇年のＮＰＴ再検討会議の最終文書に使用されている。

＊3　日本原水爆被害者団体協議会「二一世紀被爆者宣言」。

＊4　日本、カナダ、フランス、ドイツ、イタリア、英国、米国の七か国。外相たちは広島の慰霊碑に献花した。

＊5　第六回アジア太平洋法律家会議（ＣＯＬＡＰⅥ）が開催されるときにはその結論は出ているだろう。彼は謝罪はしないだろうけれど、二〇〇九年、プラハで、核兵器廃絶を呼び掛けたことを思い出す機会にはなるであろう。

＊6　日本反核法律家協会の意見書および「核兵器・核実験モニター」No.494を参照。日本反核法律家協会はマーシャル諸島政府に激励の声明を出している。

（二〇一六年四月三〇日記。本稿は、二〇一六年六月、ネパール・カトマンズで開催されたＣＯＬＡＰⅥでの報告である）

大久保賢一（おおくぼ・けんいち）

［略 歴］

1947 年　長野市に生まれる。

1965 年　東北大学入学。

1971 年　法務省入省。

1979 年　弁護士登録（埼玉弁護士会所属）。

［現 職］

日本弁護士連合会憲法問題対策本部兵器核廃絶 PT 座長、日本反核法律家協会事務局長、自由法曹団原発問題委員会委員長、NPO 法人ノーモア・ヒバクシャ記憶遺産を継承する会理事、核兵器廃絶日本 NGO 連絡会共同世話人、非核の政府を求める会常任世話人など。

［著 書］

『憲法ルネサンス』（イクオリティ）、『体験 日本国憲法』、『日本国憲法からの手紙』、『護憲論入門』（以上学習の友社）、『今、どうしても伝えておきたいこと』（肥田舜太郎医師との共著、日本評論社）など。

「核《かく》の時代《じだい》」と憲法《けんぽう》９条《きゅうじょう》

二〇一九年五月三日　第一版第一刷発行

著　者――大久保賢一

発行者――日本評論社サービスセンター株式会社

発売所――株式会社　日本評論社

〒一七〇―八四七四　東京都豊島区南大塚三―一二―四

電話：〇三（三九八七）八六二一

https://www.nippyo.co.jp/

印刷・製本――倉敷印刷株式会社

装　幀――百駱駝工房

ISBN978-4-535-52423-1　Printed in Japan